20.2.2001

Knaur Lemon

Liebes Stefa

vielleicht ist das
a bissl so wie
Crazy. Wenn's doof
ist tut's mir leid.
Klang ganz lustig!
Viel Spaß,
Deine Anne

Von William Sutcliffe ist außerdem erschienen:

Meine Freundin, der Guru und ich

Über den Autor:

William Sutcliffe wurde 1971 in London geboren. Sein Roman *Meine Freundin, der Guru und ich* machte ihn in England über Nacht berühmt.

WILLIAM SUTCLIFFE

DER GOTT UNTER DER DUSCHE

Roman

Aus dem Englischen von Axel Henrici

Knaur Lemon

Die englische Originalausgabe erschien 1996 unter dem Titel
»New Boy« bei Penguin Books, London

Besuchen Sie uns im Internet:
www.droemerknaur.de

Deutsche Erstausgabe April 2000

First published in Great Britain in 1996 by the Penguin Group

Redaktion: Gisela Klemt
Umschlaggestaltung: Init, Bielefeld
Umschlagabbildung: Bavaria, Düsseldorf
Satz: Ventura Publisher im Verlag
Druck und Bindung: Clausen & Bosse, Leck
Printed in Germany
ISBN 3-426-61307-7

5 4 3

Für Mum, Dad, Adam und Georgie

TEIL EINS
Der Neue
9

TEIL ZWEI
Meine Grand Tour
147

TEIL DREI
Fertig mit der Schule
205

TEIL EINS

DER NEUE

Kapitel eins

Genau wie der Rest des Kollegiums wollte auch der Schulgeistliche nicht wahrhaben, daß der Laden schon vor langer Zeit von Asiaten und Juden übernommen worden war. Er war einer von diesen *putzmunteren* Engländern, die von Christen für »'ne Marke« gehalten werden und die wir Juden gemeinhin lieber »Wichser« nennen. Seine Predigten, die wir jeden Freitag über uns ergehen lassen mußten, stammten aus einem schier unerschöpflichen, drögen Repertoire von Anekdoten aus seinen Tagen in einer Gemeinde, die irgendwo auf dem Land lag, jedenfalls nicht in London. Und jedesmal kam wieder dieselbe trostlose Besetzung von schrulligen englischen Omis darin vor. Weder das Setting noch die Charaktere bedeuteten für seine Zuhörer irgend etwas, von denen die meisten kaum je über die M 25 hinausgekommen waren, und deren Omis nicht schrullig waren, sondern überwiegend im Ausland lebten. Der Direktor zog seine übliche Vibrator-im-Arsch-Nummer ab – zum Davonlaufen. Seine fette Fresse zitterte sich in eine tiefrote Ekstase des Frohsinns hinein, während wir alle gelangweilt in der Nase bohrten und an die Decke starrten.

Also war es wenig überraschend, daß während des freiwilligen Mittwoch-Gottesdienstes jeder, der auch nur eine

Zehenspitze nicht-englischen Blutes besaß, sich zu den jüdischen Chaos-Versammlungen im Klassenzimmertrakt des Unterrichtsgebäudes aufmachte. Jeder Jahrgang bekam zwei aneinander grenzende Klassenräume zugewiesen, und in jedem Raum wurde eine andere Versammlung abgehalten. All diese Veranstaltungen fanden unter der Leitung von jeweils zwei, drei Oberstufenschülern statt, die jede Woche einen anderen Aspekt des Judentums behandeln sollten. Das Ganze wurde beaufsichtigt von einem gequält dreinblickenden Physiklehrer namens Dr. Kuper, der zwischen den zehn Zimmern hin- und hertrottete und überall seinen Kopf zur Tür hineinsteckte, um zu überprüfen, ob die Dinge, die dort diskutiert wurden, auch religiöser Natur waren.

Ein paar von den etwas langweiligeren Versammlungen brachten wir damit zu, Dr. Kuper davon zu überzeugen, daß das Wohlergehen des FC Tottenham von entscheidender Bedeutung für die Stellung des modernen Juden im heutigen London war. »Aber Sir! Hoddle ist doch 'ne Flasche. Der hat's einfach nicht mehr drauf. Und Clive Allen ist einfach Platzverschwendung, wenn er nicht gescheit aus dem Mittelfeld bedient wird. Für die Juden ist es eine Frage der Selbstachtung, daß wir einen Fußballer mit Mabbutts Qualitäten von der Ersatzbank holen.«

Wenn der Schüler, der die Versammlung leitete, ein guter Redner war, mußte Dr. Kuper freilich von überhaupt nichts überzeugt werden. Man konnte jedes Thema unter Gottes Sonne diskutieren, wenn man nur immer mit einem Auge die Tür im Blickfeld behielt – die sich nur ganz leicht zu bewegen brauchte, um einen sofortigen und nahtlosen Themenwechsel in theologische Gefilde auszulösen. Als ich selbst in der Oberstufe angekommen war, war es für mich das Höchste, diese Vorträge zu halten. Solange man die jüngeren Buben zum Lachen brachte, verehrten sie einen, und man konnte sich als ein Mann von unbegrenzter Erfahrung verkaufen.

Für gewöhnlich las ich die ersten paar Kapitel aus Biographien reicher und berühmter Menschen und gab deren Geschlechtsleben in der Kindheit als mein eigenes aus. Kirk Douglas hatte eine besonders gute Geschichte auf Lager, in der eine verheiratete Frau, eine Leiter und ein Paar Lockenwickler vorkamen, und die ich schon einige Male in meiner gewinnendsten Ihr-kommt-nie-drauf-was-mir-letztes-Wochenende-passiert-ist-Manier zum Besten gegeben hatte. Diese Art von Lektüre war als Recherche lebensnotwendig, denn die Gutaussehenden unter den Dreizehnjährigen waren in der Regel erfahrener als ich, was das Sexuelle anging.

Hauptgesprächsthema war ausnahmslos immer Sex.

Der schlimmste Fehler, den man begehen konnte, war, eine Versammlung damit zu beginnen, daß man den Jüngeren sagte, sie sollten die Klappe halten – denn das taten sie nie. Man brauchte einen fesselnden Einstieg. Deshalb begann ich stets damit, daß ich still ein Diagramm an die Tafel malte. Neugier brachte dann den Geräuschpegel zum Erliegen.

»Kann mir jemand sagen, was das ist? Diese zwei Kurven … weiß das jemand?«

Stille. Anspannung.

»Sie sind als äußere Schamlippen bekannt. Nun habt ihr

vermutlich alle irgendwo schon einmal ein Paar von ihnen gesehen und euch gefragt, welchem Zweck sie dienen. Fachsprachlich ausgedrückt: Gehören sie zur Vagina oder nicht?«

Stille. Ehrfurcht. Bewunderung.

»Nun, dies ist eine unter erfahrenen Liebhabern sehr umstrittene Sache. Normalerweise einigt man sich darauf, daß sie, wenn man so will, der Eingangsbereich zur Vagina sind. Zu fragen, ob sie nun tatsächlich zu ihr gehören oder nicht, ist ein bißchen, wie wenn man fragen würde, ob die Haustür außerhalb oder innerhalb des Hauses ist. Eine reine Frage der Semantik. Die entscheidende Tatsache, die man im Hinterkopf behalten sollte, ist aber die, daß man die Tür nicht mit dem Haus verwechseln darf, wie nützlich sie auch immer sein mag, um in dieses hineinzukommen. Drinnen gibt es weitaus interessantere Dinge, die sich dem flüchtigen Betrachter entziehen. Denkt immer daran – ein höflicher Gast hält sich nicht lange damit auf, die Malerarbeiten auf der Veranda seiner Gastgeberin zu bewundern, sondern geht schnurstracks aufs Wohnzimmer zu, lobt ihre Familienporträts und wärmt sich die Hände am Kamin. Dieser kleine Punkt hier steht für den Kamin – die Feuerstelle – den Ort sozialer Aktivitäten. Er ist immer weiter von der Tür entfernt, als man denkt, aber er muß schleunigst gefunden werden, bevor ihr (oder eure Gastgeberin) abkühlt.«

Staunen. Respekt. Ich bin ein Gott.

»Nun – eure Einladung wird oft eine bestimmte Kleiderordnung beinhalten. Formell: mit Kondom. Informell: *au naturel.* Es lohnt sich darauf hinzuweisen, daß die Gastgeberin einer solchen sozialen Zusammenkunft oft aus reiner Gewohnheit auf förmlicher Kleidung besteht. Wichtiger als die Einladung zu lesen ist, ihren Charakter einzuschätzen. Oft macht man gerade dadurch Eindruck, daß man auf einer Party, wo schwarze Krawatten vorgeschrieben sind, sozusagen in Jeans und T-Shirt auftaucht. Versucht, wo es geht, um ein Kondom herumzukommen. Das Erlebnis ist viel besser: waghalsiger, aufregender, wärmer, feuchter. Sie bitten euch nur, einen Präser überzuziehen, weil sie eure Geschicklichkeit und eure Begeisterung testen wollen – etwa so, wie wenn man einen Konzertpianisten bittet, mit Handschuhen zu spielen. Wenn ihr trotzdem darum gebeten werdet, welche zu tragen« – Auftritt Dr. Kuper – »sei es zu Hause oder in der Synagoge, solltet ihr es ohne zu zögern tun. Sie werden als ein Zeichen der Demut und Achtung vor Gott oben auf dem Kopf getragen und oft an den Haaren festgeklemmt, damit sie nicht bei jedem Windstoß davonfliegen. Es ist sehr peinlich, wenn sie einem im falschen Moment runterrutschen. Während die Strenggläubigen sie immer anhaben, ziehen die meisten von uns sie nur zum Gottesdienst an. Heutzutage gibt es sie in allen möglichen lustigen Formen und Größen, aber ich finde, die ausgefallenen Sorten sitzen nie richtig. Frauen müssen ja, wie ihr wißt, nie welche tragen, obwohl die Orthodoxen sich manchmal die Haare rasieren und sich dafür mit einer Perücke bedecken.« Da Dr. Kuper auf das Gelächter angesichts dieser letzten Bemerkung mit Verwirrung reagiert, verwickle ich ihn in die Diskussion. »Ich glaube, es ist ein wichtiger Bestandteil der jüdischen Identität, daß man so oft wie möglich damit gesehen wird. Ich wünschte nur, ich hätte den Mut, sie auch in der Schule zu tragen. Was meinen Sie, Dr. Kuper?«

»Na ja, Mark, ich hab sie als Kind immer anhaben müssen, aber sobald meine Eltern es erlaubt haben, hab ich's gelassen. Ich fand es immer ziemlich peinlich. Die Leute machten immer irgendwelche Bemerkungen, und ich wurde angestarrt. Ich laufe lieber so rum, wie mich die Natur geschaffen hat.«

Seine Worte werden von wieherndem Gelächter unterbrochen, das er aber zu ignorieren beschließt. »Hast du gut gemacht, Mark. Wirklich schön, eure Versammlung«, sagt er noch. Dann geht er.

Kapitel zwei

Wir durften die jüdischen Versammlungen erst als Oberstufenschüler leiten, also mit Beginn der sechsten Klasse, und es war auf meiner dritten Versammlung – lange bevor ich das mit der Publikums-Beherrschung raushatte –, als mir klar wurde, daß ich mich seltsam verhielt. Der Anfang der sechsten Klasse war eine schwierige Zeit für mich, und es war äußerst wichtig, daß ich mich so schnell wie möglich als cooler Typ etablierte. Ich hatte die ersten fünf Jahre an der Schule damit verbracht, in den sozialen Brackwassern der unsportlichen Hausaufgaben-Macher zu dümpeln, und in den ersten paar Wochen der sechsten Klasse konnte man zum ersten Mal, seit wir mit dieser Schule begonnen hatten, wieder sozialen Status erringen. Das lag daran, daß wir nun unsere eigenen Klamotten tragen durften (es mußten Jackett und Krawatte sein, aber wenigstens war es keine Schuluniform) und sich durch diese neue Trennung zwischen den Modischen und den Unmodischen auch neue Möglichkeiten auftaten, die zuvor unüberwindliche Kluft zwischen den Auserwählten (den richtigen Jungs) und den Ausgestoßenen (die Weicheier mit den Brillen) zu überqueren. Außerdem fing Schlausein gerade erst an, cool zu sein. Dort lagen meine Möglichkeiten. Wenn ich mit irgendeiner Art Selbstachtung von der Schule abgehen wollte, mußte ich so schnell wie möglich jedermann wissen lassen, wie scheißschlau ich war.

Dieser Versuch, meine Persönlichkeit neu zu erfinden, versetzte mich in einen Zustand permanenter nervöser Anspannung – und dazu kam noch der Umstand, daß mein Leben auf den Kopf gestellt war, seit Barry, der Neue in meinem Jahrgang, aufgetaucht war. Mein Gehirn drehte auf Hochtouren. Ich glaube, das war auch der Grund dafür, warum ich in einer dieser jüdischen Versammlungen etwas zu weit ging. Ich *mußte* gut sein. Ich *mußte* schlau sein.

Ich hatte die fünfte Klasse, die berüchtigt dafür war, am schwersten zu bändigen zu sein, und versuchte ihnen irgendeinen Scheiß zu erzählen, den ich von Burt Reynolds' fünfzehntem Geburtstag geklaut hatte. Aber es funktionierte irgendwie nicht richtig, und ich merkte, daß sie anfingen, sich zu langweilen und mich zu verarschen. Also ging ich auf einen Jungen namens Robert Levin los – eigentlich nur, um einen Ausweg aus einer Situation zu finden, die peinlich werden konnte.

Levin war nicht der übliche Opfertyp – er war weder klein noch häßlich, und er war kein Christ –, sondern eigentlich ein recht angenehmer und freundlicher Zeitgenosse. Es war nur zufällig so, daß er vor fünf Jahren Jeremy Jacobs in einem Jacuzzi-Becken einen runtergeholt hatte. Niemand wußte genau, ob die Geschichte auch stimmte, aber jeder hatte davon gehört, und sie wurde immer wieder gern in der Schule herumerzählt. Selbst wenn man niemanden in der fünften Klasse kannte, hatte man doch davon gehört

und wußte, daß er Jeremy Jacobs in einem Jacuzzi-Becken einen runtergeholt hatte.
Die Geschichte war so wunderbar eingängig, daß es sich fast mit Sicherheit um eine bösartige Erfindung handeln mußte, aber sie war gleichzeitig so weitverbreitet, daß sie den unumstößlichen Status eines Schul-Mythos erlangt hatte. Die Tatsache, daß Jeremy Jacobs die Schule schon vor Jahren verlassen hatte, bevor das Gerücht überhaupt erst aufgetaucht war, machte die Geschichte noch praktischer, da alle ihre sexuelle Unsicherheit auf ein und dieselbe Person projizieren konnten.
Jeder erdenklichen Qual hatte sich Robert Levin ausgesetzt gesehen, angefangen von schlichten alltäglichen Hänseleien bis hin zu Zetteln in seinem Schulranzen, auf denen etwas über die Tötung von Schwulen stand. Angesichts der Tatsache, daß sein Leben an unserer Schule ein einziges Jammertal gewesen sein muß, ging er erstaunlich gut damit um. Ich kann mich noch erinnern, daß ich ihn, als ich ihn kennenlernte, beiläufig fragte (wie das jeder tat), ob das mit ihm und Jeremy Jacobs nun stimmte oder nicht, und er die Frage mit einem bloßen Achselzucken beiseite schob. Er war nicht mal sauer auf mich – er ignorierte es einfach.
Deshalb kam ich, als ich in der Ecke des Raumes Levin erspähte und spürte, daß mir die Versammlung zu entgleiten begann, nach und nach auf Masturbation und Jacuzzi-Bäder zu sprechen. Mit einem Mal hörten mir alle wieder zu. Sie blieben aufmerksam, weil ich auf nichts Konkretes anspielte, sondern nur auf subtile Art und Weise zwischen den beiden Themen hin- und herglitt. Erst redete ich dar-

über, wie Freunde sich gelegentlich gegenseitig einen runterholen und was das bedeutet, dann erwähnte ich, daß Badezimmereinrichtungen eine Menge über sexuelle Vorlieben aussagen, und wie praktisch Jacuzzi-Bäder fürs Masturbieren sind. Schließlich begann ich einfach darüber zu plaudern, wie schade es doch sei, daß Jeremy Jacobs die Schule verlassen habe, wo seine Eltern doch so ein hübsches Jacuzzi-Bad gehabt hätten, von dem er uns hätte erzählen können, und so weiter und so fort, bis der ganze Raum lachte. Ich möchte jetzt nicht angeben, aber ich war ziemlich witzig – und zwar nicht auf eine plumpe Art, weil meine Anspielungen alle ziemlich subtil waren. Ich schaute Levin nicht einmal an dabei und erwähnte auch seinen Namen kein einziges Mal. Es war zum Schreien. Ich war wirklich *ziemlich* witzig. Es war einer dieser Augenblicke absoluter Macht. Das Publikum fraß mir aus der Hand. Indem ich das sage, muß ich allerdings auch zugeben, daß eine Menge Leute zu sehr lachten. Sie lachten weniger mit mir als vielmehr über Robert Levin – und das auf eine fiese Art und Weise. Das ärgerte mich, weil ich nicht grausam sein wollte, nur witzig.

Levin fand die Sache offenkundig gar nicht lustig. Dennoch sah er nicht wütend aus. Er mußte verärgert sein, aber man sah es ihm nicht richtig an. Sein Gesicht war völlig ausdruckslos. Er starrte mich einfach nur an, beinahe so, als würde er mir aufmerksam zuhören und versuchen, sich alles zu merken.

Als die Versammlung zu Ende war, blieb er einfach unbeweglich sitzen und sah mich immer noch an, während alle anderen schon den Raum verließen. Es war so, als warte er

darauf, daß ich zu Ende sprach, obwohl ich das bereits getan hatte. Die Art und Weise, wie er mich anschaute – in diesem leeren Klassenzimmer, mit all den Stimmen, die vom Flur hereinschallten –, hielt mich davon ab zu gehen. Er ließ mich auf etwas warten.
Dann stand er auf, ging zur Tür und schloß sie sachte. Es wurde still im Raum. Als sein Blick vom Türgriff zurück zu meinem Gesicht wanderte, fühlte ich, wie mir flau ums Herz wurde.
Er sagte immer noch nichts.
Es war an mir, zuerst etwas zu sagen.
»Versteh das nicht falsch«, sagte ich. »Es war doch nur ein Witz.« Er rührte sich nicht. Er schien nicht einmal besonders wütend zu sein – sein Körper wirkte vollkommen ruhig –, doch es lag etwas Angsteinflößendes in der Luft. Mir fiel zum ersten Mal auf, daß er größer war als ich.
»Hör mal, ich habe mich nicht über die lustig gemacht«, sagte ich. »Ich wollte nur witzig sein. Ich hab nur versucht, mich zu schützen – sie waren drauf und dran, sich gegen mich zu wenden. Ein paar von ihnen haben über dich gelacht, aber ich nicht. Das wollte ich damit sagen. Ich bin genauso sauer wie du, daß sie es falsch aufgenommen haben. Ich habe überhaupt nichts gegen dich. *Die* sind die Wichser. Auf die solltest du wütend sein.«
Er sprach sehr leise.
»Aber ich bin auf *dich* wütend«, sagte er.
Er sagte es so leise, daß ich meinen Mund öffnen wollte, um »Was?« zu fragen, ihn aber wieder schloß, weil ich genau verstanden hatte, was er gesagt hatte.
Wieder hatte ich dieses flaue Gefühl.

»Du siehst aber nicht besonders wütend aus«, sagte ich und nötigte mir ein Lachen ab.
Dann kamen irgendwelche jüngeren Schüler rein, weil sie Unterricht hatten, und Levin ging.
Ich hätte ihm eine reinhauen sollen.

Im Laufe einer Schulkarriere demütigt man zwangsläufig hier und da den einen oder anderen – aus reiner Bosheit. Es ist ja nicht so, daß es je geschadet hätte, jemanden lebenslänglich zum Feind zu haben, und es ging mir auch wirklich am Arsch vorbei, daß mich nun irgend so ein kleiner Scheißer aus der fünften Klasse haßte. Das Problem war nur, daß die Episode bei mir einen schalen Nachgeschmack hinterließ. Ich bin nicht der Typ, der sich wegen jedem sozialen Ausrutscher ins Hemd macht und Schuldgefühle hat, aber jedesmal wenn ich daran dachte, was ich getan hatte, konnte ich mich des Gefühls nicht erwehren, daß ich mich auf eine persönliche Art und Weise … nun ja … selbst betrogen hatte.
All das vermischte sich mit den Gedanken an Barry, den Neuen, der mir einfach nicht aus dem Kopf wollte.

Kapitel drei

Barry war vor drei Wochen zu Beginn des Schuljahrs zu uns in die sechste Klasse gekommen. Es gab an unserer Schule die Tradition, daß jeder Neue erst einmal ungefähr ein Jahr lang von allen ignoriert wurde, mit Ausnahme von den Christen. Während das bei allen anderen neuen Sechstkläßlern perfekt funktionierte, klappte es bei Barry nicht, weil er es schaffte, alle anderen zu ignorieren, bevor sie überhaupt die Gelegenheit hatten, *ihn* zu ignorieren. Es war nicht einmal so, daß er von sich aus distanziert gewesen wäre, er vermittelte nur den Eindruck, daß er kein Interesse daran hatte, Freunde zu gewinnen. Wenn man berücksichtigt, daß er fast einsneunzig groß war, das Gesicht eines Filmstars hatte und wie ein Gott gebaut war, dann leuchtet einem leicht ein, wie es ihm gelang, sämtliche Jungs an unserer Schule einzuschüchtern, ohne es auch nur aktiv zu versuchen.

Seine unnahbare Haltung förderte noch die Komplexe, die jedermann angesichts des eigenen Körpers befielen. Man brauchte nur neben ihm zu stehen, schon fühlte man sich zu klein, häßlich, haarig und unbeholfen. Sein Blick schien auf jedem fleckigen Kinn, jeder glänzenden Nase, jedem fettigen Haar oder zu kurzen Beinen zu brennen. Alle hatten Angst vor ihm.

Aber wir konnten nicht aufhören, hinzuschauen. Wenigstens *ich* konnte das nicht. Ich hab's nicht so mit der Selbstanalyse, aber ich muß zugeben, daß Barry seltsame Sachen mit mir anstellte. Ich fing an, in Menschenmengen nach ihm Ausschau zu halten. Wenn sich die Tür zum Aufenthaltsraum der Sechsten öffnete, konnte ich nicht anders als herumzuwirbeln, um zu sehen, ob er es war. Im Speisesaal setzte ich mich zwar nie neben ihn, aber ich spazierte immer so lange mit meinem Tablett herum, bis ich gesehen hatte, wo er aß, ehe ich mich selbst hinsetzte. Ich war sozusagen irgendwie besessen von ihm.

Die einzigen Gelegenheiten, bei denen es mir gelang, nicht an ihn zu denken, waren die Verschnaufspausen, in denen ich Zeit fand, mir um mich selbst Sorgen zu machen.

Was zum Teufel war mit mir los? Warum konnte ich meine Augen nicht von ihm wenden?

Und ich hatte das Gefühl, daß ich nicht der einzige war, der sich in dieser Richtung Sorgen machte. Wohin Barry ging, ließen sich kleine Veränderungen in der sozialen Temperatur ausmachen. Manchmal wurde sie heißer, manchmal kälter, aber sowie seine Gegenwart registriert worden war, blieb sie niemals die gleiche. Fast so, wie wenn Mädchen an der Schule herumspazierten.

Selbst das Schul-Tier – der Junge, der achtzehn Zwei-Pence-Stücke unter seiner Vorhaut unterbringen konnte und dies auch regelmäßig unter Beweis stellte – wirkte in Barrys Gegenwart leicht eingeschüchtert. Er wurde dann immer etwas leiser. Auf alle Fälle holte er nie seinen

Schwanz raus, um nach Münzen zu fragen. Irgendwie brachte Barry die Leute dazu, ihr bestes Verhalten an den Tag zu legen.
Jeder beachtete ihn, soviel war klar. Was ich wissen mußte, war nur, ob ich ihm mehr Beachtung schenkte als alle anderen oder nicht. Irgendwie hatte ich so das Gefühl.
Versteht ihr, was ich meine?
Es war eine äußerst quälende Zeit für mich.

Machen wir uns nichts vor – Barry war Sex auf Beinen.
Und ich … na ja, ich nicht.
Ich habe eine Hakennase, bin ständig mit Stoppeln übersät – ob ich mich nun rasiere oder nicht –, meine Haare sind struppig und meine Augenbrauen sehen aus wie zwei Schnurrbärte. Ich bin der Traum eines jeden Antisemiten. Der Ku Klux Klan würde ein Vermögen dafür zahlen, sämtliche Klassenzimmer Amerikas mit Bildern von meinem Gesicht plakatieren zu können, um kleinen Mädchen damit Angst einzujagen.
Aber versteht mich nicht falsch. Zu dem Zeitpunkt, als ich Barry kennenlernte, war ich keiner von diesen pubertierenden Scheißern, die so sehr mit ihrem Aussehen beschäftigt sind, daß sie vor lauter Paranoia nicht mehr wahrnehmen, daß es jenseits ihrer Rotzglocke noch eine andere Welt gibt. Ganz im Gegenteil. Diese Phase hatte ich hinter mir, und ich war allmählich an dem Punkt angekommen, wo ich mich mit meinem Aussehen arrangiert hatte. Ich hatte das Gefühl, etwas Besonderes zu sein. Und mir gefiel es, daß die Dummen vor mir zurückschreckten, weil ich mit dummen Leuten eh nicht reden wollte.

Jeder weiß, daß man als Mann nicht gut aussehen muß, um attraktiv zu sein. Also war es eher ein Vorteil, häßlich zu sein, weil es mich zwang, mir extra Mühe zu geben, um wahrgenommen zu werden. Idealerweise hätte ich ganz gern gehabt, daß ich nicht ganz so scheußlich aussehe, aber was sollte es ... ich konnte damit leben.

Die Dummen schreckten aber auch vor Barry zurück. Ich dachte, diese gemeinsame Erfahrung vielleicht dazu nutzen zu können, um mich zu seine Verbündeten zu machen ... Ja, das trifft die Sache ganz gut. Ich bin keiner von diesen Blödmännern, die durch die Gegend laufen und versuchen, sich mit allen möglichen Leuten anzufreunden, aber ich dachte einfach, es wäre ganz nützlich, Barry zum Verbündeten zu haben.

Kapitel vier

Barry kennenzulernen war gar nicht so einfach. Allein der Gedanke, mit ihm ein Gespräch anfangen zu müssen, verursachte mir schon einen Kloß im Hals. Als ich dann tatsächlich mit ihm redete, mußten sich die Worte an mehreren Basketbällen vorbei durch meine Atemwege zwängen. Das Ergebnis davon war, daß sie dreimal lauter als geplant herauskamen und Barrys erster Eindruck von mir in etwa so war: »KÖNNTE ICH MIR BITTE MAL DEINEN BLEISTIFT AUSLEIHEN!!!«

War ich vielleicht wütend! Das war ja ein ziemlich miserabler Start. Mehrere Wochen lang hatte ich Alpträume, in denen sich schöne Frauen auszogen, während ich meine Klamotten anbehielt und ihnen Fragen zu Bleistiften stellte.

Während dieser ganzen Phase meiner Bleistift-Impotenz drückte ich mich in Barrys Nähe herum, in der Hoffnung, einen anderen Gesprächseinstieg zu finden, der meinen schlechten ersten Eindruck wiedergutmachen würde. Einmal brachte ich erfolgreich ein »Nein, Zimmer 63 ist da lang« zuwege – mit zitternder Stimme zwar, aber wenigstens in normaler Zimmerlautstärke. Gleichwohl hatte ich nicht das Gefühl, daß dies meine Existenz besonders tief in Barrys Bewußtsein einbrannte.

Dann spazierte ich eines Wochenendes gerade durch London, als ich ihn plötzlich in der Themse ertrinken sah. Ich riß mir die Kleider vom Leib, sprang in den Fluß, befreite seine Knöchel von den Schlingpflanzen, die ihn nach unten zogen, und schleppte ihn ans Ufer, wo ich ihn mit einer Mund-zu-Mund-Beatmung wieder zum Leben erweckte.

Oder vielleicht war das auch nur ein Traum.

Was wirklich geschah, war, daß Barry gerade geologischen Feldforschungen nachging, als er über einen Randstein stolperte, auf die Straße fiel und bewußtlos auf dem Asphalt aufschlug – direkt vor einen Schwerlastzug, dessen Fahrer am Steuer eingeschlafen war und dessen Bremsschläuche kaputt waren. Zum Glück kam ich gerade zufällig vorbei, aber da Barry ein außergewöhnlich fleißiger Geologe war, hatte er seine Taschen mit zu vielen Steinen beladen, als daß ich ihn von der Straße hätte herunterzerren können, weshalb ich bergauf sprinten und auf den fahrenden Schwerlastzug springen mußte, wo ich dem schlafenden Fahrer das Lenkrad entriß und uns beide in ein nahegelegenes Sumpfgebiet steuerte, aus dem ich mich gerade noch rechtzeitig in Sicherheit brachte, um Barry von Mund zu Mund wieder zum Leben zu erwecken.

So wurde ich sein Freund.

Was?

Okay, okay, gut, so ganz wörtlich darf man das nicht nehmen. Wenn ihr wissen wollt, wie's wirklich war, also die stinklangweilige Streng-deinen-Grips-mal-an-fällt-dir-nichts-Besseres-ein-Wahrheit, dann war es die Tat-

sache, daß Barry und ich im selben Bus zur Schule fuhren und ich ihn dabei nach und nach immer besser kennenlernte.
Bitte, da habt ihr's.
Scheiße, oder?
Obwohl, wenn ich darüber nachdenke, war es doch ein bißchen interessanter als das, weil die Frage, wer wo im Bus saß, eine durchaus vertrackte Angelegenheit war, die noch dazu schwer verkompliziert wurde durch den Umstand, daß wir uns den Bus mit den Schülerinnen der angrenzenden Mädchenschule teilten. Es kam einer Revolution gleich, als Barry sich in der ersten Woche in die dritte Reihe von vorn setzte. Das untergrub auf fundamentale Art und Weise die Früchte jahrelanger stillschweigender Verhandlungen und nicht-so-stillschweigender Auseinandersetzungen. Jemand wie er hätte es sich leisten können, schnurstracks in die letzte Reihe zu gehen, wenngleich es vermutlich besser gewesen wäre, erst einmal ein paar Wochen in der zweit oder drittletzten Reihe zu verbringen. Statt dessen kreuzte er auf und setzte sich einfach in die dritte Reihe von vorn! Nicht zu fassen.
Einmal setzte sich einer aus der ersten Klasse neben ihn, und er überließ ihm nicht nur a) seinen Fensterplatz, sondern b) unterhielt sich auch noch mit ihm. Ich dachte, ich seh nicht recht. Das gab's doch gar nicht! So was machte man einfach nicht. Die übliche, seit Generationen festgelegte und allgemein akzeptierte Sitzordnung im Bus war wie folgt:

Ganz vorne:	die Lehrer.
Dahinter:	Loser, Christen, uncoole Erst- bis Drittkläßler, häßliche Mädchen.
Vordere Mitte:	Coole Erst- bis Drittkläßler, uncoole Viert- bis Sechstkläßler.
Hintere Mitte:	Coole Viert- und Fünftkläßler (die Erben der letzten Reihe); Naturwissenschaftler aus der Sechsten, die meinen, daß sie mit weißen Schuhen cool aussehen; verirrte widerborstige masochistische jüdische Erst- bis Drittkläßler, denen es irgendwie Spaß macht, verprügelt zu werden.
Hinterer Teil:	Sexy Mädchen.
Letzte Reihe:	Die richtig coolen Jungs aus der Oberstufe.

Die Unterscheidung zwischen vorderer und hinterer Mitte war vage, so daß sich in der vierten und fünften Klasse herausstellte, wer schließlich die fünf Leute sein würden, die in die letzte Reihe aufrückten. Hier ist vielleicht der Hinweis angebracht, daß der Schul-Status einer Person nicht notwendigerweise mit seinem Bus-Status korrespondierte, was zum Teil mit der Anwesenheit von Mädchen, aber hauptsächlich mit der allmählichen Abnutzung der üblichen vorschnellen Urteile zu tun hatte, die eintritt, wenn man sich im Laufe von sieben Jahren zweimal täglich auf engstem Raum sah. Leute, die sich normalerweise im Schulflur keines Blickes würdigen würden, waren im Bus nach drei, vier Jahren gezwungen, sich in irgendeiner

Form zu grüßen, wenn sie sich beim Ein- oder Aussteigen sahen. Das konnte von einem Lächeln über ein Nicken bis hin zu einem »Hallo« oder einem Schlag ins Gesicht alles Mögliche sein, doch zumindest war es eine kleine Geste des gegenseitigen Erkennens.

Als ich in der vierten und fünften Klasse war, wurde meine Schulzeit von einem Dauerstreit mit dem damaligen Vertrauensschüler beherrscht, einem Militär-Fascho namens Michael Carter. Diesen Konflikt hatte ich in erster Linie selbst herbeigeführt, da ich wußte, daß ich ihn in irgendeiner Weise provozieren mußte, wenn ich wollte, daß er mich schikanierte, was wiederum unabdingbare Voraussetzung dafür war, zeigen zu können, daß ich mir nichts gefallen ließ – was wiederum notwendige Bedingung dafür war, von der vorderen Mitte in die hintere Mitte aufzurücken, von wo aus ich in einer Position sein würde, in die letzte Reihe aufzurücken, wenn ich in die Sechste kam. Eigentlich sonnenklar.

Michael Carter zu provozieren war einfach. Wenn er in den Bus einstieg und anfing, mit Petra zu reden (die zu dieser Zeit das Ober-Sexy-Mädchen war), kniete ich mich einfach umgekehrt auf meinen Sitz und stellte ihm höfliche, aber neugierige Fragen.

»Michael, warum redest du eigentlich mit Petra, wo du doch genau weißt, daß sie nicht auf dich steht? Michael, warum machst du das? Du weißt doch, daß sie nicht auf dich steht, also warum redest du mit ihr? Warum, Michael? Ich will's einfach nur wissen, damit ich von deiner großen sexuellen Erfahrung lernen kann.« Normalerweise sagte er dann, ich solle die Klappe halten und nach vorn schauen, woraufhin ich dann fragte: »Sagst du das jetzt, um Petra zu beeindrucken? Soll ich mich *deshalb* hinsetzen und nach vorn schauen? Machst du das nur, um deine Autorität unter Beweis zu stellen? Meinst du, dann findet sie dich vielleicht *doch* gut? Funktioniert das deiner großen sexuellen Erfahrung nach so? Sag doch, Michael, ich möchte von dir lernen.«

Auf diese Tour machte ich weiter, bis er mir eine reinhaute.

Wenn er in den Bus einstieg und nicht mit Petra redete, drehte ich mich um und fragte: »Michael, warum redest du heute nicht mit Petra? Warum redest du nicht mit ihr? Ist es, weil du endlich eingesehen hast, daß sie nicht auf dich steht? Ist es deshalb? Ist das der Grund, warum du nicht mit ihr redest? Meinst du nicht, daß du es immer wieder versuchen solltest, Michael? Man weiß ja nie – vielleicht findet sie dich ja auf einmal doch gut, wenn du es immer weiter versuchst. Ist es vielleicht, weil du heute deine Army-Klamotten nicht anhast, Michael? Redest du *deshalb* nicht mit Petra? Ist es, weil du denkst, daß du mit Army-Klamotten viel sexier aussiehst? Ist das der Grund? Sag, Michael – ich möchte so gern von deiner großen sexuellen Erfahrung lernen.«

Auf diese Tour machte ich weiter, bis er mir eine reinhaute.

Je länger es mir gelang, ihn aufzuziehen, desto härter schlug er zu. Aber das war die Sache auf jeden Fall wert. Dank meiner Beziehung zu Michael Carter hatte ich mich am Ende der Fünften bis zur hintersten Mitte vorgearbeitet, fast schon bis zum Anfang des hinteren Teils. (Da-

durch kam ich ganz in die Nähe von Petra, von der ich insgeheim dachte, daß sie auf mich steht – aber das ist noch einmal eine andere Geschichte.)
Das Ergebnis war, daß ich zu Beginn der Oberstufe, gerade als Barry in unsere Schule kam, endlich einen Platz in der letzten Reihe ergattert hatte. Ich war einer von denjenigen, deren Bus-Status deutlich höher war als ihr Schul-Status, und wenn da nicht der glückliche Zufall gewesen wäre, daß Barry denselben Bus nahm wie ich wahrscheinlich, hätte ich nie eine Chance gehabt, ihm näher zu kommen.
Als schon ein paar Wochen des neuen Schuljahres vergangen waren und ich das Gefühl hatte, daß mein Gesicht für ihn zumindest im entferntesten Wiedererkennungswert besaß, sprach ich ihn an der Bushaltestelle an. Ich war total cool – ich war ruhig – zu allem bereit – ich wollte es wissen.
»Kalt, nicht?« fragte ich.
»Ja«,sagte er.
»Bißchen spät dran heute, der Bus.«
»Ja«,sagte er.
»Na ja, man darf nicht vergessen: Es ist November.«
»Wie?« fragte er. »Kommt der Bus im November immer zu spät?«
»Nein, ich meinte die Kälte«, erwiderte ich.
»Ach so«, sagte er.
»Ich meinte, im November ist es oft so kalt«, sagte ich.
»Stimmt«, sagte er.
»Hör mal«, sagte ich. »Warum setzt du dich nicht zu mir in die letzte Reihe? Ist viel besser da.«

»Okay«, sagte er.
JA!JA!JA!JJJJJJJJJJJJAAAAAAAAAAAAAAAAAA!JAJAJA!
JA! JA! JA!
Mein Hirn hatte einen Orgasmus. Ich konnte es kaum glauben!

Das ist die ganze Wahrheit. So war's wirklich. So fing unsere Freundschaft an.

Kapitel fünf

Mittwoch nachmittag. Rugby. Mr. Dean, der mit einer roten Trainingshose, orangefarbenen Socken und einem Sweatshirt mit der Aufschrift *England U23 Women's Hockey Training Weekend Wycombe '83* glänzt, sowie mit einer grünen Trillerpfeife, die nie funktioniert, reiht uns an der Touch Line auf. Es folgt die übliche Geschichte vom Trainingswochenende in Wycombe '83, mit der er uns jedes Mal ergötzt – jene das-waren-wenigstens-noch-engagierte-Sportlerinnen-ihr-seid-doch-alle-nur-Warmduscher-Nummer. Obwohl wir sie schon fünfzig Mal gehört haben, sind wir immer noch nicht überzeugt. Außerdem erzählt man sich in der Schule, daß er das Sweatshirt bei Oxfam Second Hand gekauft hat.

Dann wählen wir die Mannschaften: Erst kommen die guten Spieler, dann die fetten schlechten Spieler, dann ich, dann die dünnen schlechten Spieler, dann die Weicheier und Christen.

Lektion beendet, Mannschaften gewählt, jeder auf seiner Position. Mr. Dean führt die grüne Trillerpfeife an seine Lippen. Niemand sieht auch nur ansatzweise spielbereit aus, weil wir alle wissen, was gleich passieren wird.

»Auf geht's, Jungs – ihr könnt ruhig mal ein bißchen lebendiger dreinschauen!«

Wir tun alle so, als ob wir lebendiger dreinschauen würden. Er bläst in seine Pfeife. Kein Ton kommt heraus. Das passiert jeden Mittwoch, aber niemand erinnert ihn je daran, daß die grüne Pfeife nicht funktioniert, weil wir alle wollen, daß er wie ein Arsch dasteht – und das tut er dann auch.

»Verdammt – die Pfeife ist im Eimer. Wußt ich's doch. Wer rennt schnell zurück und holt mir meine andere Pfeife?«

Sämtliche Raucher melden sich freiwillig, und die Wahl fällt auf Unstead. Er trabt davon und schnappt sich an der Seitenauslinie Kippen und Feuerzeug aus seiner Trainingsjacke. Wir wissen alle ganz genau, daß er so schnell nicht wieder zurückkommen wird, machen uns aber nicht die Mühe, irgendwas zu sagen. Um die Zeit zu überbrücken, läßt uns Mr. Dean einen Konditions-Test machen.

Keiner von uns besteht den Konditions-Test. Ein paar von den Christen kotzen brav hinter die Try Line.

Cohen wirft Mr. Dean einen Satz hin von wegen, daß er jetzt lieber Fernsehn gucken würde, so daß wir uns alle bequem auf eine weitere Lektion anstelle des als nächstes geplanten Ausdauer-Tests einrichten können.

Mr. Dean begreift, daß Unstead nicht mehr zurückkommt. Wir tun alle furchtbar beunruhigt und versuchen Mr. Dean davon zu überzeugen, daß irgend etwas ganz Schlimmes passiert sein muß. Die restlichen Raucher bieten freiwillig an, einen Krankenwagen zu rufen. Mr. Dean erklärt, daß er nicht von gestern sei und daß Unstead zum Hochsprung antanzen muß. Ich sage zu ihm, daß ich auch

gern ins Leichtathletik-Team der Schule möchte, und Mr. Dean droht mir »sonst was« an (weil ihm nichts anderes einfällt).
Er bringt uns in Position, damit wir anfangen können zu spielen, und wir bekommen zu hören, daß das Spiel von Hand gepfiffen wird. Mr. Dean steckt die Finger in den Mund, wir »schauen lebendiger«, er pfeift. Er versucht es drei- oder viermal, mit wütend-hochrotem Gesicht, aber es kommt nur heiße Luft raus. Ich biete an, ihm beizubringen, wie man auf Fingern pfeift. Er wirft mir einen mißtrauischen Blick zu, weil er sich nicht sicher ist, ob ich ihm nun helfen will oder mich nur über ihn lustig mache, kommt aber irgendwann dahinter und droht mir »sonst was« an.
Er versucht seine Würde dadurch zu retten, indem er ganz normal pfeift, dabei aber seine Finger ans Kinn legt. Weil unseren Kapitän die weitere Demütigung von Mr. Dean langweilt, macht er den Kick-off, und das Spiel kommt irgendwie in Gang.
Das leise Pfeifen ist die perfekte Ausrede dafür, es zu ignorieren, wenn man es hört, und so zu tun, als ob man etwas gehört hätte, wenn Mr. Dean gar nicht gepfiffen hat. Bald schon verliert er die Kontrolle über das Spiel, aber anstatt ins Chaos zu versinken, wird dieses von einem bewundernswerten Teamgeist zwischen den beiden Mannschaften regiert, indem sie sich bei jeder Gelegenheit gegenseitig zu Hilfe kommen, wenn es um das Mißverstehen der Schiedsrichteranweisungen geht. Alle dreißig Spieler auf dem Platz arbeiten harmonisch zusammen in dem Bemühen, so zu tun, als ob sie gewinnen wollten, während sie

sich in Wahrheit ausschließlich darauf konzentrieren, Mr. Dean zu einem Nervenzusammenbruch zu verhelfen.

Zum Beispiel wird ein perfekt organisiertes Line-Out in der Nähe der Try-Line der Blauen ausgeführt, während Mr. Dean ungefähr hundert Meter entfernt unter den Torpfosten der Gestreiften steht und schreit: »SCRUM! GEDRÄNGE! HIERHER ZUM SCRUM! HÖRT IHR? KOMMT ZURÜCK! DIESES LINE-OUT GILT NICHT! ES GIBT KEIN LINE-OUT! WAS MACHT IHR DENN DA? KOMMT ZURÜCK! SO GEHT DAS NICHT! IHR BLAUEN GEBT EUREN RAUMGEWINN AUF. OKAY, OKAY, WARTET AUF MICH!«

Seine Stimme ist schwach, aber hörbar. Er steht schon seit ein paar Minuten da. Wir nehmen das Line-Out.

Später startet Atkins einen Durchbruch, rennt über das ganze Spielfeld, bleibt plötzlich zwei Meter vor der Try-Line stehen und schwört Stein und Bein, daß er einen Pfiff gehört hat. Mr. Dean weiß sich nicht anders zu helfen, als einen Schiedsrichterball zu geben. Das ist zwar eine Fußball- und keine Rugbyregel – aber niemand sagt es ihm.

Einmal dauert das Gedränge zehn Minuten, weil niemand schiebt. Nach neun Minuten droht Mr. Dean damit, daß alle am Gedränge Beteiligten Arrest kriegen, wenn nicht bald einer zu schieben beginnt. Der Hooker der Blauen schreit mitten aus dem Gedränge, daß das ihm gegenüber nicht fair sei, weil die Props so groß seien, daß seine Füße nicht mal den Boden berührten, und er würde ja wirklich gern drücken, aber er könne nicht, und seine Eltern wür-

den ihm das Taschengeld kürzen, wenn er vor Weihnachten noch mal Arrest kriegt, und daß das nicht fair sei.
Daraufhin fangen die Blauen an, im Kreis herum zu schieben, und die Gestreiften scheinen mitzumachen. Das Gedränge geht ein paarmal im Kreis rum, wobei der Ball bewegungslos in der Mitte liegenbleibt. Als wir gerade bei der achten vollen Umdrehung angekommen sind, bläst Mr. Dean zur Halbzeit.
Die zweite Halbzeit beginnt mit leichter Verspätung, weil die beiden Teams sich auf einmal nicht mehr einigen können, welche Mannschaft zuvor, auf welcher Spielfeldhälfte gespielt hat. Erstaunlicherweise beteiligt sich Mr. Dean an dem Streit – und verliert ihn.
Die ersten zehn Minuten der zweiten Hälfte finden ausschließlich in Zeitlupe statt, was dazu führt, daß Mr. Dean den Tränen nahe vom Platz geht. Wir fühlen uns ein, zwei Minuten lang schuldig, aber der allgemeine Tenor ist, daß sich niemand an einen besseren Spielnachmittag erinnern kann. Ohne daß Mr. Dean in der Kabine auf und ab marschiert und »Ausziehen! Ausziehen! Duschen ist Pflicht! Ausziehen!« schreit, ist die Atmosphäre in der Umkleide aber irgendwie nicht dieselbe. Er muß wirklich sehr verstimmt sein, wenn er sich diesen kleinen Spaß entgehen läßt.

In der Vergangenheit ist meine Schule dafür kritisiert worden, rücksichtslose, selbstsüchtige stramme Thatcheristen hervorgebracht zu haben. Und auch wenn sich dies nur schwer leugnen läßt, so bezeugt die oben geschilderte Episode doch auf bemerkenswerte Weise, daß wir uns dem

Geist der Zusammenarbeit nicht verschlossen, solange die Umstände dazu geeignet waren. Da kannst du in jede noch so entspannte Tralala-Hopsassa-Anthro-Schule gehen, und es würde mich überraschen, wenn du dort ein ähnlich bewundernswertes Beispiel dafür finden würdest, wie junge Menschen in vollkommener Harmonie und aus eigenem Antrieb auf ein gemeinsames Ziel hinarbeiten. Mal abgesehen davon, daß jede Schule, die 1986 keine rücksichtslosen, selbstsüchtigen strammen Thatcheristen hervorbrachte, ganz offenkundig nicht auf der Höhe der Zeit war. Und meine Schule schien sich besser noch als alle anderen an die achtziger Jahre angepaßt zu haben. Als ich 1981 dort anfing, besaß das Schulmotto »Diene und gehorche«, das auf die Tasche meines Blazers gestickt war, noch einen würdevollen, geschichtsträchtigen Beiklang. Bis ich in die sechste Klasse kam, hatte sich die Bedeutung dieses Ausdrucks allerdings mit Hilfe des Zeitgeistes verändert. Je höher die Schulgebühren nach oben kletterten und je mehr neue Bibliotheken und Sportzentren die Schule baute, desto mehr verschob sich diese Bedeutung von »Ich werde dienen und euch gehorchen« hin zu »Ihr werdet mir dienen und gehorchen, weil meine Eltern jede Menge Kohle haben und mir eine Ausbildung finanzieren, damit ich richtig reich werde, also paßt auf«.
Für diese überarbeitete Version des Mottos reichte der Platz auf unseren Blazer-Taschen nicht ganz aus, aber es war auf alle Fälle greifbar – in der Art und Weise, wie wir durch die Gegend spazierten, in der Art und Weise, wie wir lauter sprachen als Kinder von anderen Schulen. Die Botschaft kam bei den Leuten an.

Kapitel sechs

Nach dem Spiel zog ich mich in der Umkleidekabine genau gegenüber Barry um (was für eine Überraschung). Er kam einige Zeit nach mir herein, weil er mit der Rugby-Schulmannschaft trainiert hatte, und als er sich auszog, konnte ich es einfach nicht verhindern, in seine Richtung zu schauen.

Was für ein Körper! *Was* für ein Körper! Wie eine Marmorstatue von so einem griechischen Gott. Der Gott unter der Dusche.

Und als er dorthin ging – einfach duschen *ging*, und nicht dieses Schluffi-Geschlendere der meisten nackten Männer an den Tag legte –, konnte ich meine Augen einfach nicht von seinem Hinterteil abwenden. Was für ein Arsch! Was für ein *phantastischer* Arsch!

Nicht, daß ich ihn anfassen wollte oder so was. Und ich wollte ihm auch ganz bestimmt nicht meinen Schwanz reinstecken. Ich konnte nur aus irgendeinem Grund nicht mehr wegschauen. Ich bin bestimmt nicht homophob – versteht mich nicht falsch –, aber ich bin auch keine blöde Schwuchtel. Das bin ich nicht. Ich habe, als ich Barry anschaute, keine Erektion bekommen oder so was. Ich habe nur … nur so etwas wie männliche Bewunderung für seine Schönheit empfunden. Ich glaube, daß ich vielleicht eifersüchtig war auf seine Fähigkeit, anziehend auf Frauen zu wirken. Der Grund, warum ich nicht aufhören konnte, über ihn nachzudenken oder ihn anzustarren, war der, daß ich so aussehen wollte wie er, damit ich mit jeder Menge Frauen Sex haben konnte. Das genau war's.

Es spielte aber sowieso keine große Rolle, weil ich beschloß, mir nicht zu gestatten, darüber nachzudenken. Und für Barry spielte es ohnehin keine Rolle, weil mein hübscher Freund ganz allgemein etwas langsam mit der Verarbeitung der meisten Dinge war, und er keinen Schimmer hatte, was in meinem Kopf vor sich ging.

Das war im übrigen *auch* etwas, worauf ich eifersüchtig war. Ich hätte alles dafür gegeben, sein Gemüt zu haben. Nichts schien ihn aus der Ruhe zu bringen. Er machte sich über nichts Sorgen. Er machte einfach seinen Kram. Nie lag ihm etwas auf der Seele. Alles, was er nicht verstand, vergaß er binnen Sekunden. Kein Gewinsel und Gegrübele, kein verzweifeltes Ringen und Trübsalgeblase – er vergaß es einfach. Es war nicht zu fassen.

Oder vielleicht waren ja auch *alle* Nichtjuden dazu in der Lage. Was auch immer es war, Barry schien seinem Gefühlsleben nicht besonders viel Beachtung zu schenken.

Nach und nach lernten wir uns immer besser kennen, weil wir soviel Zeit im Bus miteinander verbrachten. Jeden Tag unterhielten wir uns eine Stunde lang. Es gelang mir, die obsessive Seite meiner Gefühle für ihn zu dämpfen, und die Spannung zwischen uns begann nachzulassen. In dem Maße, wie unsere Gespräche verbindlicher wurden, hörte ich auch auf, Ehrfurcht vor ihm zu empfinden, und schon bald wurden wir einfach ganz normale Freunde.

Ich hatte immer noch Phantasien seinetwegen. Und ich war immer noch beunruhigt, daß da irgend etwas Unnatürliches vor sich ging. Ich dachte immer noch, daß ich vielleicht ja mit fehlerhaften Hormonen zur Welt gekommen war. Aber selbst wenn mein Hirn regelmäßig Kopfsprünge sexueller Paranoia vollführte – äußerlich verhielt ich mich Barry gegenüber vollkommen normal, und niemandem fiel je etwas Eigenartiges an meinem Verhalten auf.

Während alle anderen Distanz zu Barry bewahrten, war ich der einzige, der sich die Mühe machte, ihn kennenzulernen – und ich war baff, daß er darauf reagierte. Ich konnte mir nicht erklären, wie jemand, der so unglaublich gut aussah wie er, sich für einen häßlichen kleinen Kerl wie mich interessieren konnte – was er aber tat. Wenn ich er gewesen wäre, wäre ich jede Nacht mit einer anderen Frau weggegangen – und hätte mich durch die Betten von Nordlondon gebumst.

Warum er das nicht tat, konnte ich mir einfach nicht erklären. Und ich hatte auch keine Gelegenheit, ihn zu fragen, weil wir nie über Sex sprachen. Auch nicht übers Onanieren. Angesichts der Tatsache, daß all meine bisherigen Schulfreundschaften aus soliden, umfassenden und regelmäßigen Debatten über das Onanieren bestanden, war das reichlich seltsam.

Vielleicht hatte ich auch Angst, auf das Thema zu sprechen zu kommen. Vielleicht hatte ich das Gefühl, daß Sex und Barry miteinander inkompatible, leicht entflammbare

Gedanken waren. Oder vielleicht redete *er* auch nicht gern darüber. Vielleicht wollte er nicht angeben. Er muß gemerkt haben, daß mein Sexleben gar nicht existierte – vielleicht erwähnte er es nur nicht, weil er mir kein schlechtes Gefühl vermitteln wollte. Es war jedenfalls seltsam.
Wie wir auf andere Gesprächsthemen gekommen sind, wird mir ewig ein Rätsel bleiben.

Kapitel sieben

Gegen Ende des ersten Trimesters kam dann unser erster Elternabend. Für mich waren das immer die Höhepunkte des Schuljahres. Ich *liebte* diese Elternabende geradezu. Ab der vierten Klasse wurde von uns erwartet, daß wir dort gemeinsam mit unseren Eltern auftauchten, was den Abend zu einer Orgie der sozialen Peinlichkeiten machte. Es war ein einziges großes Schauspiel marternder Momente – vor allen bloßgestellte soziale und intellektuelle Paranoia. Einwandfrei!

Es war auch eine wichtige Gelegenheit, um zu sehen, wer eine fitte Mutter hatte. Jeremy Dorlins Mama haute mich immer wieder um, und Robert Konigsberg, ein anderer häßlicher Junge, sorgte ebenfalls für eine angenehme Überraschung in Form einer Mutter, die – wie es hieß – den besten Über-Vierzig-Arsch in ganz Edgware hatte. Die Christen hatten natürlich allesamt häßliche Mütter, mit Ausnahme des Vikars-Sohns Peter Pillow, dessen Mutter die subtile Anziehungskraft einer schüchternen, aber fickfähigen Nonne hatte.

Richard Cone, der das gesamte Trimester in einer braunen Cordhose und einem blaukarierten Hemd mit Siebziger-Jahre-Kragen verbracht hatte, den er in einen hochgeschlossenen Matrosen-Pulli zu stopfen pflegte, welchen er unter einer grauen Tweedjacke trug, hatte, wie sich herausstellte, einen Vater, der insofern Erwähnung verdient, als er ebenfalls in einer braunen Cordhose und einem blaukarierten Hemd mit Siebziger-Jahre-Kragen steckte, den er in einen hochgeschlossenen Matrosen-Pulli gestopft hatte, welchen er unter einer grauen Tweedjacke trug.

Die meisten asiatischen Mütter tauchten in ihren besten Saris auf, schwebten elegant durch die farblosen Korridore und sahen dabei völlig deplaziert, wenn auch zuweilen recht spitz aus – mit der einen oder anderen fitten Tochter im Schlepptau. Die jüdischen Mütter aus Edgware sahen allesamt furchtbar aus (mit Ausnahme von Frau Konigsberg), und trugen einheitlich Stöckelschuhe, Stonewashed Jeans, Pelzjacken und schulterlange gefärbte rotgelockte Haare. Sie hatten so viel Make-up aufgetragen, daß sie den ganzen Abend über einen Schmollmund aufsetzen mußten, damit es ihnen nicht brockenweise aus dem Gesicht fiel. Die jüdischen Mütter aus Stanmore tendierten eher zu übertrieben aufgeputzten grauen Kombinationen, wodurch nur die Hampstead- und Golders Green-Mütter irgendwie geschmackvoll gekleidet waren.

Die Juden, die entlang der Metropolitan Line wohnten, wozu auch meine Familie gehörte, entschieden sich für das langweilige, aber unaufdringliche Outfit.

Die meisten Ständer verursachten die Mütter aus der Zone zwei der Londoner U-Bahn, gelegentlich war auch mal eine aus Zone drei dabei. Zone vier und die Außenbezirke konnte man dagegen total vergessen.

Die Väter zerfielen in zwei Gruppen: Braune und Weiße. Abgesehen davon waren sie nicht zu unterscheiden, und man konnte sie nur anhand der Wagen, die sie fuhren, auseinanderhalten.
Wie sexy die Autos waren, verteilte sich in der Regel auch nach den Zonen der Londoner U-Bahn, wobei Hampstead den ein oder anderen Porsche aufzubieten hatte, während Watford und Barnet oft mit wenig mehr als einem Cortina oder Renault 12 auf den Parkplatz angestottert kamen. Diese Gruppe – die »unser Sohn soll es mal besser haben als wir«-Fraktion – war immer für einen Spaß gut. Ausnahmslos gestreßt bis panisch aussehend, hetzten sie von Gespräch zu Gespräch und diskutierten verzweifelt die Leistungen ihres Kindes. Edgware hingegen war einmal mehr die Quelle schrecklicher statistischer Anomalien, und man gab sich jede Mühe, mit mehr als einem Sportwagen pro Familie auf den Parkplatz zu rauschen – eine einzige penisrote Prozession der Vulgarität.
Die christlichen Väter waren leichter auseinanderzuhalten als ihre Kinder oder Ehefrauen, weil sie sich bequem in zwei Gruppen aufteilen ließen: Volvo-Fahrer (Leute mit Stil) oder BMW-Fahrer (Prolls, die es zu was gebracht hatten).
Den Vogel schoß Graham Hammond ab, als er ohne Vater in einem VW Käfer aufkreuzte, hinter dessen Steuer seine Mutter saß, die Latzhosen trug und zu einem Lehrer, der sich nach Mr. Hammond erkundigte, sagte, er könne sie mal. Vielleicht war das der Grund, warum Graham die gesamten letzten zwei Monate jede Mittagspause heulend auf dem Schulklo verbracht hatte.

Der Vater von Peretta (der die Wimpy-Lizenz für ganz Skandinavien besaß) drohte angeblich, Mr. Barber (der Krawatten mit Klaviertasten-Muster für schick hielt) eine reinzuhauen, weil er seinen Sohn vor drei Wochen für beschränkt erklärt hatte.

An diesem Elternabend war ich sogar noch aufgeregter als sonst – allein schon von dem Gedanken, daß ich Barrys Eltern kennenlernen sollte. Was waren das für Leute, die so jemanden wie ihn hervorbringen konnten?

Leider fingen meine Eltern, als wir ihnen dann tatsächlich über den Weg liefen, ein derart oberpeinliches Gespräch mit ihnen an, daß ich die meiste Zeit davon die Augen geschlossen hielt und nie richtig Gelegenheit hatte, sie mir ausführlich anzuschauen. Barrys Mutter sah ganz gut aus, war aber nichts Besonderes, und an Barrys Vater kann ich mich gar nicht mehr erinnern. Wenn ich gewußt hätte, daß er ein paar Monate später sterben würde, hätte ich ihm weitaus mehr Aufmerksamkeit geschenkt.

Es war Barrys Mama, die die erste Runde eröffnete. »Ist das Ihr Mark?« fragte sie. »Barry hat mir erzählt, daß die beiden richtig schnell die besten Freunde geworden sind.« Gleich am Anfang ein schwerer Körpertreffer, ich sah Barry in seiner Ecke taumeln.

»Ja«, erwiderte meine Mutter. »Mark spricht ja zur Zeit kaum noch mit uns, aber wenn er sich mal bequemt, den Mund aufzumachen, dann hat er nur die nettesten Dinge über Barry zu sagen.« Dann strich sie mir über den Arm, ein kräftiger Hieb, bei dem ich beinahe zu Boden gegangen wäre.

»Danke, daß du so nett warst zu Barry«, konterte seine

Mutter. Fuck! Sie redete mit mir! »Es ist ziemlich schwierig für ihn gewesen, an einer neuen Schule anzufangen, und da warst du schon sehr wichtig für ihn. Nicht wahr, Barry?« Das war's – der K.o. Barry mußte angezählt werden.

Dann, als ich gerade dachte, aus dem Gröbsten raus zu sein, legte meine Mutter erst richtig los. »Mark war schon immer so. Er gibt es nicht gern zu, aber er ist immer derjenige gewesen, der nett zu den Neuen war. Ich kann mich noch an seine Grundschulzeit erinnern, als Joseph Bloom, so ein Junge mit Hautproblemen – er hatte überall ganz schorfige Haut –, also als Joseph Bloom Einladungen zu seinem achten Geburtstag verteilte, und alle anderen sie zerrissen. Mark war der einzige, der sie höflich zusammenfaltete und in seine Tasche steckte. Die Party wurde natürlich gecancelt, und Mark mußte nicht hingehen, so daß er fein raus war. Ja, er ist einfach von Grund auf ein liebenswürdiger Junge.«

Fick mich! Was für eine Links-Rechts-Kombination! Ich war erledigt – Ende Gelände. Ob ich je wieder aufstehen würde?

(Hier lohnt es sich, dem faszinierenden Kontrast der Kampfstile, der eine gute Kampfrunde ausmacht, kurz Tribut zu zollen. Das englische »Mein Sohn ist ein bißchen ein Idiot und braucht Hilfe, wo er kann« versus das traditionelle jüdische »Mein Sohn ist ein Genie und hat in seinem Leben immer alles richtig gemacht«. Meiner Meinung nach ist der englische Stil so lange von Vorteil, wie man einen schnellen K.o. erzielen kann, aber wenn die jüdische Mutter es schafft, die ersten paar Runden zu überstehen, dann wird der längere Kampf beinahe sicher an sie gehen.)

Da meine Eltern den Abend, genau wie ich, in erster Linie als einen sozialen Anlaß begriffen, war die schulische Seite der Angelegenheit kein großes Problem. Meine Eltern hörten den Lehrern fast nie zu und verbrachten die Gespräche überwiegend damit, nervös die Liste meiner Mitschüler durchzugehen, in dem Versuch herauszufinden, wen sie als nächstes auf dem Flur treffen würden. Nebenbei bemerkt, waren meine schulischen Leistungen sowieso immer ganz gut. Trotzdem gab mir mein Vater auf dem Nachhauseweg einen guten Rat.
»Werd niemals Lehrer«, sagte er.

Kapitel acht

Ich könnte jetzt lügen, was meine Eltern angeht, oder ich könnte Euch die Wahrheit erzählen. Um ganz ehrlich zu sein, sollte ich eigentlich lieber lügen. Genaugenommen hab ich das auch schon getan. Mein Vater hat auf dem Rückweg nie »Werd niemals Lehrer« gesagt. Er hat gar nichts gesagt. Oder wenigstens nichts, woran ich mich erinnern könnte. Ich hab jedenfalls nicht zugehört. Ich saß hinten und stellte mir vor, was er sagen würde, wenn er ein bißchen interessanter wäre.

Seht mal – es ist für uns alle viel besser, wenn ihr mich hier lügen laßt. Ich hab darin viel mehr Übung. Es ist unendlich interessanter. Ich hab etliche Paar Phantasie-Eltern in petto, und ihr könnt euch eins davon aussuchen. Wenn ihr was Sexy-Sportliches wollt, hätte ich eine nette Kevin Keegan-Bo Derek-Kombination auf Lager. Wenn ihr eher auf was Abgefahreneres steht, könnte ich mit Sid James und Germaine Greer als geheimnisvolle Arbeiter-Intellektuellen-Mischung aufwarten. Oder wenn es was Exotisches sein soll, käme auch mein alleinerziehende-Mutter-die-ich-auf-den-Strich-schicken-muß-damit-wir-über-die-Runden-kommen-Szenario in Frage. Wem der Sinn nach Tragödie steht, der kann meinen blinden, an den Rollstuhl gefesselten, verwitweten Vater haben – auf

Wunsch und ohne Aufpreis auch mit Kriegsverletzungen (und einer herzzerreißenden Anekdote, in der der Ober-Schläger an unserer Schule mich auslacht und verprügelt, als er eine in Blindenschrift verfaßte Einkaufsliste in meiner Schultasche findet.

Oder wenn ihr auf Realismus besteht, habe ich auch noch die Vorstadt-Familie von der Stange als fiktive Notlösung parat, mit einer Mutter mit Hauptschulabschluß und einem langweiligen Buchhalter als Vater, die mich irgendwie großgezogen haben, das jugendliche, zutiefst mißverstandene Genie, das schmollend in seinem Zimmer hockt, *Smiths*-Texte analysiert und seine Haut mit zuviel Pikkelcreme zum Glänzen bringt.

Aber leider ist die Wahrheit noch viel schlimmer als all das. Meine Eltern haben beide studiert, sind beide liberal, haben beide Erfolg in ihren Berufen, ohne zuviel Ehrgeiz zu zeigen oder von ihren Ellbogen Gebrauch zu machen. Sie sind beide ganz locker drauf, was Rauchen, Drogen und Sex angeht, und keiner von beiden unternimmt besondere Anstalten, mir zu sagen, was ich tun oder lassen soll. Könnt ihr euch das vorstellen? Ist das nicht grauenhaft? Könnt ihr euch eine nachhaltigere und fiesere Art und Weise vorstellen, auf die man seinen Sohn ruiniert? Diese Wichser machen Spielchen mit meinem Verstand! Durch ihre Einstellung ist mir jeglicher Tabak-, Drogen- und Kopulationsgenuß so gut wie verleidet worden – was meinem Sozialleben insgesamt einen beinahe tödlichen Stoß versetzt hat. Sie haben alles ganz bewußt so arrangiert, daß die einzige Art und Weise, in der ich rebellieren kann, darin besteht, mich anzupassen – was verfickt noch

mal überhaupt nicht gut ist. Und am schlimmsten ist, daß sie so hilfsbereit und verständnisvoll sind von wegen, wie schwer das alles für mich sein muß.
Da haben wir es.
Äh …
Also das war eigentlich auch nur meine Phantasie. Ich hatte gehofft, daß ich euch mit ein wenig Adrian-Mole-Kinderpsychologie foppen könnte, aufgepeppt mit dem ein oder anderen »verfickt noch mal«, damit es mehr nach mir klingt. Aber nein.
Ich finde dieses Kapitel echt schwierig.
Paßt auf – ich kann sie einfach nicht beschreiben. Es sind meine Eltern. Sie sind einfach da. Sie kochen mir was zu essen, kaufen mir was anzuziehen und gehen mir auf die Eierstöcke. So wie alle anderen Eltern auch. Und das war's dann auch schon.
Jetzt wirklich.
Ich denke einfach nicht über sie nach. Sind ja schließlich verfickt noch mal bloß meine Eltern.
Und falls ihr euch gefragt habt, ob meine Mutter beim Elternabend wirklich all diese Sachen gesagt hat: hat sie nicht. Sie hat irgendwie so was Ähnliches gesagt, aber ich habe es aufgemotzt, damit es interessant klingt. Was sie wirklich gesagt hat, war in Wahrheit ziemlich langweilig. Und ich war auch nicht besonders peinlich berührt.

Die Leute erzählen einem immer viel Scheiß von wegen, wie ihr Vater sie verprügelt und aus dem Haus schmeißt, aber sie ihn trotzdem noch lieben, weil er ihr Vater ist. Ich glaube kein Wort davon. Mein Vater hat nie einen Finger gegen mich erhoben, er schreit mich kaum an, aber deswegen fang ich trotzdem nicht an, ihn zu lieben. Und dasselbe gilt für meine Mutter. Besonders viel mehr als die alte Brustgeben/Ödipus-Bindung ist da nicht.

Ehrlich gesagt, mißtraue ich jedem, der mir was erzählt von wegen seine Eltern lieben. Das paßt alles hinten und vorne nicht zusammen.

Es ist nicht so, daß ich meine Eltern hasse oder sie aktiv nicht liebe. Es ist nur, daß meine Definition von Liebe irgendwie auch einen gewissen Wunsch, wenigstens ein Minimum an Zeit mit dem geliebten Menschen zu verbringen, beinhalten muß. Und machen wir uns doch nichts vor: Die Vorstellung, meine Eltern eine Woche lang nicht zu sehen, ist wohl kaum die deprimierendste, die ich je gehabt habe. Selbst die Vorstellung, sie ein ganzes Jahr lang nicht zu sehen, treibt mir nicht gerade die Tränen in die Augen.

Um ganz ehrlich zu sein: Sogar bei der Vorstellung, sie *gar nie mehr* wiederzusehen, läßt sich ein dramatisches Ausbleiben jeglicher emotionalen Reaktion registrieren. Und da fängt es dann an, ein wenig beunruhigend zu werden. Ich habe gar nichts gegen sie – für Eltern sind sie echt ziemlich okay –, aber wenn ich solche Phantasien entwickle, in denen sie sterben und mir und meinem Bruder ein großes Haus und jede Menge Geld aus der Lebensversicherung hinterlassen, von dem wir für den Rest unseres Lebens in Saus und Braus leben können, dann weiß ich immer nicht ganz genau, ob das eine glückliche Phantasie ist oder eine traurige.

Es ist irgendwo an der Grenze.

Aber machen wir uns nichts vor. Mir kommen nicht gerade die Tränen, wenn ich daran denke. Und ich wäre ziemlich blöd, wenn ich mir selbst gegenüber nicht eingestehen würde, daß sich das nicht allzu gut mit der alten Vorstellung »Liebe deine Eltern« verträgt.
Das ist auch der Grund, warum ich nicht sehe, wie irgend jemand, der auch nur ansatzweise aus gesicherten Verhältnissen kommt, irgendeine Art von Liebe für seine Eltern empfinden kann. Für mich sind das alles Lügner.
Und im Vergleich zu allen anderen in der Schule ist meine Familie ganz und gar nicht reich. Wenn meinem Papa die Wimpy-Lizenz für ganz Skandinavien gehören würde, würde ich ihm ratzfatz den Tod an den Hals wünschen.

Kapitel neun

Hört mal zu. Ich möchte da was klarstellen. Also wegen Barry und mir. Ich weiß, was ihr denkt. »Dieser Mark – das ist doch ’ne Schwuchtel.«

Und irgendwie versteh ich das ja auch. Zugegeben – ich habe mein Augenmerk in schamloser Weise auf eine Person gerichtet, deren Geschlecht bemerkenswerte Ähnlichkeit mit meinem aufweist. Geschenkt. Wäre sinnlos, das abzustreiten. Und ... na ja ... ich werde nicht versuchen, euch davon zu überzeugen, daß es für einen Hetero normal ist, nach anderen Männern zu gieren – das würde dieser ganzen Hetero-Kiste den Garaus machen –, aber ich würde nur gern loswerden, daß ich mich immer noch für wesentlich unschwuler als die meisten anderen Jungs an meiner Schule halte. Ich will damit nicht behaupten, daß alle anderen schwul sind. Alles, was ich sagen will, ist, daß der eine oder andere anerkennende Blick auf einen hübsch geschwungenen Hintern nichts ist im Vergleich zu dem, was das Rugby-Team so alles miteinander anstellte. Und damit meine ich nicht dieses gedehnte »na jaaa, wir wissen doch alle, was da bei so ’nem Gedränge abgeht«. Ich meine, was sie außerhalb des Spielfelds so gemacht haben. Zum Spaß.

In der großen Pause am Morgen gab es immer ein Spiel,

das sie im Oberstufenzimmer spielten und das den Höhepunkt in der Woche des Rugby-Teams darstellte. Es war bekannt unter dem Namen »Haufen«, und die Regeln waren wie folgt:

Es fängt alles an mit einer kleinen Kontroverse zwischen zwei Jungs, wie sie in jedem Gespräch vorkommt. Daraufhin löst irgendein Betrachter dieses kleinen Tumults das eigentliche Spiel aus, indem er »HAUFEN!« ruft und auf die beiden draufspringt. Danach ist es die Pflicht jeder gesunden rotblütigen männlichen Person im Raum, ebenfalls »HAAUUUFFFEEEEN« zu schreien und sich mit soviel Schwung wie möglich auf das Knäuel sich windender und quietschender Jungen draufzuwerfen.

Gelegentlich können solche Haufen bis zu dreißig Jungen enthalten und bei denen, die ganz unten liegen, zu schlimmsten Verletzungen führen. Insofern war es ein Akt der Tapferkeit, das Spiel in Gang zu setzen, weil es bedeutete, daß man selbst ganz unten landen würde. Doch der Altruismus siegte, und bestimmte Jungs waren immer wieder bereit, sich zum Vergnügen der anderen zu opfern.

Das Spiel war in der ganzen Schule verbreitet, ging aber erst in den oberen vier Klassen so richtig ab (bei den Postpubertären), und war vor allem bei den lautesten, großspurigsten, lärmendsten und größten Jungs aus der Sechsten – den sozialen Königen – sehr beliebt: der ersten Rugby-Mannschaft. Der Leithammel – der König der Könige – war das Schul-Tier (der Kerl, unter dessen Vorhaut achtzehn Zwei-Pence-Stücke Platz fanden).

Nun waren diese Jungs allesamt stock-hetero. Da bin ich

mir todsicher. Einzig um das zu beweisen, verprügelten sie die Hänflinge unter den Christen, weil die angeblich schwul waren. Nur: Wenn sich einer aus dem Rugby-Team je die Zeit genommen hätte, in einem Lexikon das Wort »homoerotisch« nachzuschlagen, hätte er vielleicht noch mal drüber nachgedacht, auf welche Weise sie sich da immer amüsierten.

Daran könnt ihr erkennen, daß es in einer reinen Jungenschule – und noch dazu in einem Alter, wo die Schamhaare noch diesen frischgewachsenen Glanz haben – nicht immer ganz einfach ist, zu taxieren, für welches Team man den Schläger schwingt. Wenn niemand richtig Sex hat, aber 90 Prozent der Schulbevölkerung sich regelmäßig dem gegenseitigen Gerammel hingibt, dann wird es sehr schwer, zu sagen, was normal ist. Das ist auch der Grund, warum ich trotz der Tatsache, daß im Hinblick auf Barry komische Sachen mit mir passierten, immer noch ziemlich sicher war, ein ganz ordentlicher, mittelprächtig bis bescheidener Mitspieler bei den Heteros zu sein.

Mehr als einmal erwies sich ein Haufen als so leidenschaftlich, daß dabei das Sofa zusammenbrach.

Das verwirrte den aufsichthabenden Lehrer, Mr. Wright, den Klassenleiter der Sechsten, der sich für zeitgemäß hielt und deshalb immer »enttäuscht« statt wütend war.

»Ich verstehe das einfach nicht. Wie habt ihr das fertiggebracht? Ich bin sehr enttäuscht von euch. In Gesamtschulen gibt es Jungen, die ihren rechten Arm dafür hergeben würden, wenn sie ein derartiges Sofa in ihrem Gemeinschaftsraum hätten.«

»Das beweist doch nur, daß sie beschränkt sind«, schrie Joel Schneider.

»Das ist wieder mal ein … da kommt es mir wirklich hoch. *Du* bist beschränkt. Und zwar ziemlich.«

»Das macht nichts, Sir. Aber dafür bin ich reich. Viel reicher als Sie, Sir.«

»Du tust mir wirklich leid, Schneider.«

»Sie mir auch, Sir. Hier sind zehn Pfund. Nehmen Sie's. Gehen Sie und ertränken Ihren Kummer.«

Mr. Wright war einer von den Menschen, die Lehrer werden, weil sie Idealisten sind, dann in eine Privatschule wechseln, weil sie ein bißchen mehr Geld verdienen wollen, und dort für den Rest ihres Lebens verarscht werden. Er haßte die reichen Juden dafür, daß sie reiche Juden waren, und sie zogen ihn immer damit auf – und gewannen jedesmal. Nichts gefiel ihnen besser, als für ihren Reichtum gehaßt zu werden – einfach, weil es ihnen eine zusätzliche Gelegenheit gab, hervorzuheben, wie reich sie waren. Obendrein war Mr. Wright noch erfreulich schwer von Begriff.

»Halt deinen Mund und steck dein Geld weg. Ich habe gefragt, wer das Sofa kaputtgemacht hat. Ich möchte wissen, wer dafür verantwortlich ist. Ich weiß, daß ihr das zu mehreren gemacht habt, und ihr werdet mir jetzt schön sagen, was zum Teufel hier los war.«

Ich war immer versucht zu sagen: »Das waren die dreißig Jungs da drüben, Sir. Die erste und zweite Rugby-Schulmannschaft. Jeden Morgen springen sie auf dem Sofa rum und simulieren Analverkehr, Sir.« Leider brachte ich nie ganz den Mut dazu auf.

Mr. Wrights Ansprache verlor sich in der Regel in irgendwelchen Würdet-ihr-so-was-zu-Hause-auch-machen-Predigten, woraufhin Joel Schneider dann erklärte, daß sich das Problem dort gar nicht stellen würde, weil hochwertige Sofas nicht so leicht zusammenbrechen würden, und wenn Mr. Wright jemanden brauche, der ihm günstig ein Top-Leder-Sofa besorgt, er wüßte da jemanden …

Direkt neben unserer Schule befand sich eine Mädchenschule, die zu unserer Einrichtung gehörte und von der wir durch eine Mauer getrennt waren, die auch als »Berliner Mauer« bekannt war. Außer im Bus und am Busparkplatz war zwischen den Schülern der beiden Schulen kein Kontakt erlaubt. Es gab keine einzige gemischte Klasse, und angeblich existierte eine Schulregel, die besagte, daß Besucher der Nachbarschule einen Sicherheitsabstand von einem Meter einhalten mußten. Die berühmteste Übertretung dieser Regel fand statt, als die Tochter des Drummers von Alvin Stardust dem Sohn des besten Optikers von Golders Green im Kricket-Pavillon einen blies und dabei erwischt wurde.

Abgesehen von diesem Ausrutscher (wegen dem das Mädchen von der Schule flog und der Junge zwei Wochen vom Unterricht ausgeschlossen wurde und einen Klaps auf den Hintern bekam), zeigten die Jungs wenig Interesse an den Mädchen. Der allgemeine Konsens lautete, daß sie allesamt häßlich waren. Eine kleine Gruppe von Jungs hing zur Mittagszeit immer am Tor zur Mädchenschule rum, aber die wurden eher für ein bißchen schwul gehalten. Die meisten spielten lieber Fußball, während die Christen und die Eunuchen in der Bibliothek ihre Hausaufgaben machten.

Es wurde viel über Sex geredet, aber immer in bezug auf Filmstars, Musikerinnen oder Fernsehansagerinnen. Wenn sich weibliche Wesen unseres Alters näherten, wichen wir normalerweise zurück und murmelten schüchterne Äußerungen wie »Hau ab, du Schlampe« oder »Faß mich bloß nicht an, du blöde Kuh«. Nicht, daß jemals eine versucht hätte uns anzufassen, aber man konnte es ja für alle Fälle mal sagen.

Die einzigen Jungs, die nett zu den Mädchen waren, waren die aus Edgware und Stanmore. Das lag daran, daß für sie ein Fertig-Sozialleben außerhalb der Schule bereitstand, zu dem regelmäßige Discoveranstaltungen in ihrer Synagoge gehörten, und daran, daß sie alle schon, seit sie dreizehn waren, mit einer Unzahl schöner Mädchen regelmäßig und in allen Varianten Sex gehabt hatten. Ihre Eltern waren so sehr darauf aus, daß ihre Kinder jüdisch heirateten, daß es ihnen egal war, wie früh sie auf die Piste gingen und sich gegenseitig schwängerten. Wir anderen beneideten sie so sehr um ihr Sozialleben, daß es uns schier die Hosen zerriß, aber es war ein zu schmerzhaftes Thema, als daß man darüber hätte sprechen können.

Ich kann mich immer noch an den Tag erinnern, als Marc Avener beim Morgenappell gegenüber Daniel Balint laut verkündete, daß seine Freundin gerade ihre erste Regel bekommen hatte. Für mich war das so, als ob er gesagt hätte, er habe das Wochenende auf dem Mond verbracht. Ich konnte es nicht glauben. Was für ein verdammter Glückspilz!

Als wir uns dem Ende des Herbst-Trimesters des ersten Oberstufenjahres näherten, begann ich, ein gewisses Auftauen, ein Moment der Entspannung in den Beziehungen zwischen den beiden Schulen auszumachen. Am Busparkplatz stand man näher beieinander, und bis zu einem gewissen Punkt gab es jetzt sogar Berührungen und den einen oder anderen ... ich bring's nicht über die Lippen ... den einen oder anderen ... nein, ich kann's nicht (du mußt) ich kann nicht (du mußt) ... den einen oder anderen ... Kuß! (Puh!)

In einer dramatischen Umkehrung der Verhältnisse war man jetzt schwul, wenn man *nicht* mit Mädchen redete. In einer gemischten Schule wäre dieser Meinungsumschwung im Alter von elf Jahren passiert. Ich fand es mit siebzehn schon schwer genug.

Und dennoch hatte ich mit Barry *immer* noch kein Gespräch über Sex geführt. Ich brannte vor Neugier. Ich wollte krasse Geschichten über wochenlange Fickfeste auf irgendwelchen Schweizer Skihütten hören. Ich wollte von Promi-Gummifetischisten-Parties hören. Ich wollte etwas über sexuelle Techniken lernen. Selbst wenn es eine Weile dauern würde, bis ich es in die Praxis umsetzen konnte, so war ich mir doch sicher, daß er mir *alles* beibringen würde.

Eines Tages, auf dem Nachhauseweg im Bus, rückte ich damit heraus. Ich fragte ihn.

Kapitel zehn

»WAS? WAS BIST DU?«
»Jungfrau.«
»EINE WAS?«
»Eine Jungfrau.«
»EINE WAS?«
»EINE JUNGFRAU, DU ARSCHLOCH!«
»Fuck. Jetzt bin ich aber platt. Ich glaub's einfach nicht.«
»Wieso, bist du keine?«
»Natürlich bin ich eine, du Affe. Schau dir doch bloß mal mein Gesicht an.«
»Was soll mit deinem Gesicht los sein?«
»Es ist häßlich, das ist los. Mit so einem Gesicht fickt niemand.«
»Du bist doch gar nicht häßlich«, sagte er. »Du hast nur ein bißchen viel Haare, das ist alles.«
»Glaub mir, das ist ein Büchergesicht. Kein Sexgesicht. Aber das hier« – ich zerrte an seiner Backe – »DAS HIER ist ein Sexgesicht.«
»Meinst du?«
»Du bist vielleicht ein Schwachkopf! Das ist die reinste Verschwendung. Gesichtsverschwendung ist das.«
»Irgendwann hätte ich schon mal gern Sex.«
»Irgendwann?«

»Wenn ich die richtige Frau gefunden habe, mein ich.«
»Was meinst du mit die richtige Frau?«
»Halt jemand, mit dem ich gern zusammen bin.«
»O mein Gott.« Ich stand unter Schock. Ich wußte nicht, was ich sagen sollte. Wer hätte gedacht, daß ausgerechnet Barry so einer wäre. So eine Schwuchtel!
»Warum bist du noch Jungfrau?« fragte ich.
»Wie meinst du das: warum?«
»Warum? – WARUM? WARUM BIST DU NOCH JUNGFRAU, DU ARSCHGESICHT? KANNST DU MIR DAS MAL ERKLÄREN?« Langsam wurde ich wütend. Die Welt ergab mit einem Mal keinen Sinn mehr. Ich versuchte, langsam und tief durchzuatmen. »Jetzt hör mir mal zu«, sagte ich so geduldig, wie ich konnte. »Ich bin eine Jungfrau, weil ich häßlich bin. Niemand möchte mit mir Sex haben, und zwar aufgrund der unvorteilhaften Anordnung meiner Gesichtszüge. Ich bin unsexy. Aber du … Du bist so … Warum bist du … Was hast du gemacht – was hast du eigentlich die ganze Zeit über gemacht? WARUM? BIST DU EIGENTLICH BESCHEUERT? HÖR ZU, DU KLEINER WICHSER – WAS HAST DU VERDAMMT NOCH MAL MIT DEINEM LEBEN ANGESTELLT?«
Ich wurde langsam ein wenig irrational.
»Du bist ein bißchen neben der Kappe, Mark.«
»Tut mir leid, ich versteh das einfach nicht. Das ist ein emotional besetztes Thema für mich.«
»Willst du wirklich einen Grund dafür wissen?«
»NATÜRLICH WILL ICH DAS, DU IDIOT!«
»Schon gut, schon gut. Laß mich mal nachdenken.« Er

dachte nach. Das dauerte. »Hm. Mir fällt kein Grund ein. Ich bin wohl einfach noch nicht dazu gekommen.«
»Wie kannst du … Was soll das heißen? Das kann doch gar nicht sein.«
»Wenn ich die Gelegenheit dazu hätte, würde ich wahrscheinlich nicht nein sagen. Einfach, daß ich's einmal mache und hinter mich bringe, damit ich's nicht so eilig habe, wenn ich mich danach auf die Suche nach der Richtigen mache.«
»Bist du noch ganz sauber? Du bist vollgepumpt mit den beschissensten altmodischsten Hollywood-Sex-Klischees! Das ist ja trostlos.«
»Bin ich nicht. Ich schau mir gar keine Filme an.«
»Wie? Du schaust dir keine Filme an?«
»Eigentlich nicht.«
»Was ist mit Fernsehen? Du siehst sie dir doch sicher im Fernsehen an.«
»Kaum. Eigentlich sehe ich so gut wie kein fern.«
»Wie bitte? Du siehst nicht fern? Liest du Bücher?«
»Sei nicht so blöd.«
»Hefte?«
»Nö.«
»Musik? Konzerte?«
»Nö.«
»Herrschaft! Was machst du denn eigentlich mit deinem Leben?«
»Weiß nicht. Dies und das. Ich beschäftige mich halt.«
»Du bist echt 'ne Nummer. Unglaublich. Was zum Teufel MACHST du?«
Keine Antwort.

»Möchtest du Sex haben?« bot ich an.
»Bah, leck mich!«
»Nicht mit mir, du Arschloch. Mit einem Mädchen. Mit einem Mädchen, das scharf ist.«
»Weiß nicht.«
»Hör auf mit der Scheiße. Willst du jetzt – ja oder nein?«
»Na ja, theoretisch schon.«
»Ich rede nicht von der Theorie, Barry. Ich meine praktisch – im richtigen Leben. Es in echt – mit einem anderen Menschen tun.«
»Na ja ... Gut. Aber wer will schon mit mir schlafen?«
»Jesus! Alle. Alle wollen mit dir schlafen, Barry!«
»Mach dich nicht lächerlich!«
»Jetzt hör mir mal gut zu, Barry. Das meine ich todernst. Sämtliche Mädchen in der Mädchenschule mitsamt ihren Lehrerinnen, die Hälfte des Kollegiums der Jungenschule (Männer wie Frauen) und die meisten Jungs von der Jungenschule sind ALLE, UND ZWAR JEDER EINZELNE VON UNS, GEIL DARAUF, MIT DIR IN DIE KISTE ZU SPRINGEN UND DIR DAS HIRN AUS DEM LEIB ZU FICKEN!«
Er brauchte eine Weile, bis er das verdaut hatte. »So ein Quatsch. Das glaub ich nicht ... Ohne Scheiß? Nein, das ist total albern ... Ist das echt wahr? Glaubst du das wirklich? Nein ... du bist blöd ... Wollen die? Mit mir? Ich meine, bin ich ...? Ich bin doch nicht ...? Oder bin ich doch? ... Wollen die wirklich alle? – Die Mädchen, mein ich.«
»Ja, bist du. Ja, wollen sie.«
»Scheiße. Echt?«

»Ja natürlich echt! Seh ich aus, als ob ich Witze machte? Das ist überhaupt nicht komisch. Du bist zurückgeblieben. Geistig zurückgeblieben. Außerdem hab ich dir 'ne Frage gestellt, du Penner. Willst du jetzt mit einer aus der Mädchenschule Sex haben oder nicht?«
»Gott! Was bist du, ein Zuhälter oder so was?«
»Vorläufig ja. Ich werd ein Mädchen für dich finden, sie wird zu dir kommen, und ihr werdet Sex haben. Dabei wird kein Geld den Besitzer wechseln.«
»Das geht doch gar nicht.«
»Und wie das geht, du Vollidiot.«
»Näääa.«
»Glaub mir, das geht. Alles, was du tun mußt, ist ja sagen, und den Rest erledige ich.«
»Leck mich!«
»Du mußt nur ja oder nein sagen.«
»Scheiße.«
»Und?«
»Fuck.«
»Na?«
»Soll ich jetzt ja oder nein sagen oder was?«
»Ja.«
»Entweder ja ...«
»Oder nein.«
»Genau.«
»Genau.«
»Okay. Ja dann ... ist meine Antwort ... äh ... ich denke ... aber ich glaub's dir immer noch nicht ganz ... ich meine, das wird einfach nicht passieren ... Glaubst du? Ich glaub's nicht ... Aber egal: ja.«

Kapitel elf

Am folgenden Morgen streute ich in der Mädchenschule die Nachricht, daß Barry noch Jungfrau sei, und noch am selben Abend schlief er mit dem bestaussehendsten Mädchen in Nord-West-London.

Binnen weniger Wochen war er ein veränderter Mann. Nachdem er entdeckt hatte, daß Sex leichter zu haben war als Fruchtgummi, lernte er es als einen billigen und angenehmen Zeitvertreib sehr zu schätzen. Nachdem er sich früher für nichts besonders Mühe gegeben hatte, sah er sich nun plötzlich Leuten nachjagen, mitternächtliche Anrufe starten und nach draußen stürzen, um Kondom-Notvorräte zu organisieren. Er war ein ganz anderer Mensch geworden. Er hatte seine Jugend wiedergefunden. Oder genauer gesagt: Er hatte seine Jugend gefunden – in letzter Minute war er noch zu einem Heranwachsenden geworden, bevor es zu spät und er erwachsen war.

Am Ende jedes Schultags ging ich für gewöhnlich gemeinsam mit ihm von unserem Klassenzimmer zum Busparkplatz. Ungefähr fünfzig Meter vor den Bussen trafen die Wege von beiden Schulen zusammen. In den aufregenden Tagen von Barrys sexueller Erweckung waren diese kurzen Spaziergänge immer voller Ereignisse. Sobald wir ins Blickfeld gerieten, drehten sich alle Frauenhälse in unsere

Richtung. Das war nichts Ungewöhnliches, aber das Neue daran war, daß ein bis zwei Gesichter anstatt feuchtverschleierten Blicken der Ehrfurcht ein Aufflackern des Wiedererkennens zeigten. Die Augen wurden dann für einen Moment glasig, ehe das fragliche Mädchen entweder in Ohnmacht fiel oder in Tränen ausbrach. Der Gang dauerte etwa zwei Minuten, und ich fühlte mich dabei wie in einem surrealen Bowling-Spiel mit menschlichen Kegeln, in dem wir die Kugel waren und die rotzgrün uniformierten Mädels als Kegel fungierten. Bei jeder, die umfiel, fragte ich Barry, wer das gewesen sei.
»Ach, nur so ein Mädchen, das ich ...«
»Ja, die hab ich da und da kennengelernt ...«
»Das ist eine, die ich ...«
Keine der Geschichten ähnelten sich je. Es war ganz außergewöhnlich. Natürlich hätte ich die Gelegenheit beim Schopfe packen können. Ich hätte diesen weggekegelten Frauen zur Seite springen sollen, sie vom Boden aufheben, sie sanft über Barrys frauenfeindlichen Charakter aufklären und auf meine eigene grundgütige und liebevolle Natur zu sprechen kommen sollen. Ein armseliger Ersatz für Barrys Schönheit, aber »jetzt, wo du die Gefahren des Schönen gesehen hast, willst du vielleicht einen Mann mit Herz, einen Mann, dem du vertrauen kannst«.
Freilich, nichts dergleichen geschah. Ich brachte nie den Mut auf, auch nur eine einzige seiner Geliebten anzusprechen. Ich wollte es. Aber ich hab's einfach nicht getan.

Kapitel zwölf

Ich war ehrlich gesagt ein bißchen sauer, als die Weihnachtsferien vor der Tür standen, ausgerechnet jetzt, wo es endlich einmal ein bißchen spannend wurde. Ich hatte nichts vor, auf das ich groß Bock gehabt hätte, und es war zu kalt, um irgendwo hinzugehen, weshalb ich mehr oder weniger nur rumsaß und vier Wochen lang in der Nase bohrte. Metaphorisch gesprochen, meine ich. Ich habe nicht buchstäblich vier aufeinanderfolgende Wochen lang mit dem Finger in der Nase dagesessen. Was ich damit meine, ist, daß ich nicht besonders viel gemacht habe. Obwohl, wenn ich darüber nachdenke, habe ich *tatsächlich* einen beträchtlichen Teil dieser Zeit damit verbracht, mir in der Nase zu bohren – ungefähr ein Viertel, glaube ich. Aber das ist nicht der Punkt, auf den ich hinauswollte. Was ich sagen wollte, ist, daß ich während meiner Weihnachtsferien sehr wenig zu tun hatte.

Ich hätte Barry am letzten Tag des Trimesters beinahe nach seiner Telefonnummer gefragt, aber dann kniff ich doch. Natürlich hätte ich seine Nummer herauskriegen können, aber das tat ich nicht, einfach, weil es ein zu komisches Gefühl gewesen wäre, bei ihm zu Hause anzurufen. Ich weiß auch nicht, warum, aber ich konnte ihn einfach nicht anrufen – es wäre zu peinlich gewesen.

Mein Bruder Dan kam für ein paar Tage von der Uni nach Hause, und es war eine derartige Erleichterung, jemanden um sich herum zu haben, der die elterliche Aufmerksamkeit ablenkte, daß ich ihn hätte küssen mögen. Ist 'n guter Kerl, mein Bruder. Ein bißchen eigenartig, und generell etwas überkandidelt, aber im Grunde seines Herzens ein äußerst gutmütiger Mensch. Normalerweise hasse ich gutmütige Menschen, aber Dan macht es irgendwie richtig – zum Beispiel, wenn er dir bei etwas hilft, verarscht er dich gleichzeitig, so daß man sich nicht gönnerhaft behandelt fühlt.

Er kam nicht besonders oft nach Hause. Und diesmal, als ich ihn das erste Mal seit fast einem Jahr wiedersah, fand ich ihn sehr verändert – im Vergleich dazu, wie ich ihn in Erinnerung hatte. Er schien mir selbstbewußter und glücklicher zu sein, und zum ersten Mal in seinem Leben hatte er halbwegs anständige Klamotten an. Ich meine, sein Geschmack war immer noch erschreckend, aber wenigstens schien er sich endlich einmal Mühe zu geben. Ich ging sogar so weit, ihn nach seiner zu kurzen, grauen Polyesterhose zu fragen, die mit den Taschen auf der Schenkelseite und den peinlichen Joghurtflecken in der Leistengegend, aber er erzählte mir, er habe sie weggeschmissen – ein schwerer Verlust für das kulturelle Erbe dieses unseren Landes.

Außerdem – das klingt jetzt wahrscheinlich irgendwie blöd, aber – na ja, ihn zu sehen beruhigte mich irgendwie, weil es mir das Gefühl gab: Wenn irgend jemand in unserer Familie vom anderen Ufer war, dann bestimmt nicht ich. Sämtliche angesäuselten Gene, die um unseren

Stammbaum fliegen, scheinen schnurstracks bei ihm gelandet zu sein.

Natürlich ist er nicht wirklich schwul – ich meine, er ist schließlich mein Bruder –, aber wenn ich so sehe, wie er geht und wie er die Leute umarmt, atme ich immer erleichtert auf, weil ich mir da vergleichsweise normal vorkomme.

An Weihnachten sondierten wir neue, bisher unerforschte Tiefen des Schreckens, in denen kein Meeresleben mehr möglich ist. Aber das kann ich euch jetzt nicht antun. Sagen wir mal so: Es endete damit, daß wir Scharade spielten. Ist das noch zu fassen? Das Jahr 1986 neigt sich seinem Ende zu und bittet im Zeitalter immer spektakulärer werdender Revolutionen auf dem Informationssektor ein weiteres entdeckungsreiches Jahr zur Tür herein, und ich sitze mit meiner Scheiß-Familie auf dem Sofa und tue so, als ob ich über meinen durchgeknallten, verhaltensgestörten Cousin lache, der es nicht auf die Reihe kriegt, das Wort *Ghostbusters* pantomimisch darzustellen.

Wenn John Logie Baird gewußt hätte, daß die Leute 1986 immer noch Scharade spielen, hätte er es wahrscheinlich sein lassen und seine Aufmerksamkeit statt dessen der Psychiatrie zugewandt – und vielleicht wären wir dann ein paar Jahre früher mit den Segnungen der Lobotomie beglückt worden.

Am zweiten Weihnachtsfeiertag nahm ich Dan zu einem Einkaufsbummel nach Harrow mit, wo gerade das St. Anne's-Einkaufszentrum eröffnet worden war. Wir erwiesen dabei auch der neuen Skulptur »Sally: Statue eines seilhüpfenden Mädchens« unsere Ehre, die inmitten der Stadt aufgestellt worden und vermutlich als Zentrum kommunalen Treibens gedacht war.

»Ahh«, seufzte ich. »Endlich ist Harrow ein Platz auf der Landkarte der Weltkultur sicher.«

»In der Tat, in der Tat«, pflichtete mir Dan bei.

»Ich kann meine Freudentränen kaum noch zurückhalten, Dan.«

»Laß ihnen freien Lauf, Mark. Das wäre sicher ganz im Sinne des Künstlers.«

Ein Schluchzen durchzuckte meinen Körper, als ich meinen Kopf gegen Sallys Fuß lehnte.

»Sind es die zwei kleinen, mit einer Black & Decker in die Augäpfel gebohrten Löcher, die dich so bewegen, lieber Bruder?«

»In der Tat, in der Tat. Sie vermitteln auf so vortreffliche Weise die Vorstellung des Künstlers von der Freude, die ein Kind an den einfachsten Dingen zu finden vermag.«

Eine erneute Woge stillschweigender Ehrfurcht überflutete uns.

»Dan?«

»Ja.«

»Weißt du, was ich jetzt am aller-, allerliebsten machen würde?«

»Nein, lieber Bruder, das weiß ich nicht.«

»Ich würde Sallys Gesicht gern mit Scheiße beschmieren.«

»Beim nächsten Mal, lieber Mark, beim nächsten Mal bringen wir eine Kackwurst in einem kleinen Tütchen mit.«

»Wäre das im Sinne des Künstlers?«
»Bestimmt.«
Wir spazierten noch etwa eine Stunde durch Harrow und machten uns über alles und jeden lustig, aber nach und nach schien Dan mit seinen Gedanken abzuschweifen. Als ich ihn fragte, ob irgendwas nicht stimmte, sagte er, daß er aus einem ganz bestimmten Grund nach Hause gekommen sei.
Als ich ihn fragte, worin dieser Grund bestand, wurde er ganz still. Die Atmosphäre war mit einem Mal sehr ernst geworden, und ich hatte den Eindruck, daß er drauf und dran war, zu reden, als wir zufällig einer alten Freundin aus Grundschultagen begegneten, die uns von der anderen Straßenseite her etwas zuschrie. Sowie sie zu uns herüber gekommen war, verflüchtigte sich die Atmosphäre.
Dan schien erleichtert über ihr unvermitteltes Auftauchen, und obwohl wir sie länger als drei Jahre nicht gesehen hatten, warf er seine Arme um sie und küßte sie auf beide Wangen, was ich ziemlich daneben fand. Der arme Dan – ich mag ihn wirklich sehr, aber dem Knaben mangelt es wirklich an sozialer Gewandtheit.
Ich gab ihr ein Küßchen aus sicherer Entfernung, obwohl ich heimlich immer ein bißchen auf sie stand.
Egal, jedenfalls gingen wir drei erst mal Kaffee trinken, und bis wir damit fertig waren, war es zu spät, noch einmal auf das ursprüngliche Gesprächsthema zurückzukommen. Und als Dan ein paar Tage später nach Cambridge zurückfuhr, hatte er mir immer noch nicht erzählt, was er eigentlich hatte sagen wollen.

Kapitel dreizehn

Zu Beginn des Frühlings-Trimesters war es offensichtlich geworden, daß Schulmädchen eine zu leichte Aufgabe für Barry waren, weshalb ich vorschlug, daß er sich einer größeren Herausforderung stellen solle. Wie Barry mir sagte, war eine Ejakulation während der Mittagspause für ihn inzwischen eine unabdingbare Voraussetzung für seine geistige Gesundheit, weshalb wir uns daranmachten, jemanden auszuwählen, der innerhalb des Schulgeländes arbeitete.
Wir erstellten eine kommentierte Liste sämtlicher Möglichkeiten:

Küchenpersonal	häßlich, dick
Putzfrauen	häßlich, dreckig
Mrs. Webb (Physiklehrerin)	häßlich, unmenschlich, Physiklehrerin
Französischlehrerinnen:	
Mrs. Thomas	häßlich, keine Titten
Mrs. Mumford	gar nicht mal so häßlich, eventuell vormerken
Miss Gall	unsagbar häßlich
Die Frau des Direktors	häßlich, alt
Bibliotheksangestellte	häßlich, langweilig

Nach eingehender Sichtung unserer Ergebnisse kam ganz eindeutig nur eines in Frage. Barry machte sich an Mrs. Mumford ran.

Vor ein paar Jahren bekam ein Junge aus meiner Klasse bei Mrs. Mumford einen Arrest aufgebrummt, weil er ihr während des Unterrichts auf die Brüste gestarrt hatte. »Übertriebene Aufmerksamkeit für irrelevante Details« lautete der Verweis. Seit jener Zeit wurde ihr trotz ihres entsetzlich langweiligen Unterrichtsstils und ihrer kontinuierlichen Weigerung, auf jegliche Art von Humor anzuspringen, von seiten der Jungs an unserer Schule ein gewisser Respekt entgegengebracht – was zum Teil an der Schönheit ihrer Brüste lag, vor allem aber an dieser einen witzigen Bemerkung, die einen entfernten Schimmer von Menschlichkeit unter der ansonsten undurchdringlichen Schale der Professionalität ahnen ließ. Vielleicht, so dachten wir alle, ist sie gar nicht die fade Hausfrau, die sie zu sein vorgibt. Vielleicht steckt unter alldem eine witzige, spritzige, scharfe Halli-Galli-Schnecke. Ihr früheres Image als humorloseste Frau der Welt war sie jedenfalls los.
Diesen einen Witz, in fein säuberlicher Handschrift auf einem Verweisformular vermerkt, bekamen überhaupt nur zwei Menschen je zu lesen (der Tittenstarrer und der Arrest-Aufseher). Dennoch veränderte er die Art und Weise, wie die Leute über sie dachten. Er machte sie zu einem Rätsel. Es war, als ob sie an einem Entlüftungsschacht vorbeigelaufen wäre und der Luftzug ihren langen braunen Faltenrock hochgehoben hätte – und darunter Strapse und

Lederhöschen mit Seidenzwickel zum Vorschein gekommen wären.
Seit jene Geschichte mit dem Verweis die Runde gemacht hatte, wurden die Jungs in ihren Klassen oft gefährlich geil. Es ging das Gerücht, daß nicht alle klebrigen Klumpen unter den Tischen Kaugummis waren.
Die Kunst der Verführung ist eine extrem delikate Angelegenheit, es sei denn, man ist zufälligerweise mit ungewöhnlich viel Sex-Appeal gesegnet – dann ist es ein Kinderspiel. Was sich für Barry und mich als Glücksfall erwies, weil unsere gemeinsame Erfahrung in puncto Verführung gelinde gesagt minimal war. Der Plan, auf den wir uns einigten, war also folgender:
Wir finden heraus, wo Mrs. Mumford ihren Wagen parkt. Daraufhin lehnt sich Barry eine Woche lang jeden Tag nach dem letzten Läuten lässig an eine nahegelegene Mauer und linst sie an, während sie ins Auto steigt und nach Hause fährt. Dann taucht er zwei Tage lang nicht auf. Am darauffolgenden Tag, als sie sich gerade zu fragen beginnt, wo er wohl abgeblieben sein mag, kommt er angehumpelt, erzählt ihr, daß er sich den Fuß verletzt habe, und bittet sie, ihn bis Stanmore mitzunehmen (wo sie wohnt). An einer abgeschiedenen Stelle der A 41 schreit Barry dann plötzlich: »Halt! Halten Sie an! Mir ist schlecht.«
Sie hält an der nächsten Raststätte. Barry atmet heftig, so als ob er große Schmerzen hätte. Dann legt er sich ohne ein Wort auf den Rücksitz ihres Wagens. »Bitte«, sagt er. »Bitte, ich hab wahnsinnige Kopfschmerzen! Könnten Sie mir die Schläfen massieren?«
Mrs. Mumford klettert ebenfalls auf den Rücksitz und

massiert Barrys Schläfen. Ein paar Minuten später sagt Barry, daß er sich schon ein bißchen besser fühlt, und bietet im Gegenzug an, ihr die Schläfen zu massieren. Daraufhin fragt er sie, ob ihre Brüste weh tun, und bietet ihr an, diese ebenfalls zu massieren.

Der nächste Schritt ist, daß er, sobald er mitbekommt, daß sie einigermaßen erregt ist, ihre Titten losläßt und schreit: »Oh, Scheiße! Meine Unterleibsverletzung meldet sich wieder. Würden Sie mir die auch massieren?« Danach dürfte dann eigentlich nichts mehr anbrennen.

Mir ist klar, daß das vielleicht kein besonders raffinierter Plan ist, und wenn man weiß, was für ein schlechter Schauspieler Barry ist, ist es schon bemerkenswert, daß sie ihn überhaupt mitgenommen hat, ganz zu schweigen davon, daß er sie am Ende tatsächlich ganz nach Plan an einer Raststätte der A 41 flachgelegt hat.

Das zeigt nur, wie hilfreich ein schönes Gesicht und ein perfekter Körperbau für dein Liebesleben sein können.

Kapitel vierzehn

Ich muß hier ein kleines Geständnis machen. So ganz hundertprozentig wörtlich darf man das alles nicht nehmen. Nicht, daß ich hier Lügen erzählen würde oder so was – keine Angst. Ich fülle nur ein paar Leerstellen aus und versuche mein Bestes, bestimmte Lücken in meinem Wissen über den Fortgang der Ereignisse zu kompensieren.

Mal ganz abgesehen davon wußte niemand, was sich da *genau* abspielte, weil Barry nichts rausließ. Aber sie haben geknutscht, soviel ist sicher. *Ganz* sicher. Allermindestens. Und einer von uns hat sie sogar in einem Pub in Barnet zusammen gesehen.

Auch wenn ich die Geschichte im Wagen erfunden habe, so machte sie doch rasch die Runde, weshalb sie auch genausogut hätte wahr sein können – jeder glaubte sie.

Na ja, nicht *jeder*. Zunächst einmal hatte sie nur den Status eines Sechste-Klasse-Mythos. Ein bißchen wie der über die Mediziner-Party, wo sie am Boden der Punsch-Schale einen Penis fanden. Eine dieser Geschichten, bei denen man »Nääääh – so 'n Quatsch« sagt – und sie dann zehn Minuten später wie eine unumstößliche Wahrheit unters Volk bringt.

Und ja – okay okay, ich geb's ja zu –, dieser ganze Müll von wegen Mädchen-Kegeln auf dem Weg zum Bus – gut, das war vielleicht ein klitzekleines bißchen übertrieben. Aber Barry hat *wirklich* mit 'ner Menge Mädchen geschlafen, soviel ist absolut wahr, hundert Pro, ich schwör's.

Das Problem mit der Geschichte von Barry und Mrs. Mumford und der Nummer auf der Raststätte war, daß es keine *richtigen* Beweise dafür gab, so daß sie, nachdem sie das achte oder neunte Mal weitererzählt worden war, irgendwann anfing, ein bißchen dünn zu klingen. Sobald sich jedoch etwas fand, das ein wenig substanzieller war, würde es sich freilich binnen Minuten wie ein Lauffeuer in der ganzen Schule verbreiten.

Ihr dürft jetzt nicht denken, daß ich versucht habe, Gerüchte zu verbreiten oder so was. Ich bin kein bösartiger Mensch. Noch nie gewesen. Wenn ihr glaubt, daß ich auf die Tatsache neidisch war, daß Barry eine Zeit unaufhörlicher sexueller Wonnen erlebte, während ich mich sexlos durch die A-Levels schleppte, dann seid ihr auf dem total falschen Dampfer. Er war schließlich mein Freund, und ich freute mich für ihn. Ich bin nicht so 'n Eifersuchts-Heiner. Ich wüßte gar nicht, wie das geht, verbittert zu sein – selbst wenn ich's versuchen würde. Ich war nicht verbittert. Ich ganz bestimmt nicht. Verbittert – also wirklich nicht. Nein, verbittert war ich ganz und gar nicht. Ich wollte auch nicht, daß sich die Geschichte rumspricht. Ich hab's einfach aus Spaß ein paar Leuten erzählt, ich hab nicht mal damit gerechnet, daß sie mir glauben – und dann laufen die durch die Gegend und erzählten es überall rum. Da war ich echt sauer auf die.

Kapitel fünfzehn

Barry war nicht mein einziger Freund. Ich hatte immer noch meine alten Kumpel, mit denen ich schon seit der ersten Klasse befreundet war: in der Hauptsache lässige jüdische Jungs aus dem Einzugsbereich der Metropolitan Line, mit dem einen oder anderen Asiaten oder Chinesen als Einsprengsel und mit ein oder zwei reichen Hampsteadern gewürzt. Nach der Hälfte der sechsten Klasse taten wir immer noch das, was wir seit Jahren getan hatten: Wir spazierten zur Mittagszeit durchs Gelände und laberten ein bißchen, und trafen uns jeden Samstag im West End, um ins Kino zu gehen und uns danach ein bißchen in den Spielhallen der Amüsiermeile rumzutreiben. Mittags waren wir immer ungefähr zu siebt, aber samstags schrumpften wir stets auf die gleichen drei Leute zusammen: Dave, Guang-Bai und ich.

Es war nicht gerade besonders aufregend, aber es war ziemlich normal für jemanden in meinem Alter mit einem verkrüppelten Sexleben.

Anfangs, als wir die ersten Male weggingen, war das noch ziemlich cool. Ich erinnere mich noch gut an einen Montag nachmittag – wir waren damals in der dritten Klasse –, als wir uns zu dritt aufmachten, um unseren ersten »Über 18«-Film anzuschauen. Wir hatten die Hosen angesichts der Kartenverkäuferin so gestrichen voll und waren derart verblüfft, als sie uns reinließ, daß wir gar nicht auf die Idee kamen, daß man beim Ansehen des Films mehr Schiß haben könnte als beim Anstehen für Karten. Wir waren im riesigen Odeon Marble Arch, und da es Montag nachmittag war, waren wir fast die einzigen. Das allein war schon ziemlich gespenstisch, doch in einem Anfall von Wagemut begaben wir uns zielstrebig in die erste Reihe des Kinosaals, wo sich die gigantische Leinwand vor uns auftürmte. Von dieser Position aus sah sogar der Vorspann angsteinflößend aus. Der Film hieß »Die Fliege«, und als Jeff Goldblum mit roter, schuppiger Haut und ohne Haare durch die Wand des Operationssaals mitten in die alptraumhafte Abtreibung seiner Freundin sprang, riß es uns alle drei von den Sitzen, und wir versuchten aus dem Kino zu flüchten. Den Rest des Films schauten wir uns schwer traumatisiert von ganz hinten aus an und zitterten uns durch einen aus klinischer Sicht bedenklichen Adrenalinschub.

Während das für Dreizehnjährige vielleicht eine ziemlich abgefahrene Geschichte war, hatte die Sache mit siebzehn irgendwie ihren Reiz verloren. Trotzdem hatten wir immer noch unseren Spaß dabei, weshalb das Ganze nicht so schlimm war. Abgesehen davon waren wir im »Loads 'O Fun« in der Old Compton Street bei *Nemesis* schon auf Level 9 angekommen, und ich hatte mir geschworen, daß ich, wenn ich endlich die *Nemesis*-»Hall of Fame« erreicht haben sollte, dem Betreiber des Ladens sagen würde, daß der Apostroph bei seinem »O« auf die andere Seite gehörte.

(Ich denke, heimlich wußte der Betreiber das wahrscheinlich auch, aber er wollte nicht, daß seine Spielhölle wie ein irischer Pub klang.)
Diese zufriedene, vorpubertäre Existenzform begann ein paar Wochen nach Beginn des sechsten Schuljahres zu zerbröseln, weil Dave plötzlich auf das verrückte soziale Tohuwabohu im Soho der Spielautomaten pfiff und anfing, mit Neil Kothari durch die Clubs zu ziehen. Es ist schon schlimm genug, wenn dich einer deiner besten Freunde abserviert und mit den Scherben deines sozialen Lebens zurückläßt, aber Neil Kothari war wirklich ein Kerl, den ich verabscheute. Das war echt ein *ziemlicher* Arsch. Bis zur vierten Klasse war er unter dem Namen Anil bekannt und einer dieser demütigen, kümmerlichen Typen gewesen. Dann hatte er plötzlich mit Body-Building angefangen, seinen Namen geändert und begonnen, mit der Rugby-Schulmannschaft rumzuhängen. Es gelang ihm, sich ihr Vertrauen zu erschleichen, indem er denselben Bus benutzte wie das Schul-Tier und ihn bis zum nächsten Laden an der Ecke begleitete, wo Neil ein paar Süßigkeiten kaufte und dann brüllte: »Boaahh, wie das hier drin riecht! Was is 'n das für 'n furchtbarer Geruch? Riechst du das? Riecht das nach Paki? Boaahh!«
Die Ironie in bezug auf Neils eigene Herkunft blieb dem Schul-Tier offensichtlich verborgen, und nach einer Woche regelmäßiger Besuche bei den Zeitungshändlern Kingsburys war Neil fest als »prima Kumpel« etabliert und wurde Rugby-Boy ehrenhalber – einer der ersten Asiaten überhaupt, der in ihren Kreis aufgenommen wurde.
Mein Kumpel Dave dagegen war dort noch nicht ganz

angekommen und mühte sich immer noch, ins Prima-Kumpel-Land zu gelangen. Er hatte jedoch noch ganz gute Kontakte zu Neil aus den Tagen, als dieser noch Inder war, und es gelang ihm, sich erneut sein Vertrauen zu erarbeiten, indem er zum ersten Hip-Hop-Experten an unserer Schule wurde. Gemeinsam mit einem anderen Typen namens Eric (dessen Haare bereits mit sechzehn auszudünnen begannen und der kurz darauf von der Schule fliegen sollte, weil er während einer Deutsch-Prüfung mit einem Lexikon auf dem Schoß erwischt wurde) fing er an, seine Mittagspausen in den Räumen des Jennings-Gebäudes zu verbringen, Texte von Grandmaster Flash zu üben, Bücher über »U-Bahn-Kunst« zu lesen und zu versuchen, auf dem Kopf herumzuwirbeln.

Es fällt mir schwer, mich eines traurigeren Anblicks zu entsinnen als den zweier unterentwickelter Juden und eines Ex-Asiaten, die in einem Klassenzimmer einer Privatschule im Londoner Grüngürtel rumsaßen, mit Bodenpolitur in den Haaren, und so taten, als seien sie schwarze Ghettokinder. Trotzdem, genau das ist aus meinem Freund Dave geworden. Die gesamte fünfte Klasse hindurch gelang es ihm, das Doppelleben eines Gangster-Rappers bei Tage und eines weißen-Vorstadt-Jungen-der-nichts-Besseres-mit-sich-anzufangen-weiß-als-ins-Kino-zu-gehen-und-elektronische-Spiele-zu-spielen bei Nacht aufrechtzuerhalten, aber ungefähr zu Beginn der sechsten Klasse servierte er mich dann endgültig ab und wurde Vollzeit-Schwarzer.

Jeden Samstag ins Kino ist für drei siebzehnjährige Jungs ziemlich trostlos. Zu zweit ist es schlichtwegs niederschmetternd. Die zweite Hälfte des ersten Trimesters der sechsten Klasse ist bis zum heutigen Tage der Tiefpunkt meines Soziallebens gewesen. Ich rechne nicht damit, ihn noch einmal zu erreichen, bevor ich weit in den Achtzigern bin.

Und wo war Barry bei alledem? Nun – bis zu diesem Zeitpunkt hatte ich außerhalb der Schule immer noch nichts mit ihm unternommen. Er paßte nicht zu meinen anderen Freunden. Genauer gesagt paßte er zu überhaupt niemandem aus meiner Schule. Er schien sich einfach von allen abzusondern. Irgendwas an ihm war entweder reifer oder unreifer als bei allen anderen. Ich konnte wirklich nicht sagen, was von beidem zutraf.

Für mich machte das freilich auch keinen Unterschied. Wir kamen immer unglaublich gut miteinander aus. Unser Kontakt war nie besonders tief, und er war nie besonders albern – wir schwammen einfach auf derselben Wellenlänge. Was seltsam ist, weil er so anders war als alle anderen und ich annahm, daß ich so wie alle anderen war. Was hieß es also, wenn ich entdeckte, daß ich so war wie er? Vielleicht paßte ja keiner von uns beiden so richtig dazu …

Oder werde ich jetzt wieder paranoid?

Das Komische ist ja, daß sich das Sexuelle in unserer Beziehung um so mehr verflüchtigte, je mehr diese zu einer Eins-zu-eins-Geschichte wurde.

Das glaubt ihr mir jetzt wieder nicht, oder?

Es stimmt aber, ich schwör's. Es war nur anfangs ein bißchen schwierig, als wir uns gerade erst kennenlernten. Ich hatte mir immer einen Kopf gemacht, daß die Leute merken könnten, wie sehr ich ihn anstarrte. Aber wenn man mit jemandem allein ist, ist es ja normal, daß man sich anschaut – und sobald es für mich normal wurde, Barry anzuschauen, hörte ich auch auf, ihn *zu sehr* anschauen zu müssen, womit ja die ganzen Probleme überhaupt erst angefangen hatten. Je mehr Zeit wir also miteinander verbrachten, desto mehr begannen sich die sexuellen Spannungen zu lösen.

Wir trafen uns freilich immer noch nicht außerhalb der Schule. Aber durch unsere Gespräche jeden Morgen und Abend im Bus lernten wir uns allmählich richtig gut kennen.

Um ehrlich zu sein, hauptsächlich redete ich. Weshalb Barry wahrscheinlich viel mehr über mich erfuhr als ich über ihn. Wenn ich's mir recht überlege, habe ich eigentlich fast gar nichts über Barry erfahren. Er war ziemlich geheimniskrämerisch. Aber wir redeten jedenfalls eine ganze Menge, und es kam mir so vor, als ob wir alles übereinander wußten. Außer den ganzen Sachen, von denen klar war, daß ich sie ihm nicht erzählen konnte. Und da er auch nicht viel von sich preisgab ... Ach, ich weiß nicht – wir wurden eben enge Freunde. Könnt ihr mir ruhig glauben – es war so.

Das Schöne daran war, daß die ganze Egomanie und das Konkurrenzgehabe, die so viele unserer Schul-Freundschaften ruinierten, nie in die Gespräche Einzug hielt, die ich mit Barry führte. In der Art, wie Barry mit einem sprach, lag etwas, das einem das Gefühl gab, jede Frage stellen zu können, egal wie blöd sie war, ohne daß er einen auslachen oder danach beurteilen würde. Er bemühte sich einfach nach bestem Wissen, sie ohne Getue zu beantworten. Und das war eher etwas Besonderes in einer Schule, wo man nicht einmal nach der Uhrzeit fragen konnte, ohne etwas Herabsetzendes zur Antwort zu erhalten.

Das hatte zum Ergebnis, daß meine Freundschaft zu Barry für mich eine sehr nützliche Sache war, weil ich das Gefühl hatte, endlich all die Fragen stellen zu können, bei denen ich immer angestrengt so tat, als wüßte ich die Antworten darauf bereits.

Die naheliegendste aller Fragen schlug im Januar/Februar 1987 mit Wucht zwischen uns ein:

»Barry?«

»Ja?«

»Wie ist das, Sex zu haben?«

»Ähm … ja, mein Gott … äh. Schön halt.«

»Wie schön?«

»Äh … na ja, sehr schön.«

»Scheiße. Dacht' ich mir … Ist es leicht?«

»Wie jetzt? Leicht zu lernen oder leicht zu machen, wenn man mal weiß, wie man's machen muß?«

»Fuck! Treffer. Fuck! Daran hab ich nie gedacht. Äh … beides vermutlich.«

»Na ja, das hängt wirklich ganz davon ab. Beim ersten Mal ist es ein bißchen 'ne kitzlige Angelegenheit, aber danach ist es wirklich überhaupt kein Thema mehr. Und wenn du erst mal weißt, wie … also, solange du die andere Person attraktiv findest, kann gar nicht viel schiefgehen.«

»Ah ja, verstehe. Das ist ja 'n Ding. Verstehe. Und gibt es

da irgendeine Übung, mit deren Hilfe man es beim ersten Mal ein bißchen einfacher hat?«
»Zum Beispiel?«
»Na ja – ich hab gehört, daß eine Milchflasche mit gehackter Leber drin sich genauso anfühlt wie eine Vagina. Stimmt das?«
»Keine Ahnung. Ich hab noch nie meinen Schwanz in eine Milchflasche gesteckt, in der gehackte Leber war.«
»Oh, ich schon. Ist ganz nett.«
»Was! Du hast 'ne Milchflasche gefickt, in der gehackte Leber war?«
»Ja. Na ja, sozusagen.«
»Was meinst du mit sozusagen?«
»Na ja, ich konnte nicht kommen. Deswegen mach ich mir ja auch ein bißchen Sorgen. Danach hab ich mir gedacht, daß ich's in einer Frau vielleicht auch nicht schaffe, zu kommen.«
»Verstehe. Da würd ich mir aber nicht so viele Gedanken drüber machen. Frauen sind was viel Netteres als Milchflaschen, glaub's mir.«
»Scheiße, ja, du hast recht. Ich bin so was von blöd. Hast recht. Ich sollte mir echt nicht so viele Sorgen machen. Mein Gott, wirklich, ständig mach ich mir ins Hemd.«
»Wenn du dir Sorgen machst, daß du Frauen nicht attraktiv findest, solltest du vielleicht einmal darüber nachdenken, mit einem Mann Sex zu haben.«
»WAS?! WAS?! SPINNST DU? ... SPINNST DU? ... SAG MAL, SPINNST DU JETZT TOTAL? SCHEISSE! DU SPINNST JA VOLLKOMMEN! Wovon redest du eigentlich? Ich hab gar nichts in der Richtung gesagt,

du Spinner. Davon war überhaupt nicht die Rede, du perverse Sau!«

»Ist ja schon gut, ist ja schon gut. Beruhige dich! Kein Grund, sich so aufzuregen. Ich hab's bloß mal erwähnt, das ist alles.«

»Dann laß es beim nächsten Mal.«

»Mein Gott – deswegen brauchst du doch nicht gleich homophob zu werden.«

»Ich bin nicht homophob. Ich bin nur keiner von diesen Scheiß-Arschfickern, das ist alles.«

»Du bist so was von verkorkst. Du hast echt ein Problem.«

»Ich hab überhaupt kein Problem. *Du* hast das Thema ins Spiel gebracht. Über dich sollten wir uns viel eher Sorgen machen.«

»Sorgen machen?«

»Ja – Sorgen machen, Barry. Du hast mit der Sache angefangen – wer hat dich überhaupt auf diese Idee gebracht?«

»Mein Onkel.«

»Was?«

»Mein Onkel. Er ist schwul.«

»Fuck! Du kennst so einen?«

»Ja, ich kenn so einen. Und er ist ein sehr netter Mann.«

»Bäh, würg – du hast es in den Genen.«

»O Mark, bitte. Sei nicht so ein Arschloch.«

»Nein, sei du nicht so ein Arschloch.«

»Du bist das Arschloch.«

»Nein, du bist das Arschloch.«

»Du bist das Scheiß-Arschloch.«

Normalerweise war es eigentlich nicht so. Ich glaube, ihr müßt uns an einem schlechten Tag erwischt haben.

Kapitel sechzehn

Einer der ersten größeren Schachzüge der 87er Ost/West-Entspannungspolitik war eine Oberstufen-Bootspartie, die vom neugegründeten »Sozialausschuß« auf die Beine gestellt worden war.

Organisiert hatte die Party Joel Schneider, der einen bewundernswerten Geschäftssinn bewies, indem er ganz allein den Karten-Verkauf übernahm und sich darüber hinaus großzügig bereit erklärte, auch noch die Buchhaltung dafür zu übernehmen. Irgendwann verschwanden ein paar hundert Pfund auf der Strecke, doch der Buchhalter verbürgte sich für die untadelige Führung des Kartenverkäufers, und umgekehrt, so daß das Geld nie wieder auftauchte.

Der Sozialausschuß mietete ein kleines Schiff (was immerhin etwas besser war als ein blödes Boot), das den ganzen Abend lang die Themse rauf- und runtertuckern sollte, und alles, was bei den Oberstuflern der beiden Schulen zwei Hormone zum Aneinanderreiben hatte, war an Bord gekommen, nicht ohne vorher für dieses Privileg fünf Pfund an Joel Schneider abgedrückt zu haben.

Boot-Partys sind die reinste Folter. Man kann nicht später kommen, man kann nicht früher gehen – es ist wie in einem Sartre-Stück.

Als ich an der Haltestelle Embankment aus der U-Bahn stieg, stand auf dem Bürgersteig gegenüber eine Gruppe von Jungs, von denen ich die meisten noch nie ohne Schuluniform gesehen hatte, sowie einige Mädchen, an die ich mich schwach erinnerte. Die meisten von ihnen waren schon besoffen, und ich hatte so ein Gefühl im Bauch, daß dies einer der unersprießlichsten Abende meines Lebens werden würde. Ich war versucht wegzulaufen und mich schnurstracks in den nächsten Zug zurück nach Hause zu setzen, aber man hatte mich bereits gesehen. Irgend jemand rief mir von drüben ein »Hallo« zu, ich rief zurück, überquerte die Straße und war geliefert. Die nächsten fünf Stunden würde ich mit diesen Menschen verbringen.

Wir schlurften an Bord des Schiffs und fingen an zu trinken.

Bis wir Waterloo Bridge erreicht hatten, waren alle breit. Die Musik war so laut, daß meine Ohren innerhalb von fünf Minuten ihre Arbeit einstellten. Nach zehn Minuten fingen sie an, aktiv zu protestieren und mich von beiden Seiten meines Kopfes her anzukreischen.

Mein Gehör war nur der erste meiner Sinne, der von der Party ausgelöscht wurde. Die anderen vier folgten auf dem Fuße, und zwar mit alarmierender Geschwindigkeit.

Das Schiff bestand aus einem Ober- und einem Unterdeck, die beide in sich abgeschlossen waren und hinten jeweils einen verandaartigen Vorbau besaßen, durch den man ins Freie gelangte. In den ersten paar Stunden wies die Party auf den zwei Ebenen eine hübsche Symmetrie auf. Auf dem Oberdeck wurde laute Musik gehört, im Unterdeck heftig gepichelt, die Herren backbord, die Damen steuerbord. Es dauerte nicht lange, und ich reihte mich ein in die Schlange derer, die anstanden, um vom Außendeck kotzen zu können, nachdem beide Toiletten bereits von Erbrochenem verstopft und überflutet waren.

Die Luft war dick mit dem grundlegendsten Baustein jeder *teenage angst*: dem Mühlstein der Jungfräulichkeit. Je mehr man darunter leidet, desto mehr muß man trinken, ehe man dazu in der Lage ist, jemanden vom anderen Geschlecht anzusprechen. Bis man endlich den Mut aufbringt, ein Gespräch anzufangen, ist man schon so betrunken, daß einem gar nichts mehr einfällt. Wodurch das ursprüngliche Ziel, sich unterhalten zu wollen, bereits im Ansatz zunichte gemacht ist, und so weiter – ein Teufelskreis. Der Mühlstein wächst, das Trinken wird immer heftiger, der Spalt zwischen den Geschlechtern vergrößert sich, Onanieren wird eher zu einer Notwendigkeit als zu einem Vergnügen, usw. usf. Irgendwann erreicht die gemeinschaftliche Paranoia ihren Höhepunkt und die Teenager-Party wird zu einer Orgie in Alkohol ertränkter Neurosen.
Erst als das Unterdeck des Schiffs von einer leichten Schicht Kotze überzogen war, schmolz die Backbord/Steuerbord-Trennung dahin, und Jungens wie Mädels stolperten einander sturzbetrunken entgegen und verhakten ihre Zungen ineinander. Die Knutschenden klammerten sich aneinander fest, schwankten über die Tanzfläche und verschlangen sich gegenseitig. Die Bänke an der Seite des Decks waren bald voller sich wälzender und einander befummelnder Paare, die ganze Handarbeit leisteten. Im

roten Halbdunkel konnte man Hände ausmachen, die an Unterwäsche herumzerrten, die sie nicht ganz verstanden, und sich mit Genitalien herumschlugen, die sie kaum erkennen konnten: Jungs, die amateurhaft in Spitzenhöschen herumzappelten, während widerstrebende Mädels wirkungslos an wütend roten Eicheln herumkitzelten.

Ich merkte, wie ich langsam wieder nüchtern wurde, aber mir war zu schlecht, als daß ich noch mehr hätte trinken können, und die allmähliche Wiederkehr meiner geistigen Fähigkeiten stürzte mich in eine tiefe Depression. Warum schmiß sich niemand an mich ran und versuchte mir die Zähne rauszulutschen? Warum schlabberte niemand geräuschvoll über meinen ungewaschenen Schwanz? Warum wollte keine, daß ich ihre Fotze knetete? Was stimmte mit mir nicht? Ich hatte das Gefühl, daß es niemanden gab, mit dem ich reden konnte, niemanden, der mir sympathisch war, und niemanden, mit dem ich knutschen wollte. Barry war nicht erschienen. Ich war allein.

Ich torkelte auf dem Schiff umher, auf der verzweifelten Suche nach jemandem, mit dem ich irgendwie reden konnte. Nach einer Weile stieß ich auf einen, der sich ganz offenkundig in der gleichen Situation befand. Ich schaute ihm ins Gesicht und sah meine eigene Einsamkeit widergespiegelt. Ich überlegte angestrengt, was ich sagen könnte, und erkannte, daß er das gleiche versuchte. Nach einer längeren Wartepause fiel ihm etwas ein.

»Bist du betrunken?«

»Wie bitte?«

»Ob du betrunken bist?«

»Oh! … äh, ja«, log ich.

Es folgte eine längere Pause. Wir lachten beide schwach in uns hinein. Es folgte eine weitere Pause.
»Ich auch«, sagte er.
»Ah ja.«
Die dritte ausgedehnte Pause sprach das Todesurteil über unsere Bemühungen aus. Wir hätten beide mühelos fünf Minuten darüber reden können, wie unglücklich wir waren, aber dazu war es zu laut. Und es war auch nicht der richtige Ort dafür. Das Gespräch war zu Ende. Ich war immer noch allein.
»Ich hol mir noch was zu trinken«, sagte ich.
»Okay.«
»Tschüs.«
»Tschüs.«
Jetzt mußte ich mir auch noch was zu trinken holen. Ich watete durch den immer dicker werdenden Kotz-Teppich, zwängte eine Bloody Mary runter (die nach Benzin schmeckte, aber so klang, als ob sie gefährlich stark wäre) und schmiß mich an das am wenigsten häßliche Mädchen heran, das ich sehen konnte.
Ich verschätzte mich ein wenig, und unsere Gebisse krachten schmerzhaft zusammen, aber keiner von uns beiden gab das zu. Wir knutschten. Die Erleichterung war enorm. Endlich – die Paranoia des Abends war vorüber.
Dieser Gedanke hielt weniger als eine Sekunde vor. Ein Selbstzweifel schlimmer denn je türmte sich nun auf – und die Frage »Warum knutscht niemand mit mir?« wurde ersetzt durch die Frage »Warum macht mir das keinen Spaß?« Die neue Frage war weitaus schlimmer.
Ich langweilte mich, ich wußte nicht, wie sie aussah, mein

Kiefer stand kurz vor einem Krampf, und das Boot würde frühestens in zwei Stunden anlegen. Aus meiner derzeitigen Sicht wirkten diese zwei Stunden wie eine sehr, sehr lange Zeit auf mich.

Ich hatte das Gefühl, wir wären schon eine halbe Stunde dabei gewesen, als ich das erste Mal Luft holte. Unter dem Vorwand, mir ihren Speichel vom Kinn zu wischen, schaute ich auf die Uhr und war niedergeschmettert, daß erst zehn Minuten vergangen waren, seit ich mich an sie rangeschmissen hatte. Nicht einmal eine Viertelstunde war um, und wir langweilten uns schon miteinander. Jesus! dachte ich. Wie schaffen es Leute, vierzig Jahre miteinander verheiratet zu bleiben?

Es gab noch viel mehr Zeit totzuschlagen. Wenn ich sie ein bißchen befingerte, dachte ich, würde bei diesem Abend wenigstens noch etwas Nützliches rumkommen. Bei aller Dreistigkeit, die ich in den jüdischen Versammlungen an den Tag gelegt hatte, war ich mir doch immer ein bißchen wie ein Hochstapler vorgekommen, der sich all sein Wissen aus Diagrammen und Romanen zusammengelesen hatte. Auf rein akademischer Ebene besaß ich intimste Kenntnisse über die Vagina, aber meine praktische Erfahrung mit dem 3D-Modell war äußerst beschränkt. Tatsache war, daß ich – wenn man mal von einem Nachmittag vor zwölf Jahren im Planschbecken mit meiner Cousine absah – noch nie eine zu Gesicht bekommen hatte.

Ich kämpfte mit ihren Kleidern, in dem Bemühen herauszufinden, ob sich ihr Höschen unter oder über ihrer Strumpfhose befand, und wurde durch ihre Versuche, meine Arme wegzuschieben, darin auf übelste Weise behindert. Ich wußte aus Büchern, daß das übliche Praxis war, fand ihre Kraft und Ausdauer freilich eher überraschend. Ich erwiderte ihre Anstrengungen mit aller Macht, und ehe wir uns dessen versahen, befanden wir uns mitten in einem richtigen Ringkampf. Als ihr rechter Arm nachgab, wurde mein eigener mit überraschender Wucht nach oben getragen, und ich boxte ihr in die Scheide.

Und es war nicht bloß so ein Baby-Knuff – sondern ein perfekt plazierter klassischer Aufwärtshaken, der volle Kanne exakt auf ihrer Muschi landete.

Ich war vielleicht nicht der Chefexperte in sexuellen Gepflogenheiten, verstand aber von der grundlegendsten Etikette zumindest soviel, um zu wissen, daß dies eine extreme Grobheit darstellte. Man rennt nicht einfach so durch die Gegend und bumst gegen anderer Leute Geschlechtsteile. Jedenfalls nicht, ohne vorher um Erlaubnis zu fragen.

Erstaunlicherweise schrie sie nicht vor Schmerz auf. Sie sah einfach nur geschockt aus.

Meine Fresse! dachte ich. Mösen scheinen ja eine Menge mehr auszuhalten als Eier. Das ist ja immerhin ein Segen.

Anstatt diese wertvollen Sekunden mit Betrachtungen zur Widerstandskraft der weiblichen Geschlechtsorgane zu vergeuden, hätte ich sie besser darauf verwendet, mir eine Entschuldigung aus den Fingern zu saugen, denn ehe ich noch den Mund aufmachen konnte, um etwas zu sagen, war sie schon gegangen.

Ich überlegte für einen Moment, ob ich ihr nachjagen sollte, um ihr zu erklären, daß es sich um ein Mißgeschick ge-

handelt hatte, aber die ganze Geschichte war einfach zu peinlich. Ich wollte einfach nur vergessen, daß sie passiert war. Ich wollte vergessen, daß sie existierte. Ich wollte vergessen, daß *ich* existierte.
Was ich wirklich wollte, war, in einen großen dunklen Sack kriechen und mich zehn Jahre verstecken.
Meine philosophische Betrachtung wurde durch ein Aufjaulen meines Magens unterbrochen, das mich ans Fenster stürzen ließ, wo mir die Bloody Mary hochkam – die auf dem Weg nach draußen nur geringfügig besser schmeckte. Es waren immer noch eineinhalb Stunden zu überstehen.
Ich ging nach oben und versuchte zu tanzen, aber die Tanzfläche war zu voll. Die Leute hüpften einfach nur auf der Stelle auf und ab und wischten sich gegenseitig den Schweiß von ihren Körpern. Es war zu heiß und zu laut, um nachdenken zu können.
Ich ging auf das Freiluft-Deck, wo ein paar Jungs einen Joint rauchten. Ich nahm den ersten Zug meines Lebens, von dem mir schlecht wurde, der mich gleichzeitig aber auch geil machte – was schon eine krasse Kombination ist. Ich überlegte, ob ich aufs Klo gehen sollte, um mir einen zu wichsen, aber als mir einfiel, daß es voll mit Erbrochenem war, zog sich mein Magen zusammen. Ich kotzte über die Reling, wobei ich auf schmerzhafte Weise mit meiner Erektion gegen selbige knallte.
Ich sah mich nach einem Stuhl um. Es gab nur einen einzigen, der zwischen einem knutschenden und einem fummelnden Paar eingekeilt war. Also setzte ich mich dort hin. Ich schloß die Augen. Sofort hatte ich das Gefühl, daß der Raum schwankte, und mein Magen protestierte. Wenn ich

nicht erneut kotzen wollte, mußte ich meine Augen offenhalten.
Ich blieb bewegungslos sitzen und versuchte die Welt auszuschalten. Ich versuchte, mich auf meinen rumorenden Magen zu konzentrieren – was für meine Sinne derzeit am wenigsten unangenehm war. Ich strich über den Ärmel meiner Wildlederjacke. Das war ebenfalls nicht so schlimm. Es gab nichts zu schmecken, riechen, hören oder sehen, doch wenn ich nur weiterhin das Wildleder berührte, würde ich vielleicht in der Lage sein, die anderen auszulöschen. Ich versuchte aus dem Fenster zu sehen und nach einem Stern Ausschau zu halten, aber hinter den Lichtern der Stadt blieben sie unsichtbar. Ich mußte mich einfach auf meinen Ärmel konzentrieren.
Noch eine Stunde und fünfundzwanzig Minuten. Wer auch immer die Zeitverfluggeschwindigkeit auf meiner Uhr unter seiner Kontrolle hatte, war ganz schön grausam.
Ich mußte nach Hause gehen.
Ich mußte nach Hause gehen.
IchmußtenachHausegehen.
IchmußtenachHausegehenIchmußtenachHausegehenIch mußtenachHausegehenIchmußtenachHausegehen.

Kapitel siebzehn

Als die Party vorbei war und ich im Zug zurück nach Harrow saß, war ich so glücklich, daß ich beschloß, meinen Selbstmord um mindestens eine Woche zu verschieben.

Ungeachtet der Tatsache, daß ich mich bei keiner Oberstufenparty je eine Sekunde lang amüsiert habe, bin ich immer hingegangen.
Also noch mal zusammengefaßt für alle. Anzahl der Partys: 'ne Menge. Gesamtsumme an Party-Augenblicken: 'ne noch größere Menge. Gesamtsumme der Party-Augenblicke, die irgendeine Art von Vergnügen beinhalten: null.
Das ist keine ideale soziale Gleichung, aber ich habe sie mir trotzdem angetan – hauptsächlich deshalb, weil ich keine Wahl hatte. Dave war jetzt schwarz, und Guang-Bai knutschte auf der Boots-Party eine superschöne Chinesin, mit der er die nächsten fünf Jahre ging, wobei er die Beziehung ausschließlich in kantonesischer Sprache führte und mir unermeßliche, bis dato unerforschte Bedeutungsebenen des Wortes »Stachelbeeren« erschloß.
Barry tauchte im übrigen irgendwann mal bei einer von diesen Partys auf, teilte mir mit, daß er sie scheiße fände,

haute nach einer halben Stunde wieder ab und ging nie wieder zu einer hin.

Trotz der Null-Spaß-Bewertung dieser Partys war es nicht nur der bloße Mangel an Alternativen, der mich dorthin zog. In meinem Herzen trieb mich immer ein Drang zur Eroberung, zur Entdeckung und zum Abenteuer. Nicht in dem Sinne, daß ich damit rechnete, neue Leute auszugraben oder verborgene Sachen über mich selbst zu entdecken. Meine Entdeckungsreise war streng biologischer Natur. Es ging dabei nicht ums Vergnügen. Wie alle anderen wollte auch ich die Teile des Puzzles zusammenfügen können: Was war es, das ... das Frauen an manchen Stellen feucht-glitschig machte und an anderen nicht.
Idealerweise hätte ich dabei auch gelernt haben sollen, wie man mit ihnen spricht, aber das war vielleicht ein etwas hochgegriffenes Ziel.
Trotz meines unterdurchschnittlichen Sex-Appeals stellte sich heraus, daß es mir, wenn alle betrunken waren und die gutaussehenden Leute paarweise abgezogen waren, in der Regel gelang, jemanden zu finden, mit dem ich herumexperimentieren konnte.

Eine der schlimmsten Partys war dann die gegen Ende des Trimesters, bei der ich Zeuge wurde, wie das Schul-Tier seinen Schwanz in einer Mundwasserflasche spülte, die er nach Gebrauch wieder in den Badezimmerschrank stellte. Zwar befürwortete ich den Mundwasser-Trick von ganzem Herzen (schließlich befanden wir uns in Neil Kotharis Haus), aber was mich wirklich deprimierte, war, daß eines

meiner ersten längeren Gespräche mit einem Mädchen aus der Nachbarschule darin gipfelte, daß ihr herausrutschte, daß mein Spitzname auf der anderen Seite der Mauer »Bruno« war. Ich beging den katastrophalen Fehler, sie zu zwingen, mir zu sagen, für was das stand – und anstatt zu erfahren, daß es eine liebevolle Anspielung darauf war, daß meine Stimme so klang wie die von Bruno Brookes oder mein Gehirn dem von Bruno Bettelheim ähnelte, entpuppte sich nach einer halben Stunde Ratespiel, daß ich zu Ehren meines inzwischen legendären Scheidenstoßes nach dem Boxer Frank Bruno benannt worden war. Alle, aber auch wirklich alle wußten davon.
Alle.
Das verhieß mittelfristig nichts Gutes für mein Sexleben. Gar nichts Gutes.

Kapitel achtzehn

Barry?«

»Ja?«

»Warum gehst du nicht auf Partys?«

»Weiß nicht.«

»Du mußt doch einen Grund haben.«

»Äh … Ich denk mal, wahrscheinlich, weil sie scheiße sind.«

»Ah ja.«

»Wieso? Findest *du* sie etwa gut?«

»Nö, ich find sie auch scheiße.«

»Wieso gehst du dann hin?«

»Weiß nicht.«

»Du mußt doch einen Grund dafür haben. Es muß doch etwas geben, weshalb du gern hingehst.«

»Nein, ich brauch keinen Grund. Ich geh halt einfach hin.«

»Oh.«

»Aber ich hasse sie«, setzte ich hinzu. »Ich hasse sie wirklich total.«

»Weil sie scheiße sind?«

»Ja, weil sie scheiße sind. Weil die echt scheiße sind. O Mann, sind die vielleicht scheiße. Aber *so was* von scheiße. Mann, wenn ich drüber nachdenke … Fuck! Sind die scheiße. So beschissen schlecht. Einfach *SO WAS VON TOTAL SCHEISSE!* Fuck!«

»Du drückst dich wirklich immer sehr klar aus, wenn du eine geistige Offenbarung hast. Hat dir das schon mal jemand gesagt?«

»So was von scheiße.«

»Warum gehst du dann hin, du Affe?«

»Ich weiß nicht. Ich weiß es einfach nicht. Warum geh ich hin? Barry – sag's mir – wieso zum Teufel geh ich da hin?«

»Zum Knutschen?«

»Ja, theoretisch ja. Aber praktisch gesehen kommt es nicht besonders oft dazu. Und dann macht es mir auch nicht mal Spaß.«

»Scheiße, vielleicht sollte ich dich mal mit meinem Onkel bekannt machen.«

»Sehr witzig. Vielleicht solltest du das wirklich.«

»Hör mal, Mark, sei nicht so ein Arsch. Ist doch klar, daß es dir keinen Spaß macht, die Mandeln von 'ner völlig fremden Frau abzuschlecken, wenn ihr beide total breit seid und euch nicht mal mögt. Das ist doch abstoßend.«

»Ach ja?«

»Natürlich ist das verdammt noch mal abstoßend!«

»Also soll es mir gar keinen Spaß machen?«

»Na ja – es *soll* dir *schon* Spaß machen. Das ist normalerweise der Witz bei der Sache. Aber wenn es dir keinen Spaß macht, solltest du es auch nicht tun.«

»Du bist vielleicht ein Arschloch! Ich kann doch das mit den Frauen nicht schon zwei Wochen vor meinem achtzehnten Geburtstag sein lassen! Bißchen früh dafür.«

»Ich sag ja auch nicht, daß du es sein lassen sollst. Ich sag nur, daß du mit dem Teenager-Gefummel aufhören solltest.«
»Was soll ich denn *sonst* machen? Ich bin ein Teenager, und außer Fummeln kann ich nichts.«
»Dann wart doch einfach noch ein bißchen.«
»Auf was?«
»Bis du jemanden triffst, den du magst.«
»Bis ich jemanden treffe, den ich mag! Das ist nicht dein Ernst, oder? Das wird noch Jahre dauern. Da kann ich warten, bis ich an der Uni bin.«
»*Wenn* du auf die Uni gehst.«
»Natürlich werd ich auf die Uni gehen! Verdammt noch mal, ich bin doch kein Trottel!«
»Abgesehen davon ist Knutschen sowieso scheiße. Spaß macht das niemandem.«
»Was?«
»Mir hat's jedenfalls nie Spaß gemacht. Das bringt's nicht.«
»WAS?«
»Echt. Es ist langweilig.«
»Wovon redest du? Ich glaub's nicht! Das kannst du doch nicht sagen! Ich meine, alle knutschen doch. Nicht nur Teenager – alle. In Filmen machen sie's die ganze Zeit.«
»Das ist was anderes.«
»Wieso? Weil es gespielt ist?«
»Nein – weil es nur Vorspiel ist. Oder es jedenfalls darstellt. Sich küssen und drücken und so weiter, das ist doch alles nur Vorspiel. Das macht man, bevor man Sex hat. Das macht man, um sich gegenseitig zu erregen.«

»Aber … aber … die Leute machen es doch auch einfach so! Ich meine, die Erwachsenen. Man *muß* ja keinen Sex haben, oder?«
»Man *muß* nicht. Normalerweise tun's die Leute, aber müssen tut man's nicht.«
»Jesus! Willst du mir damit sagen, daß es keinen Sinn hat, auch nur einen Finger an eine Frau zu legen, ehe sie mir nicht im voraus schriftlich gibt, daß sie mit mir den ganzen Weg bis zum richtigen Fick gehen will?«
»Ach was. Red doch nicht so'n Müll. Alles, was ich sagen will, ist: Vorspiel mit jemandem, den man liebt, ist was Schönes. Vorspiel, gefolgt von Sex mit jemandem, den man liebt, ist was Großartiges. Vorspiel, gefolgt von Sex mit jemandem, den man nicht liebt, ist ganz okay. Aber Vorspiel ohne Sex mit jemandem, den man nicht mal mag, und wo keine von beiden Parteien bereit ist, irgendein Kleidungsstück abzulegen, und das noch besoffen in einem Raum voller Leute – das ist ein granatenmäßig ungeiles Erlebnis.«
»Fuck! Ich glaub's nicht. Sag mal, vor zwei Monaten warst du noch Jungfrau!«
»Ich lerne eben schnell.«
»Jesus. Wie hast du …? … Wo hast du …? Fuck! Du hast ja so recht! Ich fass es nicht. Ich bin so ein Idiot. Scheiße! Was mach ich jetzt? Was mach ich jetzt verdammt noch mal?«
»Weiß nicht. Was du willst eben.«
»Scheiße!«
»Hör zu«, sagte Barry. »Wieso gehen wir am Wochenende nicht zusammen ins Kino oder so was?«

»Echt? Hättest du echt Bock? Ich meine, sollen wir? Ich mein, ja, klar. Laß uns das machen.«
»Schon gut, beruhige dich.«
»Gut. Ja. Was möchtest du dir anschauen?«
»*Die Fliege II* ist gerade rausgekommen«, sagte er.
»Nää. Horror ist nicht so mein Ding. Bißchen langweilig. Wie wär's mit *Vier Abenteuer von Reinette und Mirabelle* im Everyman?«
»Mein Gott – du bist ja *echt* schwul!«

Kapitel neunzehn

Unter den Jungen gab es einen mit Namen Piers Ward, der uns allen ein Rätsel war. Er trug die vorgeschriebenen herunterhängenden Haare, die Cordhose und Barbourjacke eines Jungen von einer *richtigen* Privatschule, verbrachte aber aus irgendeinem Grund sieben Jahre damit, in unserem kulturellen Schmelztiegel dahinzuvegetieren. Ohne Zweifel war er der unbeliebteste Junge in der ganzen Schule, aber das schien ihm nicht das Geringste auszumachen. Er schien vielmehr die allgemeine Abneigung, die ihm entgegenschlug, als Beweis für seine Überlegenheit zu nehmen. Ähnlich war es beim Sport, wo er auf seine Ungeschicklichkeit so reagierte, als ob er für eine rein körperliche Betätigung zu schlau sei, und bei seinem Versagen im Unterricht, wo er den Eindruck zu erwecken suchte, als habe er es nicht nötig, schlau zu sein. Er verhielt sich so, als ob er mit derart viel Selbstvertrauen geboren worden sei, daß jedwedes Scheitern, wie gewaltig und auf welchem Gebiet auch immer es eintrat, nicht den geringsten Einfluß auf seine Meinung von sich selbst auszuüben vermochte. Es schien, als gäbe es eine Leistungs-Skala, die so wichtig war, daß der Rest von uns sich ihrer nicht einmal bewußt war, und auf der er brillierte – etwas, wovon wir uns gar keine Vorstellung machen konnten, worin er aber die Hauptrolle spielte. Der private Schauplatz, auf dem er brillierte, war natürlich seine Herkunft, von der wir Juden keinen Schimmer hatten. Alle lachten ihn aus, als er sich um einen Platz in Cambridge bemühte, aber es schien so, als hätte das Trinity College irgendwie Kenntnis von seinen heimlichen Großtaten, da sie ihre übliche Zulassungs-Voraussetzung von dreimal Note A auf einmal B und zweimal C herunterschraubten. Mit Ach und Krach bekam er einen Platz und machte große Karriere als Präsident der Cambridge Union Society, wo er als ein Redner bejubelt wurde, der selbst noch im Angesicht von allgemeinem Spott und Hohn in der Lage war, zu seinem Argument zu stehen. Mittlerweile ist er auf dem Weg zu einer vielversprechenden Karriere in der Politik.

Niemand wußte freilich genau, was er an unserer Schule verloren hatte. Es gab eine Vielzahl von Gerüchten, die zu erklären versuchten, warum man ihm keine standesgemäße Erziehung zukommen ließ – das wildeste davon lautete, daß es eine Strafe seiner Eltern dafür sei, daß er versucht habe, sich einen Landsitz in Kent unter den Nagel zu reißen.

In bezug auf ihre Geschichte, berühmte Ehemalige und die schöne Anlage gab es sicher nichts an meiner Schule auszusetzen. Sie hätte sich sogar mit einer richtigen Privatschule für Leute von Piers' Schlag messen können, wenn nicht die ... wenn die Schule nicht ... also wenn sich dort nicht Leute breitgemacht hätten ... ich glaube, ihr wißt, worauf ich hinauswill.

Die Schulgebühren waren hoch, die schulischen Leistungen gut, aber die Leute aus besseren Verhältnissen fanden,

daß meine Schule irgendwie »die falschen Leute« anlockte. Die Schule war ... na ja, irgendwie vom Pfad abgekommen.
Und man wurde das Gefühl nicht los, daß bestimmte Mitglieder des Kollegiums diese Ansicht teilten.
Das hatte natürlich überhaupt nichts mit Rassismus zu tun. Überhaupt nicht. Juden, Pakis, Latinos und Neger – schön und gut, wenn sie dort bleiben, wo sie hingehören. Sie wissen nur nie, wann Schluß ist. Das ist alles. Die Art und Weise, wie sie sich aufführen, sobald man sie in die Schule läßt, beweist nur, daß aus ihnen – egal, was man ihnen beibringt – nie richtige Engländer werden. Sie beschweren sich über das Essen, schummeln beim Sport und meinen, sich einfach vom Acker machen zu können. Man sollte denken, daß sie dafür dankbar wären, daß man sie reinläßt. Aber nichts da – von dem Moment an, wo sie durchs Eingangstor marschieren, fangen sie an, sich aufzuführen, als ob ihnen der Laden gehören würde. Vor allen Dingen die Juden. Die meisten von den Dunkelhäutigen kennen ein paar Takte über Demut. Wegen dem Empire und so. Hat ihnen bestimmt nichts geschadet. Inzwischen verstehen sie zum Beispiel was von Kricket. Aber die Juden? Wann hat man das letzte Mal einen Juden mit einem anständigen Unterarmblock gesehen. Na? Also. Sie haben's nicht drauf. Geld ist das einzige, was sie begreifen, verstehst du. Und sie sind verdammt gut in Prüfungen. Das ist das Ärgerliche daran.

Meine Schule war das lebendige Beispiel für andere Einrichtungen mit Geschichtsbewußtsein, daß man, sobald man anfängt, Leute reinzulassen, die ... oder besser gesagt, sowie man zuläßt, daß der Laden von Leuten dominiert wird, die nicht ... aus soliden alteingesessenen Familien stammen, also, daß die Schule dann ihren sozialen Rang verliert. Die feinen Kerle bleiben fern, und ehe man sich's versieht, strömen die Ausländer herein wie die Fliegen um ... äh, den Honig.

Die Schule war ursprünglich vor Hunderten von Jahren von einer der Kaufmannsgilden der Stadt London gegründet worden, um die Söhne von armen Arbeitern auszubilden. Seit dieser Zeit hatte sie mehrmals den Standort gewechselt und sich schließlich auf einem Gelände im Grüngürtel direkt außerhalb von Nord-West-London niedergelassen. Die Jungen wurden jeden Morgen mit Hilfe eines weitverzweigten Netzes von Bussen angekarrt, das von Watford im Westen über Harrow, Stanmore und Edgware bis hinüber nach Totteridge und High Barnet im Osten reichte.

Als die Leiter das Gelände aussuchten, müssen sie sehr zufrieden mit sich gewesen sein – in der Gewißheit, daß sie nun ein für alle Mal jeden ausgeschlossen hatten, der auch nur im entferntesten einem armen Arbeiter aus der Stadtmitte Londons ähnelte. Statt dessen hatten sie einen Einzugsbereich gefunden, der fast ausschließlich aus den besten und wohlhabendsten Vorstädten bestand. Sie versäumten es aber, die sich verändernde Zusammensetzung Nord-West-Londons im Auge zu behalten, und zu der

Zeit, als es so aussah, als ob nicht einmal Altersschwachsinn Margaret Thatcher aus der Downing Street verjagen könnte, präsidierte die Schulleitung unversehens über ein A-Levels-gegen-Knete-Gewächshaus für neureiche Einwanderer der zweiten Generation.

Die Leitung hatte bereits in den fünfziger Jahren erstmals versucht, die dräuende Katastrophe abzuwenden, indem sie eine Juden-Quote einführte. Die Quotenjungs waren vom religiösen Teil der Morgenversammlung befreit, und man erzählt sich, daß im Anschluß an die Lieder und Gebete der Direktor aufgestanden sei und die Worte »LASST DIE JUDEN HEREIN!« angestimmt habe, woraufhin sich die Türen am hinteren Ende des Versammlungssaals öffneten und eine Schar Jungen eingelassen wurde, die sich im Gänsemarsch zu den Plätzen im hinteren Bereich begaben, von wo sie sich die Direktoratsmitteilungen anhörten.

Es gab eine enorme Konkurrenz um die jüdischen Quoten-Plätze, und als Ergebnis davon schnitten die Juden noch besser ab als ohne diese zusätzliche Ausleseprozedur, was zu einer peinlichen Trennung auf den Ergebnistabellen führte – Christen am Ende, Juden an der Spitze. Es wurde schwierig, weiterhin so zu tun, als ob all die außergewöhnlichen Musiker, Intellektuellen und Schauspieler, die erfolgreich Kurs auf Cambridge nahmen, von Glück reden konnten, daß sie in die Schule aufgenommen worden waren. So wurde das Quotensystem schließlich wieder fallengelassen. Die unterschiedlichen Examensergebnisse erwiesen sich freilich als schwerer zu korrigieren.

Das ist auch der Grund, warum an meiner Schule jemand wie Piers Ward ein außergewöhnliches Phänomen darstellte. Er war ein echter feiner Pinkel mit allem Pipapo, anglikanisch und überhaupt. Er hatte sogar den dazugehörigen Akzent. E.T. wäre dagegen weniger auffällig gewesen.

Piers war laut, unverfroren, grob, *posh* und – das war das allerbeste – träge und dumm. Das machte ihn zu einem hervorragenden Hockey-Torhüter. Der einzige Grund, warum ich ihn persönlich kannte, war, weil wir zusammen in der ersten Elf der Hockey-Schulmannschaft spielten.

Dank der berühmten vor-jüdischen Geschichte der Schule hatten wir einen Spielplan, der uns gegen die berühmtesten Internate der Gegend spielen ließ. Jedesmal, wenn wir vor den verträumten Türmchen irgendeiner Oxbridge-Nachbildung auftauchten, kam gleich eine ganze Reihe solcher Pierses ins Blickfeld, die die gleichen klobigen Schuhe, Cordhosen und schlaff herunterhängenden Haare zur Schau trugen.

Während wir aus dem Bus stiegen, starrten sie voller Horror auf die bizarre Ansammlung dunkelhäutiger und großnasiger Aliens, die da ihren heiligen Boden betraten. Plötzlich war nicht mehr Piers komisch, sondern wir.

Diese Jungen waren es gewohnt, ab und zu den einen oder anderen afrikanischen Prinzen bei sich zu haben, der dann gewöhnlich als Flügelspieler des Rugbyteams eingesetzt wurde und als der *Schwarze* bekannt war. Aber der Anblick einer ganzen Busladung voller … voller … *Immigranten* war doch immer ein ziemlicher Schock für sie.

Einer nach dem anderen bekamen wir von einem Piers die Hände geschüttelt, der uns im Anschluß daran in einen Schlafsaal führte, wo wir uns umzogen.
Keine Umkleidekabine, sondern ein Schlafsaal.
Wo sie schliefen.
Das war ihr Leben.
Sie lebten dort tatsächlich.
Bei dem Gedanken lief es uns heiß und kalt den Rücken herunter, und es herrschte immer erschrockenes Schweigen, während wir uns umzogen.
In der Zwischenzeit wurde Piers Ward auf die Schulter gehauen, in die Seite geknufft, mit einem Rugby Tackling angegangen und mit allen möglichen anderen sexuell paranoiden männlichen Begrüßungsritualen überfallen. Eine große Menschentraube bildete sich um ihn und brabbelte über dieses Segelwochenende oder jenen Jagdausflug. Keiner von uns hatte sich je vorstellen können, daß Piers Freunde hatte. Dieser ungewöhnliche Anblick – Piers im Gespräch mit einer Gruppe von Menschen, die in jeder Hinsicht den Eindruck vermittelten, ihn zu mögen – lieferte uns einen weiteren Beweis dafür, daß alles, was er für wichtig hielt, für uns unsichtbar blieb. Er lebte einfach in einer anderen Welt.
In dem Moment begann mir das erste Mal zu dämmern, daß Großbritannien nicht von Juden und Asiaten beherrscht wurde. Fuck! dachte ich. Ich gehöre zu einer Minderheit. Das kann ja heiter werden.

Diesen reichen, privilegierten, selbstgefällig-geschniegelten, rassistischen Wichsern eine Hockey-Niederlage beizubringen, war ein ungemein befriedigendes Erlebnis. Oder wäre eines gewesen, wenn es uns je gelungen wäre. Leider waren ihre extra-glatten, unholprigen, bewässerten Megasportanlagen immer viel zu eben für uns, und ohne daß wir uns durch Rasenstücke und Maulwurfshügel pflügen mußten, gelang es uns nie, den Ball unter Kontrolle zu kriegen. So bekamen wir immer eins auf die Mütze.
Nachdem sie sich mühelos durch unsere x-beinige Verteidigung gedribbelt hatten, warfen sie Piers noch letzte Blicke des Bedauerns zu, bevor sie ihm einen weiteren perfekt plazierten Schuß unter die Latte ins Netz setzten.
Am Ende des Spiels bekamen wir erneut die Hände geschüttelt und mußten uns anhören, daß wir »prima gekämpft« hätten, worauf ich in der Regel ein »Leck mich, du Bonzen-Arsch« zur Antwort gab.

Auf der Fahrt nach Hause war Piers immer sehr niedergeschlagen. Wie er sich danach sehnte, in einer Schule mit anständigen Leuten zu sein! Wie er seine Eltern dafür haßte, daß sie ihn nicht ins Internat schickten!
Jedesmal, wenn wir an der übermannshohen, stacheldrahtbewehrten Mauer vorbei und durch die mit Dornen besetzten gußeisernen Tore hindurch das Gelände der betreffenden Schule verließen und ich beobachten konnte, wie er dasaß und seine Augen sich mit Tränen füllten, fragte ich mich, woraus für einen echten Engländer das Familienleben bestehen konnte – nicht für einen Juden und Asiaten, sondern für einen *echten* Engländer wie Piers.

Ich konnte mir beim besten Willen nicht vorstellen, wie es bei ihm zu Hause aussehen mußte, wenn er beim Verlassen eines solchen Gefängnisses schon weinen mußte.
Ich fing an, mir ganz abscheuliche und übertriebene Vorstellungen von einem ganz offensichtlich schrecklichen und bedrückenden Geschöpf zu machen – der nichtjüdischen Mutter.

Kapitel zwanzig

Zu Beginn des Sommertrimesters veränderte die ganze Schule ihre Persönlichkeit. Die Leute fingen an, sich lockerer zu kleiden, zu lächeln, sich in der Sonne zu unterhalten, und alles glich sich generell ein wenig mehr dem Gebaren in der übrigen zivilisierten Welt an. Ein paar von den etwas netteren Lehrern begannen, die ein oder andere Stunde im Freien abzuhalten, und selbst bei den verklemmtesten Disziplinverfechtern war eine geringfügige Entspannung der Schließmuskel zu erkennen. An einem denkwürdigen Tag im Mai des Jahres 1982 soll einer der Physiklehrer sogar ein Fenster geöffnet haben.

Nach dem ganzen Rugby- und Hockey-Streß schaltete die Schule nun um und lenkte ihre Aufmerksamkeit auf das wunderbare, träge Kricket – ein Spiel, dessen Regeln ich nie ganz verstanden habe, die sich offenbar aber nur geringfügig von denen des Sonnenbadens unterscheiden.

Nach zwei Trimestern meines Abschlußjahrs hatte ich das Gefühl, ganz gut Bescheid zu wissen, welche Lehrer einem etwas beibringen konnten und welche nicht, weshalb ich eine neue Herangehensweise an den Tag legte und nur noch die Stunden besuchte, wo ich etwas lernen konnte. Das ließ mir enorm viel freie Zeit, in der ich mich ganz darauf konzentrieren konnte, braun zu werden. Da zwischen meinen Stoppeln und dem Haaransatz nur ein kleiner Streifen Haut frei war, der zum größten Teil in den Schatten meiner Augenbrauen fiel, mußte ich mich darauf konzentrieren, meine Arme zu bräunen. Ab und zu nahm ich meine Uhr ab und sah auf das immer weißer werdende Band darunter – die einzige Möglichkeit, die Fortschritte meiner Bräunungsbemühungen zu messen.

Dank eines Bildungssystems, das in idealer Weise zu meiner Kleingeistigkeit paßte, hatte ich, seit ich fünfzehn war, keine Biologie- und Chemie-Stunden mehr besuchen müssen, und während ich so auf einem versteckten Stückchen Rasen hinter dem Bibliotheksgebäude in der Sonne lag, hatte ich Visionen, in denen sich Millionen von beschwingten Krebszellen mit mir freuten und an die Oberfläche meines Körpers schwammen, um sich mit mir zu sonnen. Es stimmte mich froh, so viel Freude verbreiten zu können.

Den ersten Schluckauf des Trimesters bekam ich, als ich ein Glas Wasser zu schnell herunterstürzte. Den zweiten und wichtigeren in einem Gespräch mit Barry, in dem er mir eröffnete, daß er in Mrs. Mumford verliebt sei. Diese Vorstellung wurde sehr rasch weniger amüsant, als er mir mitteilte, daß sie ebenfalls in ihn verliebt sei und vorhabe, ihren Mann und ihre Kinder zu verlassen und mit ihm gemeinsam eine Wohnung in Notting Hill zu beziehen. In einer verblüffenden Umkehrung all dessen, was ich mir je vorgestellt hatte, erzählte mir Barry, daß sie eine Woche nach dem Tag, als sie sich zum ersten Mal getroffen hatten, eine lange und leidenschaftliche Affäre begonnen hatten.

»Aber … aber … das kannst du doch nicht machen!«
»Warum nicht?«
»Weil … weil … was ist mit mir?«
»Was soll mit dir sein?«
»Ich meine mit uns. Was ist mit uns?«
»Wie: mit uns?«
»Ich meine mit unserer Freundschaft. Ich dachte, wir wären Freunde.«
»Und …?«
»Ähm, na ja …«
»Wir *sind* Freunde. Na und?«
»Ähm … das geht einfach nicht. Was ist mit mir? Das ist nicht fair.«
»Das hat doch mit dir überhaupt nichts zu tun. Wir werden uns trotzdem weiterhin sehen, Mark. Du wirst den Unterschied gar nicht merken. Schließlich war ich die ganzen letzten sechs Monate mit ihr zusammen, und du hast nichts gemerkt. Warum sollte es dann jetzt was an unserer Freundschaft ändern?«
Ich bemühte mich, einen Einwand zu finden.
»Das Kino …«
»Was?«
»Das Kino. Du wirst nicht mehr mit mir ins Kino gehen können.«
»Natürlich werd ich das, du Trottel. Solange niemand sonst in der Schule erfährt, daß wir zusammenleben, wird sich für niemanden etwas ändern, außer für mich und sie.«
»Aber … Scheiße! Das ist nicht fair.«
»Was zipfst du so aufgeregt rum?«
»Wippst. Das heißt wippst, du Arschgesicht.«

Es war schrecklich! Wie konnte er mir das nur antun? Das war einfach nicht fair. Ich mußte sie auseinanderbringen. Dann fiel mir etwas Schlaues ein.
»Was ist mit ihrer Familie? Du zerstörst ihre Familie!«
»Ich weiß«, sagte er. »Ich finde auch, sie sollte bei ihnen bleiben, aber sie besteht darauf, daß sie sie verlassen will. Ihr Mann ist ein ziemlich fauler Sack, und es ist höchste Zeit, daß er sich auch mal ein bißchen um die Kinder kümmert.«
»Aber – aber – so eine Schlampe! Das kann sie doch nicht machen. Sie sollte bei ihrer Familie bleiben.«
»Ja, das finde ich auch. Um der Kinder willen.«
»Aber … kannst du sie nicht dazu überreden?«
»Ich hab's versucht, aber sie sagt, sie kann gar nicht genug von meinem Körper kriegen, und daß sie mich die ganze Zeit braucht.«
Wenn Barry solche Sachen sagte, klang es immer eher bescheiden als angeberisch. Das kam von so einer bestimmten Art Tonfall, den man nur draufhat, wenn man Jahre lang nett zu den Leuten war. Ich habe oft versucht, ihn zu kopieren, aber bei mir klingt es immer wie eine Lüge.
»Eines Tages werden wir vielleicht mal ein Kind zusammen haben«, sagte er.
Darauf gab es keine Reaktion. Ich versuchte, in Ohnmacht zu fallen, aber es klappte nicht. Als ich den Mund aufmachte, kam kein Ton heraus.
Ich versuchte es erneut. »Bragghhlllmmmmnnnrrror … abb … abbghrrhhrillipnnn.«
»Ich hoffe, es wird ein Mädchen«, sagte er.
Ich fiel in Ohnmacht.

Kapitel einundzwanzig

Barry fand es sehr nobel von mir, daß ich meinen Stolz herunterschluckte und ihm und Mrs. Mumford beim Umzug in ihre neue Wohnung half. Es war das erste Mal, daß mich jemand nobel genannt hatte, und es war eigentlich nicht besonders zutreffend, wenn man berücksichtigt, daß ich nur in der Hoffnung hinging, die Karre vielleicht in den Dreck fahren zu können.

Mein gespielter Fehltritt, den ich in der Absicht machte, Mrs. Mumfords Garderobe weit genug die Treppe hinunterzuschicken, damit sie kaputtging, ging ein bißchen schief, weil ich mein Stolpern derart übertrieb, daß ich mitsamt der Garderobe die Treppe runterschoß und bewegungsunfähig eingekeilt auf dem nächsten Treppenabsatz landete, während die zwei Personen, für die ich großzügig meine Zeit opferte, sich totlachten.

»Ganz toll!« schrie ich. »Wirklich – vielen Dank, Leute – ich weiß das echt zu schätzen. Ich werde dünner *und* länger. Ihr solltet die Garderobenzertrümmerungs-Methode an Gesundheitsfarmen verkaufen.«

Sie lachten noch mehr.

»HOLT MICH HIER RAUS, IHR FICKER!«

Sie hörten auf zu lachen und schoben die Garderobe beiseite.

Mrs. Mumford schien es nichts auszumachen, daß ich sie einen Ficker genannt hatte. Ich wollte mich entschuldigen und ihr sagen, daß das »ihr« ein Versehen gewesen war und daß ich eigentlich nur Barry gemeint hatte, aber es sah nicht so aus, als ob sie mir einen Arrest geben wollte. Die ganze Situation war vollkommen verrückt. Es war fast so was wie Inzest. Oder wie wenn man seine Oma in der Badewanne sieht.

Ich versuchte ein Experiment.

»Margaret?«

»Was ist?«

MEINE FRESSE! SIE ANTWORTETE!

»Ach, nichts.«

Ein paar Tage später, ich hatte gerade Französisch bei Mrs. Mumford, passierte etwas Außergewöhnliches. Sie war zur Hälfte damit fertig, uns irgendeine Zeitform zu erklären, die man nur verwendet, um eine Handlung zu beschreiben, die regelmäßig vorkommt, aber dann am ersten Mittwoch eines Schaltjahrs von einem beweglichen Objekt unterbrochen wird, als sie unvermittelt zu reden aufhörte.

Das war an und für sich schon ein ungewöhnliches Erlebnis, aber als sie unablässig an die Tafel starrte und zuließ, daß sich die Stille immer weiter ausdehnte, spürten wir etwas Aufregendes in der Luft.

Als sie sich schließlich umdrehte und uns anschaute, sah sie nicht wütend aus, sondern eher ruhig. Ihr Gesicht konzentrierte sich auf irgend etwas, aber mit der Andeutung eines Lächelns. Als sie endlich wieder zu sprechen begann, war ihre Stimme leiser als sonst – und selbstbewußter.

»Ich weiß, daß in der sechsten Klasse bestimmte Gerüchte darüber kursieren, daß ich eine sexuelle Beziehung zu Barry unterhalte. Diese Gerüchte sind für mich, meine Karriere und meine Familie nicht nur potenziell gefährlich, sondern ...« – sie hielt eine halbe Ewigkeit inne und blinzelte dabei langsam mit den Augen – »... entsprechen auch der Wahrheit. Ich habe tatsächlich eine Affäre, eine extrem leidenschaftliche Affäre – mit einem meiner Schüler. Mir ist klar, daß das meinen Rausschmiß zur Folge haben könnte, und ich habe versucht, die Beziehung zu beenden, aber – na ja – wenn ich ihn sehe ...« – es folgte eine weitere längere Pause – »... wenn ich sein schönes Gesicht sehe, dann bringe ich es einfach nicht fertig.«

Sie war vollkommen regungslos und schloß ihre Augen. Als sie sie nach gut und gern einer Minute wieder öffnete, glänzten sie feucht.

»Wenn er mich berührt, kann ich ihm nicht widerstehen.« Sie schlug ihre Augen ungefähr fünfmal auf und zu. Ihre Lider senkten sich dabei so langsam, daß es jedes Mal so aussah, als ob sie am Einschlafen war.

»Das ist so ein schönes Gefühl – als ob ich wieder jung wäre.« Sie lächelte entrückt in sich hinein, ihre Augen auf einen unendlich fernen Punkt konzentriert. »Ich fühle mich lebendig. Er ist so sanft, so zärtlich – mein Mann war so ein Grobian, der hat mich immer mit seinen Wurstfingern malträtiert – da ist nie ein Funke übergesprungen. Aber wenn Barry mich anfaßt, dann ist mir, als ob mein ganzer Körper brennt.« Ihr Gesicht rötete sich, und ihre Augen waren nun ganz glasig geworden. »Ich fühle mich ganz verloren – ich vergesse alles – zusammen bewegen wir uns wie … wie …« Sie blinzelte erneut, schlug die Beine fest über Kreuz und rieb ihre Schenkel aneinander. Dann schloß sie ihre Augen ganz und saß still und kerzengerade auf ihrem Stuhl. Ihre Brust hob und senkte sich dabei langsam und tief, auf, ab, auf, ab. Ihre Beine waren immer noch übereinander geschlagen, und ihre Hüften vollführten unmerkliche, doch regelmäßige Kreiselbewegungen.

Wir saßen da wie gebannt. Die Stille war vollkommen. Jeder einzelne von uns starrte auf ihre Brustwarzen, die doppelt so groß waren wie sonst. Ich hatte eine Erektion.

Viele glückselige Minuten verstrichen.

Dann sprangen plötzlich ihre Augen auf. »Hört zu, ein bißchen Glück hab ich auch verdient. Ich hab den ganzen Scheiß satt. Ich hab genug davon, doppelt so hart zu arbeiten wie alle anderen Lehrer hier – natürlich mal wieder sämtlich faule Männer. Ich hab's satt, den Scheißkram aufzuräumen, den mein Mann bei uns in unserem langweiligen Haus überall rumliegen läßt. Ich hab die Nase voll von langweiligen Kindern, die sich über ihre langweiligen, blöden Probleme beklagen – scheiß drauf. Scheiß auf alles. Ausnahmsweise erhebe ich auch einmal Anspruch auf etwas, das mir zusteht – ich hab es mir verdammt noch mal verdient, und ich lasse mir von niemandem mehr was gefallen. Ja – ich werde auch weiterhin eure Aufsätze korrigieren, aber ich werde sie nicht bis zum Rand mit Kommentaren vollkritzeln, die ihr dann sowieso nicht lest. Ja –

ich werde mich auch weiterhin um meine Kinder kümmern, aber ich werde sie nicht ihr Leben lang von vorn bis hinten bekochen – und mein Mann, der kann mich mal kreuzweise. Deshalb bin ich ausgezogen und lebe jetzt mit Barry zusammen, den ich liebe und der lieb zu mir ist.«
Sie verstummte, schloß erneut ihre Augen, holte tief Luft und stieß sie dann langsam durch die Nase wieder aus. Allmählich wich die Röte wieder aus ihren Wangen. Meine Erektion ließ nach.
Dann hob sie erneut an zu sprechen, dieses Mal mit normaler Stimme. »Entschuldigung – ich wollte nicht derart ins Detail gehen. Ich hoffe, ich habe euch nicht in Verlegenheit gebracht – aber ich glaube, ihr versteht, was ich meine. Was ich sagen wollte, war nur, daß ich zum ersten Mal in meinem Leben etwas habe, das ich wirklich will, und mich nicht ständig durch anderer Leute Forderungen ertränkt fühle. Zum ersten Mal habe ich das Gefühl, selbst über mein Leben bestimmen zu können – ich fühle mich in der Lage, Entscheidungen darüber zu treffen, was ich will und was ich nicht will. Das ist das Wichtigste, was mir je passiert ist. Was ich sagen will, ist also – ich *habe* eine Affäre mit Barry, und wenn sich diese Gerüchte bis ins Lehrerkollegium rumsprechen, dann schmeißen sie mich raus. Deshalb möchte ich euch, meine Lieblingsklasse, um einen Gefallen bitten. Bis jetzt wissen davon nur ein paar Leute, und ich bin sicher, daß ihr untereinander wißt, wer das ist. Ich möchte gern, daß ihr ihnen meine Situation erklärt – ich möchte, daß ihr ihnen das erzählt, was ich euch erzählt habe. Das ist das einzige Mal in meinem Leben, daß ich so ehrlich war. Ich hätte es nie für möglich gehal-

ten, daß ich so glücklich sein könnte. *Bitte*, erklärt den Leuten meine Situation – ich brauche den Job, wenn ich ohne meinen Ehemann leben will. Ich hoffe, ihr versteht das. Ich weiß, daß ich euch nicht trauen sollte, aber ihr seid Barrys Freunde, also riskiere ich's. Wenn ihr nur annähernd so seid wie Barry, weiß ich, daß mir nichts passieren kann. Danke – danke, daß ihr mir helft. Ich werde jetzt gehen, damit ihr ein bißchen Zeit habt, darüber nachzudenken.«

Daraufhin ging sie.

Fuck!

Kapitel zweiundzwanzig

Zwei Stunden später wußten eintausenddreihundert Jungen über jede Einzelheit von Mrs. Mumfords Sexleben Bescheid, inklusive der Größe, die ihre Brustwarzen annahmen, wenn sie erregt war, und binnen einer einzigen Woche war sie gefeuert.

Die Version, die ihr gerade gelesen habt, ist fast identisch mit der Geschichte, die in der Schule die Runde machte und Mrs. Mumford ihren Job kostete. Auch wenn sie nicht *Wort für Wort* mit den Ereignissen im Klassenzimmer übereinstimmt, sind alle wesentlichen Aspekte dessen, was sie sagte, dort enthalten. Ich habe es nur ein wenig ausgeschmückt, ihr geholfen, sich auszudrücken. Die Leute werden sich immer über Details in die Haare kriegen, aber wenn ihr eine Umfrage in Nord-London macht, werdet ihr haargenau die gleiche Geschichte zu hören bekommen, die ich euch gerade erzählt habe. Es ist ohne den Hauch eines Zweifels die akzeptierte Wahrheit. Soviel steht fest.

Daß Mrs. Mumford von der Schule geschmissen wurde, war nun wirklich nicht das Ende der Welt, aber als ich hörte, daß sie auch Barry rausgeworfen hatten, war ich platt. Ich fühlte mich beinahe so, als wäre das alles meine Schuld.

Am darauffolgenden Wochenende besuchte ich sie in ihrer Wohnung in Notting Hill, und Mrs. Mumford ... Margaret ... war verständlicherweise verbittert. Ich sagte, wie schrecklich ich es fand, daß die Geschichte sich so rapide verbreitet hatte, und wir klagten gemeinsam darüber, wie wenig vertrauenswürdig Männer doch seien.

Während sie sich nicht mehr einkriegte von wegen, was für eine Idiotin sie doch war, warf ich in aller Ruhe einen Blick auf sie und versuchte angestrengt, mir nichts anmerken zu lassen. Seit sie ihren Job los war, hatte sie sich einem drastischen Imagewechsel unterzogen. Verschwunden waren all die strengen Röcke, ausgefallenen Blusen, Gürtel, Halsketten, seriösen Schuhe und das dicke Make-up – und durch ein merkwürdiges, sackartiges, grelles ... *Ding* ersetzt worden. Ich kenn mich in der Sprache der Mode nicht gut aus, aber es wirkte so wie eine Kreuzung aus einem Poncho, einem Overall und einem Teppich. Das Make-up, die ganzen teuren Accessoires und selbst die Frisur waren allesamt verschwunden. Ich hatte den Verdacht, daß sie nicht mal Unterwäsche trug. Alles, was sie anzuhaben schien, war dieses eine *Ding*. Der beabsichtigte Effekt sollte vermutlich sein, daß sie sofort um zwanzig Jahre jünger aussah, aber das funktionierte nicht, und in Wahrheit sah sie aus, als sei sie gerade eben der Dusche entstiegen.

Sie las es in meinem Gesichtsausdruck und versuchte, es zu erklären. »Ich habe meine ganzen Klamotten bei meinem Mann gelassen. Ich wollte nichts mitnehmen. Ich wollte sogar die Sachen, die ich an meinem letzten Tag anhatte, symbolisch verbrennen, aber ich wußte nicht, wo ich das gefahrlos hätte tun können, also habe ich sie in einen Container in der Portobello Road geschmissen. Ich bin gerade dabei, mir eine neue Garderobe mit Sachen aus den Läden von Notting Hill zusammenzustellen.«

Ich konnte mir kein schrecklicheres Vorhaben ausmalen, sagte ihr aber, daß ich ihren Optimismus »bewundernswert« fände. Ich hatte mal irgendwo gelesen, daß Leute, die gerade Opfer einer Midlife-Crisis sind, so was gern hören.

»Sieht sie nicht schön aus?« fragte Barry.

»Ja, sie sieht … äh … bewundernswert aus.«

»Danke.« Ihr Gesichtsausdruck bettelte geradezu um mehr Schmeicheleinheiten.

»Ja«, sagte ich. »Du siehst« – (äh) – »… äh …« – (brachte ich es über die Lippen?) – »du siehst …« – (schieb, schieb) – »um zwanzig Jahre jünger aus.«

»Meinst du wirklich?«

Schreck, laß nach! Was für eine verheerende Antwort! Ich war am Ende. Mit mehr konnte ich beim besten Willen nicht dienen.

Ich war dankbar, als Barry mir hilfreich zur Seite sprang. »Natürlich – das sagen die Leute doch alle andauernd.«

Es war Zeit, das Thema zu wechseln. »Wirst du dich nach einem anderen Lehrerjob umsehen?«

»Ach, scheiß auf die verfickte Lehrerei.« Als sie »verfickte« sagte, klang es irgendwie nicht ganz richtig. Ihr Tonfall verriet, daß sie sich einen Tick zuviel Mühe gab, es unangestrengt klingen zu lassen. »Barry und ich …« (Wie kann man »Barry und ich« in Zusammenhang mit »verfickt« bringen? Das stimmt hinten und vorne nicht.) »... werden den Sommer in sämtlichen interessanten Ecken des Landes beim Obstpflücken verbringen, danach hau ich mein Erspartes auf den Kopf, damit wir zusammen nach Indien fahren können. Oktober ist die beste Zeit dafür – direkt nach dem Monsun. Wir können den Winter über dort leben – in miesen Hotels wohnen und uns billig ernähren ...«

»Und was dann?«

»Was meinst du mit was dann?«

»Was dann – was macht ihr dann?«

»Ach, mein Gott, jetzt sei doch nicht so spießig –« (sie fing an, mir auf den Sack zu gehen) – »›was dann?‹ hat mein ganzes Leben zu einem Jammertal gemacht.«

Ich tat so, als hätte ich nicht ganz verstanden. »Was hat dann dein Leben zu einem Jammertal gemacht?«

»Nein – ›was dann?‹ hat mein Leben zu einem Jammertal gemacht.«

»Welches ›was dann?‹ hat dein Leben zu einem Jammertal gemacht?«

»Du weißt schon – ›was dann?‹ – die Frage ›was dann?‹ ist daran schuld, daß ich in meinem Leben nur langweilige Sachen gemacht habe.«

»Verstehe – ›was dann?‹ hat dein Leben zu einem Jammertal gemacht.«

»Genau.«

»Aber was willst du machen, wenn ihr aus China zurückkommt?« Ich verwechselte es absichtlich. »Wovon wollt ihr leben?«

»Indien. Nicht China.«

»Trotzdem: Wovon wollt ihr leben? Was ist mit Barrys Ausbildung?«
»Herrgottnochmal!« schrie sie, »tu nicht so frühvergreist!«
Das war der Punkt, an dem sie meine Sympathie endgültig verlor. Nicht zufrieden damit, mir meinen besten Freund wegzunehmen, erzählte mir diese runzlige alte Schachtel jetzt auch noch, daß ich frühvergreist war. Das war zuviel. Das war einfach entschieden zuviel. Ich holte tief Luft und versuchte mich zu beruhigen. Na warte, dachte ich, jetzt hör mal gut zu, du alte Menopausen-Schlampe, ich werd dir zeigen, wer hier frühvergreist ist ...
Ich lächelte freundlich.
»Wie alt warst du in den sechziger Jahren?« fragte ich.
»Wieso fragst du das?«
»Du mußt so zwischen zwanzig und dreißig gewesen sein. Stimmt's?«
»Ja ...«
»Und wahrscheinlich ging es bei euch damals total verschärft ab, oder?«
»Na ja ... geht so.«
»Bist du auf die Beatles abgefahren?«
»Ja, das sind wir alle.«
»Muß Wahnsinn gewesen sein, sie live zu sehen.«
»Live?«
»Live. Na du weißt schon – im Konzert.«
»Ach so. Live. Na ja – um ehrlich zu sein, bin ich nie bei einem ihrer Konzerte gewesen. Worauf willst du damit eigentlich hinaus?«
»Gut. Warst du zu sehr auf dem Drogentrip oder so was?«

»Kann man nicht gerade sagen.«
»Warst du dann wenigstens auf dem Hippie-Trail nach Indien? Oder bist in Marrakesh auf der Polizeiwache umgekippt?«
»Nein.«
»Oder hast du vielleicht Acid eingeworfen und im Hyde Park Sex gehabt?«
»Nein.«
»Oder hast du damals vielleicht zufällig gerade für dein Fremdsprachen-Examen an der Uni Cambridge gelernt?«
»Ähm … na ja … vermutlich eher so was in der Richtung.«
Es lief wie am Schnürchen.
»Was für eine Note hast du gekriegt?«
»Eine Eins.«
»In Cambridge?«
»In Cambridge.«
»Welches Jahr war das?«
»1965.«
»Verstehe. Trotzdem, es lag ja noch das halbe Jahrzehnt vor dir. Was ist mit '67 – *Summer of Love* und so?«
»Sommer '67? Äh … da haben wir uns in Finchley zum ersten Mal häuslich eingerichtet.«
»Mit deinem Mann?«
»Mit meinem Mann.«
»Der auch in Cambridge studiert hat?«
»Der auch in Cambridge studiert hat.«
»Was hatte er für eine Note?«
»Eine Eins.«

»In was?«
»VWL.«
»Und dann?«
»Ein Job.«
»In der City?«
»In der City.«
»Während du die Kinder ...?«
»Ja.«
Peinliche Stille.
Barry sprang ihr zur Seite. »Ich finde es gut, wenn man nachholt, was man verpaßt hat.«
Erneut peinliche Stille.
Die Frau war ein einziges psychologisches Katastrophengebiet. Ich mußte Barry vor ihr retten. Es war zu seinem eigenen Vorteil. Ich fischte in meinem Hirn nach einer passenden Lüge.
»Abgesehen davon kannst du diesen Sommer gar nicht zum Obstpflücken gehen, Barry. Wegen unserer Abmachung.«
»Welche Abmachung?«
»Na, unsere Abmachung. Du weißt schon – da neulich.«
Ich stellte mich nicht besonders gut an.
»Wo neulich?«
»Na, da. Du weißt schon – in London.«
»Wo in London?«
»Na, in der Mitte. Du weißt schon – im West End.«
»Was?«
»Du erinnerst dich doch noch? Wir sind nach dem Kino um den Leicester Square gelaufen und haben abgemacht, daß wir ab Juli einen Monat lang zusammen interrailen

und durch Europa fahren. Danach sind wir einen saufen gegangen, und du hast ein bißchen zuviel getrunken und bist umgekippt.«

Eine der schönsten Sachen bei Barry war, daß er mit dem Begriff der Lüge nur äußerst flüchtig vertraut war.

»Bist du sicher?«

»Natürlich. Todsicher bin ich mir da. Kannst du dich wirklich nicht mehr erinnern? Ich hab mir schon das Tikket gekauft.«

»O nein.«

»Ich kann's echt nicht glauben, daß du so was vergessen konntest. Mein lieber Schwan, Barry, du bist manchmal ganz schön egoistisch!«

»Tut mir leid, Mark, ich hab's schlichtweg vergessen. Ich muß ganz schön was getrunken haben.«

»Ach, und weil du dich einmal betrinkst, darf ich den ganzen Sommer allein durch Europa gondeln? Du bist echt ein Sausack, Barry.«

»O nein. Es tut mir wirklich leid. Mags – was soll ich jetzt machen?«

Sie blickte auf. Ihre Augen waren naß. »Fahr nur. Ich kauf dir ein Ticket. Mark hat recht – und ich brauch ein bißchen Zeit, um mich wieder in den Griff zu kriegen. So ein Monat allein tut mir sicher ganz gut. Ich muß mich um einen Anwalt kümmern, der sich mit meinem Mann rumschlägt. Ich muß mich irgendwie mit meinen Kindern arrangieren. Und ich hab immer noch nicht meinen Eltern erzählt, was ich da gemacht habe. O Gott, mein Leben ist ein einziger Verhau. Ich bin völlig von der Rolle. Ich bin so eine Idiotin.«

Sie fing an zu heulen. Sie heulte laut, naß und lange, weshalb ich ging.

Armer Barry.

Ich war noch nie zuvor auf die Idee gekommen, zu interrailen, aber jetzt, wo es feststand, fand ich es eine gute Idee. Die Vorstellung, abgebrannt und vor sich hin dämmernd durch Europas Hauptstädte zu preschen, hatte ich immer eher trostlos gefunden, aber jetzt, wo ich es selbst machen würde, versprach es ganz unterhaltsam zu werden. Ich würde mir erst einen Job suchen müssen, aber wenn ich den ganzen Juni durcharbeitete, hatte ich mir den Urlaub im Juli locker verdient. Im nachhinein war das ein prima Nachmittag gewesen, in dessen Verlauf sich mein ganzer Plan für den Sommer fast wie von allein regelte. Ich fühlte mich ein bißchen schuldig angesichts dessen, was ich Mrs. Mumford angetan hatte, aber ... mein Gott –

Kapitel dreiundzwanzig

Das Ereignis, das in diesem Trimester die Phantasie der Leute mächtig beschäftigte, war eine Als-ob-Wahl, die von Mr. Wright organisiert worden war, um diejenige im richtigen Leben widerzuspiegeln. Jeder Junge bekam eine Stimme, und jede Partei wurde von einem Jungen aus dem ersten Jahrgang der Oberstufe angeführt. Im Vorfeld der Wahl sollte eine Debatte im Stil von *Question Time* aufgezogen werden, und die endgültige Stimmabgabe sollte unmittelbar vor Schuljahresende, ein paar Wochen vor den richtigen Wahlen stattfinden.

Zuerst stieß die Idee allgemein auf Widerstand, aus dem einfachen Grund, weil Mr. Wright ein ziemlich vornehmer Pinkel war, aber nach einem schleppenden Beginn griff allmählich das Wahlfieber um sich. Die besten Parteiführer organisierten Abgeordnete für jeden Jahrgang und inszenierten politische Kundgebungen, die auf Sportplätzen und Spielfeldern stattfanden.

Als die *Question Time* anstand, waren nur noch zwei ernsthafte Konkurrenten im Rennen, wobei sich die Unterstützung für die *Eric, the Half-a Bee*-Partei und für die *Des for Pres*-Bewegung in etwa die Waage hielten. Die *Pink Party* litt unter dem klassischen Schicksal aller dritten Kräfte, die zwischen zwei großen Parteien zerrieben werden. Labour,

Tories und Liberaldemokraten hatten ebenfalls ihre Abgeordneten, aber niemand wußte so recht, wer sie waren. In den letzten Minuten vor der großen Debatte gab es häßliche Auseinandersetzungen zwischen den Anhängern von *Bee* und *Des*, die darin gipfelten, daß einer von den Jungs zur Hausmutter mußte.

Auf der Bühne stellte sich die Halbe-Bienen-Partei am besten dar, indem sie überzeugend für das Recht aller Halb-Tiere (nicht nur der Halb-Bienen) auf ein Leben frei von Diskriminierung stritt. Diese Ausweitung ihres Vertretungsanspruchs wurde in letzter Minute angekündigt und von den Anhängern mit Beifallsstürmen quittiert.

Die *Des For Pres*-Bewegung hatte im Gegensatz dazu, was das Politische anging, wenig zu bieten und wurde als ein reiner Personenkult entlarvt. Dieser Kult wurde nebenbei bemerkt um einen Jungen aus der letzten Klasse errichtet, der dafür berühmt war, daß er bei den O-Levels viermal durch die Englisch-Prüfung gefallen war, einen bescheuerten Namen trug und im allgemeinen ziemlich schwer von Begriff war. Des machte seinem Ruf alle Ehre und bemerkte nicht, daß die *Des For Pres*-Bewegung sich nur über ihn lustig machte. Statt dessen lernte er es langsam, aber sicher zu genießen, daß er im Mittelpunkt des schulischen Interesses stand. Während des gesamten Wahlkampfs wurde er ständig von Autogramm-Jägern belagert, und er erhielt bei jedem seiner politischen Auftritte stehende Ovationen. Als sich seine erste Verwirrung angesichts der Präsidentschafts-Kampagne, die um ihn herum entstanden war, gelegt hatte, begann er eine großartige Politik des kleinen Lächelns und des falsch-bescheiden-Winkens zu entwickeln, mit der er seine Gefolgschaft zur Kenntnis nahm. Trotz der unbestreitbaren politischen Defizite der Partei gab der Umstand, daß Des sich nach und nach als Revolutions-Held anzunehmen lernte, der *Des for Pres*-Kampagne aus meiner Sicht eine unwiderstehliche Tiefe. Persönlich war ich ein in der Wolle gefärbter *Des for Pres*-Mann.

Die *Pink Party* spaltete sich im Verlaufe der Debatte. Eine Frage aus dem Publikum führte zwischen den beiden Pink-Sprechern zu einem hitzigen Schlagabtausch auf offener Bühne und dazu, daß einer der beiden das Podium verließ und die *Rose Party*-Fraktion gründete.

Der Überraschungs-Hit war die T-Partei, die aus dem Nichts auftauchte, um ein gewinnendes Politik-Paket anzubieten. Sie rief zum verstärkten Gebrauch aller Gegenstände auf, die mit einem »T« anfingen, sowie dazu, allgemein verpflichtende wöchentliche, einkommensabhängige Teekränzchen abzuhalten.

Die Debatte wurde angeblich von Mr. Wright moderiert, aber die erste halbe Stunde saß er nur auf dem Podium und sah perplex und bestürzt drein. Dann sprang er plötzlich auf und marschierte nach vorn an die Bühne, wobei er den *Eric, die halbe Biene*-Vizepräsidenten unsanft beiseite schob.

»AUFHÖREN!« schrie er. »HÖRT AUF MIT DIESEM UNFUG! Worüber redet ihr eigentlich alle? Über was um alles in der Welt redet ihr eigentlich die ganze Zeit? Das ist ja lachhaft! Absolut lachhaft! Ich verstehe das einfach nicht. Ihr wollt die *Crème de la crème* sein? Ich gebe euch die einmalige Gelegenheit, euch auf intelligente Art und

Weise politisch auseinanderzusetzen, und das ist alles, was dabei herauskommt! Ich bin in der Hoffnung hierhergekommen, daß ich für all die harte Arbeit, die ich investiert habe, entschädigt werden würde – durch die Gelegenheit, herauszufinden, wie junge Leute über Politik denken. Und dann so was! Mir fehlen die Worte. Und ich bin enttäuscht.«

Angespannte, schockierte Stille.

Schließlich erscholl eine weitere Stimme vom Podium.

»Ich, Simon Meyer, möchte als Präsident der *Eric, die halbe Biene*-Partei die Gelegenheit ergreifen und als erster den von Mr. Wrights beiden Hälften so überzeugend dargelegten Ausführungen in allen Punkten beipflichten. Wir werden sie in unsere Satzung aufnehmen.«

Tosender Applaus. Trampeln, Johlen, stehende Ovationen.

Mr. Wright ging.

Am darauffolgenden Tag wurde in der Morgenversammlung angekündigt, daß alle Parteien, für die es bei der Unterhauswahl keinen direkten Gegenpart gab, ausgeschlossen würden. Keine Partei würde ohne Genehmigung von Mr. Wright auf dem Wahlzettel auftauchen.

Die *Des for Pres*-Bewegung reagierte darauf mit einem sofortigen und vernichtenden Gegenschlag, indem sie sich in die Grüne Partei umwandelte. Sämtliche anderen Phantasie-Parteienprojekte verliefen im Sande, wodurch sich die Wahl in eine mehr oder weniger authentische Umfrage über die politischen Neigungen an unserer Schule verwandelte.

Obwohl dies bedeutete, daß zu den verbleibenden Debatten niemand mehr ging, sorgte es am Wahltag für einige überraschende Ergebnisse. Mr. Wright zählte die Stimmen und erstellte eine Reihe von Grafiken, in denen die Ergebnisse nach Jahrgängen aufgeschlüsselt waren.
Die Ergebnisse der sechsten Klasse waren eine statistische Anomalie, da eine Mischung aus Wahlmanipulationen und Einschüchterungstaktik zu einem 85prozentigen Stimmenanteil für die Grüne Partei geführt hatte.
Die erste Klasse wählte zu 90 Prozent die Torys, acht Prozent entfielen auf die Liberaldemokraten, zwei Prozent auf die Labour-Partei. Bis zur fünften Klasse vollzog sich ein allmählicher Meinungsumschwung, der sich in rund 70 Prozent für die Torys, ungefähr 20 Prozent für die Liberaldemokraten und etwa zehn Prozent Labour-Stimmen niederschlug.
Mr. Wright war am Boden zerstört. Er schmollte zwei Wochen lang, schrieb schriftliche Aufgaben an die Tafel und sprach mit so gut wie niemandem.
Wir fanden es alle zum Schießen, daß er sich die Sache so zu Herzen nahm, und der einzige, der versuchte, ihn ein wenig aufzuheitern, war Joel Schneider, der ihm immer wieder blaue Schleifen – das Symbol der Tories – als Geschenke anbot. Mr. Wright weigerte sich durchgängig, diese kleinen Präsente anzunehmen, was ich für sehr schlechten Stil hielt. Und die Miene, mit der er Joels unentgeltlichen Karriere-Ratschlag annahm (»Warum ziehen Sie nicht nach Rußland, Sir?«), war ebenso sauertöpfisch.

Kapitel vierundzwanzig

Inmitten des beinharten Thatcherismus an der Schule, und trotz der Bemühungen der etwas liberaleren Lehrer, die Errechnung von Notendurchschnitten zu Vergleichszwecken in den niedrigeren Chemie-Klassen zu verhindern, und unabhängig davon, wie sehr wir einander mit Zähnen und Klauen bekämpften, um den Gipfel des kleinen Häufchens zu erklimmen, auf dem wir gerade zufällig standen, gab es indessen etwas, das uns ungeachtet aller sozialer Unterschiede, Reichtum, Chemie-Noten, Schönheit, sportlicher Fähigkeiten verband – und es war wirklich nur diese eine Sache: der Penis.

Ich meine nicht den buchstäblichen Penis – das wabbelige kleine Stück Fleisch, das wir alle zwischen unseren Beinen tragen –, ich meine etwas, das viel mächtiger, unendlich potenter war. Und zwar das *Symbol* für den Penis – ein Talisman, den wir alle nahe an unseren Herzen trugen und der sich nie weit von unserem Geist entfernte.

Der Penis als Symbol hatte sehr wenig Ähnlichkeit mit dem tatsächlichen Gegenstand und wurde überhaupt nur auf zwei verschiedene Arten gezeichnet.

So:

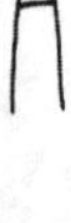

Oder, von den etwas mehr künstlerisch Veranlagten, so:

Diese Zeichnungen, diese Symbole waren die Insignien einer Bruderschaft, die den Geist jedes einzelnen Schul-Mit-Glieds magisch anzogen, unsere Gedanken in Übereinstimmung brachten und uns in eine einzige homogene Familie, ja beinahe schon in eine einzige Person verwandelten.

Wie Hunde, die an jeden Baum pinkeln müssen, brachte es nicht *ein* Junge an der Schule fertig, eine saubere, unverschmierte Fläche anzuschauen, ohne zu denken »da gehört ein Penis draufgemalt«.

Im Gegensatz zu denen von Hunden waren unsere Markierungen freilich ununterscheidbar und enthielten keine identifizierbaren Urheberschafts-Merkmale. Das Symbol diente nicht dazu, ein Revier abzustecken oder den starken Mann zu markieren, sondern als ein gemeinsames Zeichen von Zusammengehörigkeit und Eintracht. *Jeder* konnte an der Freude über einen witzig plazierten Penis teilhaben.

Natürlich war ein großer lustiger als ein kleiner, aber schließlich konnte jeder einen großen malen, wenn ihm danach war. Alles war möglich. In der Welt des Penis (wenn schon nicht in der Welt der Penisse) waren wir alle gleich.

Wer bezweifelt, daß Männer dazu in der Lage sind, in Harmonie und Sympathie zusammenzuarbeiten, sollte dies als ein unwiderlegliches Beispiel für den modernen

Mann in seiner besten Ausformung betrachten. Vielleicht ist die erste Generation der Neuen Männer gerade erst im Anmarsch – wir, die Kinder der siebziger Jahre, die erste Generation, die von feministischen Müttern erzogen worden ist – endlich im Anmarsch, um Jahrzehnten des Rufmords am männlichen Gen entgegenzutreten. Wartet auf uns! Wir sind ganz anders als alles, was ihr je zuvor gesehen habt!

Über die gesamte Schule verteilt, in Pulte geritzt, mit Tipp-ex auf Stuhllehnen und mit Filzstiften auf Wände gemalt, mit Tinte auf Schulhefte und als Graffiti in Lehrbücher gekritzelt, mit dem Finger auf verstaubte Fensterbretter und Autofenster gezeichnet, auf Händen verewigt, mit den Füßen in den Kies gekratzt, auf Essenstellern mit Wurst und Kartoffelbrei dargestellt – wo wir uns auch befanden, waren wir davon besessen, allen Dingen den Stempel des Penis aufzudrücken, eine universelle Mission, die unsere Phantasie zu immer größeren Leistungen trieb. (An dieser Stelle ließe sich vielleicht noch erwähnen, daß die Jungs umso mehr dazu neigten, ihre Körper und Habseligkeiten mit Penissen zu schmücken, je aggressiver heterosexuell und rugbybesessen sie waren. Und man beachte: Nicht einmal die Christen waren über die eine oder andere schnelle Kritzelei ins Gesangbuch erhaben.)

Der größte Tag in der Geschichte des Penis kam ohne Zweifel in meiner letzten Woche in der vorletzten Klasse. Es war eine Tradition an meiner Schule, daß das Sommertrimester mit einem Fünfer-Mannschafts-Fußballturnier beendet wurde, das auf einer Wiese in der hintersten Ecke der Schule (hinter dem Autoparkplatz) stattfand. Streng genommen war das auf der anderen Seite der Berliner Mauer, was dazu führte, daß sich die Spiele eines spektakulären Zuschauerinteresses erfreuten. Es war die einzige Zeit des Jahres, wo es eine echte Entschuldigung dafür gab, den Eisernen Vorhang zu durchqueren. Man konnte nicht einfach so rübergehen, nur um sich die Mädels anzuschauen – das wäre bescheuert gewesen –, weshalb wir alle zum Fußballturnier gingen, nur um die Mädels anzuschauen.

Natürlich hatte unser Jahrgang mittlerweile bereits alle Mädchen zu Gesicht bekommen, aber es lohnte sich trotzdem hinzugehen, um die jüngeren Buben dabei zu beobachten, wie sie zum ersten Mal die Mädchen sahen. Mit dem gewissen Etwas, das dem Nachmittag durch das sexuelle Element im Fußball verliehen wurde, wurde der Tag zu einer wahren Goldgrube hormoneller Erregung – etwas, das man unter keinen Umständen versäumen durfte.

Das Turnier erstreckte sich über die Mittagspausen einer ganze Woche, wobei das große Finale am Montag der letzten Trimesterwoche stattfand. Traditionell war dieses Finale auch die letzte Gelegenheit für jene Jungs, die von der Schule abgingen, durch einen Akt von Wagemut oder Geschicklichkeit vor einem Riesen-Publikum ihre Männlichkeit unter Beweis zu stellen. Was dazu führte, daß sich das Lehrerkollegium in großer Zahl einfand, um das Schlimmste zu verhüten.

Die kleinen Gemeinheiten zum Abschied, dieser letzte Schuß Wagemut von Jungen, die ihre A-Levels bereits hinter sich hatten und sich nun faktisch außerhalb der Reichweite der schulischen Rechtsprechung befanden, zeigten im Grunde nur, wie spektakulär unmännlich sie waren, und bestanden für gewöhnlich nur aus einer Wasserschlacht mit ein bißchen Eier- und Mehl-Werfen, wenn man Glück hatte.

Der Jahrgang über mir war allerdings ausnahmsweise wirklich rebellisch und erschien besoffen im Korso zum Fünfer-Finale – sie fuhren mit ihren Autos einfach aufs Spielfeld, stoppten damit das Finale und verwandelten es in eine Stuntfahrer-Show mit ein paar beeindruckenden Einlagen wie durchdrehenden Rädern und 180-Grad-Wenden mit angezogener Handbremse. Und das alles vor den Augen einer entgeisterten Lehrer-Eingreiftruppe.

Am nächsten Morgen wurde verkündet, daß die Schuldigen allesamt von der Schule geflogen seien, was den betroffenen Jungen ganz klar völlig am Arsch vorbei ging – ihnen aber einen prima Vorwand lieferte, auf spektakuläre Weise Rache zu nehmen.

Niemand weiß genau, wie sie es gemacht haben, aber es läßt sich leicht erraten. Sie müssen nachts zur Schule zurück gefahren sein, in einen von den Geräteschuppen eingebrochen sein und eine von den Maschinen entwendet haben, mit denen auf den Rugby-Feldern die Linien nachgezogen werden – denn als wir am letzten Tag des Trimesters in die Schule kamen, war das erste, was wir von unseren Bussen aus sahen, ein riesiger – ein gewaltiger – ein fünfzig Meter langer Penis, der sich auf dem Haupt-Kricketplatz sonnte und sich vom Eingang bis zum Direktoratszimmer entfaltete.

Wenn ich an diese wackeren Jungs denke, wird mir immer noch warm ums Herz. Sie verbreiteten an diesem Tag eine derartige Freude und Glückseligkeit – es war unglaublich! Zum ersten Mal in meinem Leben hatte ich eine Vorstellung davon, wie es gewesen sein mußte, den *Victory-Day* in Großbritannien erlebt zu haben. Es war der perfekte Abschluß für das Schuljahr.

TEIL ZWEI

Meine *Grand Tour*

Kapitel fünfundzwanzig

Als das Schuljahr rum war, ging ich direkt zur örtlichen Zeitarbeits-Agentur, um mich in die Kartei aufnehmen zu lassen. Bestimmt haben sie es mir nicht abgenommen, als ich sagte, daß ich fließend Steno könnte, denn zwei Tage später erhielt ich einen Anruf, in dem sie mir einen Bürojob für 3 Pfund 50 in der Stunde anboten. Am nächsten Morgen um neun stand ich bei der Lentrust Versicherung in Harrow auf der Matte. Man händigte mir meinen Betriebsausweis aus – ein Stück Pappe, auf dem das Wort »Besucher« stand – und zeigte mir meinen Arbeitsplatz.

Im zweiten Stock des Gebäudes befand sich ein riesiges Großraumbüro mit ungefähr fünfzig Leuten, von denen die eine Hälfte vor Bildschirmen saß und die andere Telefonanrufe entgegennahm. Entlang der Wand befand sich eine massive Hängeschrank-Registratur, die mit Schnellheftern vollgestopft war, auf denen seitlich eine Nummer vermerkt war. Auf dem ersten Aktendeckel (der mir am nächsten hing) stand »80250–80259« und auf dem letzten (am entfernteren Ende des Raums) »201190–201199«.

In einer Ecke des Raums lag ein hüfthoher Stapel mit Papieren, die sich alle auf Schadensfälle wegen eines fehlerhaften elektrischen Geräts bezogen und auf denen links oben eine Zahl zwischen 80250 und 201199 stand. Meine Aufgabe war es nun, jedes Stück Papier dem richtigen Vorgang zuzuordnen und abzuheften. Wenn die Zahl kleiner als 80250 war (»was eigentlich nicht vorkommen dürfte«), dann sollte ich den Vorgang Annie geben, von wo aus er ins Büro von Hemel wandern würde. (»Mehr als 201199 kann eigentlich nicht vorkommen – soweit sind wir nämlich noch gar nicht.«)

Freunde hatten mir erzählt, daß die Arbeit als Registrator langweilig sei, aber das hier war wirklich ein Erlebnis sondergleichen. Ich hatte geglaubt zu wissen, was Langeweile ist – ein passives Gefühl der Trägheit oder Frustriertheit. Aber dieses Gefühl war etwas ganz Neues. Diese Langeweile war etwas viel Aktiveres – eine lebhafte Empfindung, die einem fast schon in die Eingeweide fuhr und nicht nur das Hirn, sondern sämtliche Körperteile betraf. Sie schwappte in riesigen Wellen über mir zusammen, ein bißchen so wie das alle immer vom Sex sagen, nur anders.

Diese Langeweile war ein erstaunlich mächtiges Gefühl und etwas, das ich noch nie zuvor erlebt hatte. Wenn ich die Sachen wenigstens nach dem Alphabet hätte ordnen müssen, hätte ich meinen Verstand zumindest ein klitzekleines bißchen in lebensbejahender Weise verwenden müssen – aber rein nach Zahlen ordnen tötet die Seele. Am schlimmsten ist, daß es dazu gerade mal soviel Energie bedarf, wie man benötigt, um nicht in Tagträume abzugleiten, und nicht eine Gehirnzelle mehr. Wenn man irgendwo Kisten stapelt oder den Rasen mäht, kann man mit ein bißchen Phantasie den überwiegenden Teil des Tages damit verbringen, auf den Bahamas zu schwimmen oder sich mit Darryl Hannah zu lieben oder in der Albert Hall ein Konzert zu geben. Wenn man aber Sachen nach Zahlen sortiert, dann war's das: Du sortierst *den ganzen Tag* nach Zahlen.

Die ersten drei Stunden sind die allerschlimmsten, weil sie sich über Monate hinzuziehen scheinen. Danach beginnen sich kleine Systeme herauszuschälen, winzige Zeitersparnisse wie zum Beispiel, daß man die 93-Tausender nach ganz unten in den Stapel schiebt, weil die Akten dazu hinter dem Kopierer stehen. Derartige Kleinigkeiten können einem den Tag verschönern helfen. Außerdem neigte ich dazu, bei den 160-Tausendern zu verweilen, weil ich so die Telefonistinnen belauschen konnte, die an diesem Ende des Raums arbeiteten.

Soweit ich das beurteilen konnte, verbrachten sie den ganzen Tag damit, über Seifenopern und Sex zu reden, nur gelegentlich durch einen Anruf unterbrochen, wobei sie nahtlos zwischen einer Cockney-Plauderstimme und einem Pseudo-*Posh*-Singsang hin und her wechselten.

»Meine Freundin Sal hat mir neulich erzählt, daß ihr Stecher es ihr von hinten besorgt hat und daß ihr das gar nichts gegeben hat Lentrust Versicherungen guten Tag was kann ich für Sie tun?«

»Um Gottes willen, sag ich da nur zu ihr, um Gottes willen, einen Typen mit so einem riesengroßen Schwanz würd ich gar nicht *wollen*, ich meine, da holst du dir ja schwerste Lentrust Versicherungen guten Tag was kann ich für Sie tun?«

»Aber nicht, wenn ich spitz bin. Also normalerweise jedenfalls nicht. Ihre Geschirrspülmaschine blockiert? Versuchen Sie's bitte mit der 427-2375, Madam. Das versaut einem doch die Laken, oder?«

»Hier, hast du das mit der Frau und dem Hengst gelesen? Haben Sie Ihren Garantie-Schein noch? Anscheinend mußte sie ins Krankenhaus. Wahrscheinlich wird's so ein Zwischending zwischen Pferd und Baby. Auf den Fön gibt es leider nur ein Jahr Garantie. Jede Wette, daß der Hengst seinen Spaß dabei hatte.«

Wenn einer von den Männern aus dem oberen Stockwerk vorbeikam, gingen sie immer gleich ans Telefon, die Köpfe gesenkt und mit einem *Posh Accent* in der Stimme. Und ich ging zurück zum Weniger-als-hundertsechzigtausend-Ende, um mir die guten Nummern für später aufzuheben.

Nach einer Woche war ich immer noch erst mit einem Drittel des Haufens durch. Ich ertappte mich dabei, daß ich meine Mittagspausen in Haushaltswaren-Läden verbrachte und mit Seilen herumspielte.
Als mir auffiel, daß im *Evening Standard* jeden Tag eine Anzeige mit dem Text »Ein beneidenswerter Job – im Freien und mit Frauen reden« geschaltet war, wußte ich, daß meine Karriere als Registrator zu Ende war.

Kapitel sechsundzwanzig

Seit Barry von der Schule geflogen war, hatte ich ihn kaum gesehen. Er muß ziemlich damit beschäftigt gewesen sein, Mrs. Mumford beim Umzug zu helfen und sich bei ihr häuslich einzurichten, während ich mit dem Trimesterende in der Schule beschäftigt war. Außerdem fühlte ich mich unwohl bei dem Gedanken, ihn anrufen zu müssen. Vielleicht war ein Hauch von Schuldgefühl dabei – ich weiß es nicht so genau.

Dazu kam noch, daß ich die Telefonnummer seiner neuen Wohnung gar nicht hatte. Ich habe es immer gehaßt, bei anderer Leute Eltern anzurufen, aber seit ich bei der Lentrust Versicherung angefangen hatte, war mir so was von langweilig, daß es mir gelang, mich dazu zu zwingen. Ich sprach mit Barrys Vater, und es war ein verlegenes Gespräch. Er gab mir Barrys neue Telefonnummer, und ich brachte es fertig zu sagen: »Sie müssen ja einen Herzinfarkt gekriegt haben, als Sie das mit dieser Frau erfuhren« – was angesichts dessen, was ihm ein paar Wochen später widerfahren sollte, ein besonders taktloser Kommentar war. Dennoch nehme ich nicht an, daß ihm das damals auffiel.

Barry schien überhaupt nicht wütend auf mich zu sein, und unsere Freundschaft war sofort wieder die alte. Das hätte mich nicht überraschen dürfen, da Barry keine Ahnung hatte, daß ich Mrs. Mumford bewußt zum Weinen gebracht und gelogen hatte, daß sich die Balken bogen, damit er mit mir in den Urlaub fuhr. Aber trotzdem – ich war froh, daß ich wieder das Zutrauen besaß, mich mit ihm unterhalten zu können, ohne mich schlecht zu fühlen.

Während meiner langen und erfolgreichen Karriere als Schnellhefter verbrachte ich die meisten meiner Abende in Barrys und Margarets Wohnung in Notting Hill. Diese Abende waren immer behaglich und angenehm, und ich entwickelte sogar eine gewisse warme, ödipale Zuneigung zu Mrs. Mumford. Sie hatte wirklich Killer-Titten. Und nachdem sie sich das mit den Hippie-Klamotten abgewöhnt hatte, sah sie auch wieder ganz manierlich aus.

Sie tat mir ehrlich gesagt ziemlich leid, und ich konnte sehen, wie gut es ihr tat, daß sie für eine Weile von ihrer Familie getrennt war. Es war lachhaft, ja, aber auch gut für sie. War schon cool von ihr, daß sie dazu stand. Das einzige, was noch schlimmer ist, als eine Midlife-Crisis zu haben, ist schließlich, *keine* zu haben – denn wenn das passiert, kann man sich gleich eingraben lassen.

Während ich all diese Überlegungen anstellte, ging mir auf, was für ein schlaues Kerlchen ich doch war, und zum ersten Mal kam mir der Gedanke, daß meine berufliche Zukunft in der Psychotherapie liegen könnte. Barry war zu dieser Zeit in der Küche, um das Abendessen zu kochen, weshalb ich beschloß, einen Versuch zu wagen.

»Margaret«, begann ich. Ihr Vorname ging mir inzwischen wie von selbst über die Lippen.

»Ja?« erwiderte sie.
»Was für eine Art von Beziehung hattest du zu deiner Mutter?«
»Äh ... eine gute. Wieso fragst du?«
»Ach, einfach so.«
»Aha.«
»Hat sie dich als Kind irgendwann einmal im Stich gelassen?«
»Nein.«
Alles war absolut richtig. Sie lag auf dem Sofa, also stand ich auf und plazierte mich geschickt so hinter ihrem Kopf, wie man das machen soll, damit wir unseren jeweiligen Gesichtsausdruck nicht sahen.
»Erinnere dich – bist du absolut sicher?«
»Absolut.«
»War sie eine gute Mutter? Hat sie dir die Brust gegeben?« Jetzt stieß ich langsam zum Kern der Sache vor.
»Ja, sie war eine ganz gute Mutter, und ehrlich gesagt kann ich mich nicht erinnern, ob sie mir die Brust gegeben hat – ich war damals noch ein bißchen jung.« Aha – Sarkasmus als Abwehrmechanismus. Interessant.
»Na gut. Du fühlst dich also nicht in irgendeiner Weise von ihr vernachlässigt?«
»Nein, natürlich nicht.«
»Bist du sicher?«
»Obwohl – wenn ich's mir recht überlege, gab's da mal was ... ja ... Gott, ich muß wohl so zwölf gewesen sein. Mein Vater kam betrunken nach Hause und fing an, mich auf so eine komische Art und Weise anzufassen. Als meine Mutter versuchte, mich zu schützen, schlug er sie. Er traf

sie mit dem Faustrücken auf die Nase – ich erinnere mich noch, daß das Blut auf mein Kleid gespritzt ist. Sie schrie, nahm eine große Pfanne in die Hand und haute ihm damit eins über den Schädel. Er brach bewußtlos zusammen und fiel auf mich drauf. Ich konnte mich nicht bewegen, aber meine Mutter zog mich unter ihm raus. Bei der Sache verletzte ich mir ein Bein und zerriß mir das Kleid. Ich erinnere mich noch: ein kleiner Riß direkt oberhalb der Taille.«

Fuck! Das war ja unglaublich!

»Sie zerrte mich aus dem Haus – es regnete in Strömen – und wir rannten einfach fort, bloß weg von dort – ich wußte gar nicht, wohin – ich hatte Angst – wir rannten einfach drauflos. Erst als wir schon auf halbem Weg zum Bahnhof waren, fielen ihr meine Schwestern ein, also kehrten wir um und gingen nach Hause.«

Mein Gott! Das war ja nicht zu glauben! Es erklärte alles. Ich konnte es nicht erwarten, Barry davon zu erzählen. Margaret fing nun an zu weinen – ich konnte sehen, wie sie am ganzen Körper zitterte.

»Seit dieser Zeit«, sagte sie – und ihre Stimme kippte dabei – »hatte ich diese unterdrückten Seelenqualen – Angst vor der Erwachsenenwelt – vor der Elternschaft. Ich habe immer gewußt, daß ich nie eine gute Mutter würde sein können.«

Das war ja der Hammer! Ich fühlte mich unglaublich! Was für eine Macht! Ich beugte mich vor, um mir in Ruhe ihr Gesicht anzusehen.

Da bemerkte ich erst, daß sie vor unterdrücktem Lachen zitterte, nicht vor Tränen. Als sie sah, daß ich es gemerkt hatte, brach sie in einen hysterischen Lachanfall aus, rollte vom Sofa und wälzte sich auf dem Teppich.

»Oh, Mark – du bist so was von leichtgläubig«, sagte sie, als sie sich endlich wieder eingekriegt hatte. »Ich hätte nie gedacht, daß man dich so zum Narren halten kann.«

Ich? Leichtgläubig! Ein Narr? Was sollte der Scheiß? Sie war eine Lügnerin, sonst nichts. Und was für eine Scheiß-Lügnerin!

Sie erhob sich seufzend vom Boden und wischte sich die Tränen aus den Augenwinkeln. »Ach, ist das süß«, sagte sie. »Du bist so leicht zu durchschauen. Ich liebe junge Männer.«

Dann rubbelte sie mir wie einem Kind durchs Haar, schlenderte zur Toilette und murmelte dabei etwas von wegen, daß sie sich beinahe in die Hose gemacht hätte.

»Ich hab's dir sowieso nicht geglaubt«, schrie ich ihr nach. »Ich bin doch nicht blöd.«

Blöde Kuh.

Kapitel siebenundzwanzig

Mein Bewerbungsgespräch für den beneidenswerten Job im Freien, bei dem man mit Frauen reden konnte, war in zweierlei Hinsicht merkwürdig. Erstens, weil es in einer Gruppe von zehn Leuten stattfand, und zweitens, weil die Bewerber zu keinem Zeitpunkt etwas sagen mußten.

Tatsächlich ähnelte das Ganze mehr einem Vortrag als einem Bewerbungsgespräch. Ein untersetzter, muskelbepackter Mann in Nadelstreifen-Hosen mit Hosenträgern, weißem Hemd und blauer Krawatte tigerte durch den Raum, fummelte an einer Zigarette herum und erzählte uns, wie wir den Job machen sollten, den wir offensichtlich alle schon in der Tasche hatten. Es erschien mir merkwürdig, daß es kein Auswahlverfahren gab, aber er machte deutlich, daß wir jederzeit gehen konnten, wenn uns der Job nicht gefiel. »Und wenn's euch nicht gefällt, verpißt euch«, waren die genauen Worte, die er verwendete.

Ich begann zu verstehen, warum der Job jeden Tag angeboten wurde. Es sah nicht so aus, als ob meine neun Kollegen und ich uns im Feste-Stellen-Land befanden.

»Wir nennen uns Nestegg Growth Professionals«, sagte er. »Was wir anbieten, sind persönliche und spezifische

Finanzwachstums- und Anlagepläne für Frauen, mit denen wir speziell den weiblichen Bedürfnissen entgegenkommen, wenn ihr mir den Kalauer erlaubt.« Ich wußte nicht, welchen Kalauer er meinte. Irgendwas mit weiblich und entgegenkommen vielleicht? Was weiß ich …

»Wie viele von euch haben schon mal im Verkauf gearbeitet? Dachte ich mir. Bei uns wird das so gemacht – Telefonverkauf. Die Statistik sagt uns, daß unangekündigte Anrufe keine effektive Methode sind. Was dabei rauskommt, ist nur ein sogenannter geringer Wirksamkeitsprozentsatz. Was wir also machen, ist, euch« – (er deutete auf uns) »rauszuschicken« – (er deutete zum Fenster hinaus) – »und zwar mit diesen« – (er deutete auf ein paar Broschüren) – »Broschüren hier.

Eure Aufgabe ist folgende: Ihr sucht euch eine Frau und gebt ihr eine von den Broschüren, in denen die Dienstleistungen erklärt werden, die wir für Frauen bereitstellen. Dann reißt ihr den unteren Teil der Broschüre raus – den Abschnitt zum Heraustrennen – am besten macht ihr das noch, bevor ihr ihnen die Broschüre in die Hand drückt –, und fragt sie nach ihrem Namen und ihrer Telefonnummer. Abends gebt ihr eure Abschnitte dann bei uns ab, und ein paar Tage später kriegen sie einen Anruf von einem unserer Telefon-Marketing-Leute, der sie fragt, ob sie sich an die Broschüre erinnern und ob sie sie gelesen haben, und ihnen dann einen Altersvorsorge-Plan zu verkaufen versucht. Für jeden Namen und jede Telefonnummer, die ihr uns bringt, zahlen wir euch fünfzig Pence. Aber – und das ist ein großes Aber – für jede falsche Nummer, die ihr uns gebt, kürzen wir euch euren Lohn. Zu viele falsche

Nummern, und ihr kriegt gar nichts. Also verarscht uns nicht. Wir kommen dahinter. Noch Fragen? Seid ihr bereit, euch an die Arbeit zu machen?«

Drei Leute gingen.

»Gut. Drei sind wir schon mal los. Mal sehen, wie lange der Rest von euch durchhält. GAVIN! Das ist euer Betreuer. GAVIN! Er wird sich auf der Straße um euch kümmern. GAVIN, SCHWING DEINEN ARSCH HER! Er weiß, wo man sich am besten hinstellt. GAVIN, DU ARSCHGEIGE!« Gavin kam herein. Er war außergewöhnlich häßlich. Und riesig. Sein Gesicht zierte eine noch recht frisch aussehende Narbe, die sich auf attraktive Weise von seinem linken Nasenloch über seine Lippe bis zum Mund hinzog. Sein Körper war von Fettpolstern übersät, die beinahe wie Muskeln aussahen. »Gavin wird sich um euch kümmern. Er regelt alle Probleme – Drohungen oder solche Sachen. Das macht er gern.«

Jesus! Wenn das nicht viel besser war als Aktensortieren! Gavin nahm uns alle sieben mit zur Kreuzung in Camden Town.

DIE BESETZUNG:

Paula. Eine irische Alkoholikerin mittleren Alters, die immer nur im Trainingsanzug herumlief.

Wayne. Ein Maurer, der gerade nichts zu tun hatte und eher wie ein australischer Surfer aussah, jedoch beträchtlichen Charme besaß und in Kürze Trish schwängern sollte.

Trish. Ein quietschvergnügtes Cockney-Mädel direkt aus dem englischen Fremdenverkehrsverbands-Film für einfältige amerikanische Touristen. Sie war unbestimmbaren Alters, wirkte aber älter als fünfzehn und jünger als dreißig. Sie hatte immer ein Baseball-Käppi auf (das sie normalerweise falschrum trug) und besaß die beeindruckende Fähigkeit, zu jedem Thema pausenlos etwas zu sagen zu haben, ohne je langweilig zu sein.

Oliver. Trug eine Krawatte, kannte sich mit Wein aus, schmiß den Job nach zwanzig Minuten.

Nell. Vor kurzem von der Universität Bristol graduiert. Nell fand es schwierig, sich für den richtigen Beruf zu entscheiden, und las in jeder freien Minute die Stellenanzeigen im *Guardian*. Sie trug fast immer eine grüne Baskenmütze und hatte ein schiefes, fades Gesicht. Sie fand es schwierig, mit Gavin umzugehen.

Pete. Ruhig, vergrübelt, aber ein recht netter Kerl. Hatte dasselbe Bartstoppel-Problem wie ich. War gerade wegen guter Führung aus dem Knast entlassen worden.

Ich. Ein reicher Jude.

Gavin. Unser Betreuer.

Wir waren nicht gerade die homogenste Gruppe, die man sich vorstellen konnte. Aber das hier war eben das richtige Leben. So ging es in der Wirklichkeit zu.

Natürlich hatte ich schon das eine oder andere sozialrealistische Drama gesehen und mir ab und zu eine Seifenoper angeschaut, aber bis zu diesem Zeitpunkt war jene Welt für mich nicht weniger unwirklich gewesen als ein durchschnittlicher Hollywood-Streifen. Und nun fand ich mich plötzlich mitten in einer Episode von den *Eastenders* wieder! Ich mischte mich unters arme Volk. Phantastisch! Ich fühlte mich, als ob ich auf dem Set eines MGM-Musicals gelandet sei und alles, was ich sagte, in Form einer Melodie aus mir heraus kam.

Alles, was ich tun mußte, war, meinen Akzent ein bißchen aufzurauhen, und schon war ich einer von ihnen. Und niemand lachte mich aus! Niemand wußte, wo ich herkam, und sie fragten auch nicht danach. Alle gingen einfach davon aus, daß ich es im Leben schwer hatte. Was für ein Traum! Ich wünschte mir, die anderen Jungs in der Schule hätten mich sehen können. Ich fühlte mich so cool!

Derjenige, mit dem ich am besten auskam, war Gavin. Er war ein pathologischer Lügner und ein Psychopath. Er fand, daß Nell das Lustigste sei, was er je gesehen hatte. Allein der Anblick des *Guardian* rief bei ihm Lachanfälle hervor.

Habe ich Gavins Zähne bereits erwähnt? Sie sahen ziemlich komisch aus, da der Oberkiefer sich hinter den Unterkiefer schmiegte, was ein ausgesprochen unschönes Arrangement ist. Zumal es ihm die Tischmanieren eines Pudels verlieh. Doch auch seine Ernährung war nicht sehr weit von der eines Pudels entfernt, da er fast ausschließlich von McDonald's-Hamburgern lebte, mit der einen oder anderen Pommes als Dreingabe, wenn er gerade auf dem Gesundheitstrip war.

Meine Beziehung zu Gavin war insofern ungewöhnlich, als ich nicht glaube, daß er jemals zuvor eine Beziehung gehabt hatte. Er stand unter dem Eindruck, daß seine Aufgabe weniger darin lag, uns zu schützen, als uns vielmehr so sehr auf den Sack zu gehen, daß wir resignierten. Es existierte eine gewisse Kluft zwischen der offiziellen Firmenpolitik und dem Gesetz der Straße, aber ich ging davon aus, daß Gavin wußte, was er tat, und spielte mit. Seine besondere Spezialität waren Frauen. Wenn er versuchte, sich über Trish oder Paula lustig zu machen, wandten diese sich einfach einander zu und begannen darüber zu diskutieren, wie klein sein Schwanz wohl sein mußte. Aus diesem Grund konzentrierte er seine Bemühungen hauptsächlich auf Nell.

»Warum läßt du dir die Haare so kurz schneiden, Nell?«

Schweigen.

»Lernt man das an der Universität?«

Schweigen.

»Also wenn du lesbisch bist, macht mir das gar nix aus, weißt du, ich find 'nen flotten Dreier nämlich 'ne geile Sache.«

»Jetzt hör mal gut zu – ich bin nicht schon lesbisch, nur weil ich mir die Haare schneide, und selbst wenn ich es wäre, dann wär das auch egal. Viele von meinen Freundinnen *sind* lesbisch, aber ich nicht. Aber ich könnte es sein, wenn ich wollte. Und Lesbisch-Sein hat nichts mit einem flotten Dreier zu tun, sondern mit zwei Leuten in einem Bett. Zwei Frauen. Keine Männer.«

»Für eine, die nicht lesbisch ist, scheinst du ja ziemlich scharf darauf zu sein.«

Schweigen.

»Du hast doch bestimmt keinen Freund, oder?«

Schweigen.

»Hast du 'nen Freund oder nicht?«

Schweigen.

»Vielleicht hat dein Freund ja lange Haare. Vielleicht ist er 'n Schwuli.«

Schweigen.

»Und – ist er 'n Schwuli?«
»HALT DIE KLAPPE! Ich hab keinen ... Ich meine, das geht dich einen Scheißdreck an, ob ... Halt einfach die Klappe, okay?«
»Sorry, hast recht. Bin ein bißchen neugierig.«
Schweigen.
»Willst du meine Entschuldigung nicht annehmen?«
Schweigen.
»Komm – sei ein Sportsfreund.«
Schweigen.
»Was liest du denn da? Den *Environment Guardian*. Na, das ist ja vielleicht ein Witz. He – Mark – sie liest den *Environment* fucking *Guardian*. Wenn du so für die Umwelt bist, warum verschwendest du dann jeden Tag das ganze Papier? Wozu die ganze Papierverschwendung?«
Und so weiter.
Ich persönlich fand Leute wie Nell furchtbar langweilig, weshalb ich immer auf Gavins Seite war und jedesmal lachte, wenn ich glaubte, einen Witz zu entdecken. Er war es gewöhnt, entweder ignoriert oder verachtet zu werden, weshalb ich schnell zu seinem Verbündeten wurde. Er fing an, mir zusätzlich frei zu geben, lud mich auf eine Tasse Tannin ins Café ein und unterhielt mich mit Geschichten aus seiner Vergangenheit.
Außer, daß es keine Geschichten aus seiner Vergangenheit waren. Soweit ich das beurteilen konnte, entsprangen sie allesamt direkt seiner überbordenden, kranken Phantasie. Aber er war ein begabter und erfahrener Dummschwätzer, und ich konnte eine Menge von ihm lernen.
Je besser wir uns gegenseitig kennenlernten, desto bunter

wurde auch seine Vergangenheit. Im folgenden eine Liste der Themen, die wir gemeinsam behandelten:

- Das Leben in der Armee, einschließlich Gavins unehrenhafter Entlassung wegen Drogendelikten.
- Das Leben als Söldner in Südamerika, einschließlich der Frage, wie man mit Bomben umgeht, wie es sich anfühlt, jemanden zu töten, und der Freuden der Kameraderie unter Desperados.
- Ob ich, Mark, die moralische Kraft besäße, jemanden aus unmittelbarer Nähe zu erschießen.
- Eine kurze Tour rund um den Globus, bei der die großzügig verteilten Orte, an denen Gavin überall Nachkommen hinterlassen hatte, besprochen wurden.
- Wie schwarze Frauen im Bett sind.
- Seine Beziehung zu seinem zehnjährigen Sohn in London, den er mehrmals getroffen hatte.
- Buddhismus, oder in seiner Aussprache Buh-Dismus. (Das Gespräch darüber ähnelte dem über schwarze Frauen im Bett fast bis aufs Haar.)
- Wie jemand einmal versuchte, Gavin in der U-Bahn mit dem Messer zu bedrohen, und Gavin ihn quer durch den Waggon schleuderte und auf seinem Kopf herumtrampelte, bis ihm das Blut aus den Ohren kam.

Jeder Tag begann mit einem Frühstück im Wimpy's am King's Cross, dann stiegen wir alle in die U-Bahn und fuhren an irgendeinen Ort nach Gavins Wahl: ins Einkaufszentrum von Uxbridge, nach Brent Cross, Camden, Wembley, Kingston, zum Markt in Shepherd's Bush, nach

Brixton – die glamourösesten Stadtteile Londons waren unser.
In der U-Bahn hatten wir jede Menge Zeit, uns zu unterhalten, und abgesehen von Gavin schienen sich alle gegenseitig zu mögen. Irgendwie paßte sogar Nell hinein. Und die Leute konnten mich *leiden*! Das war eine echte Überraschung. In der Schule mußte ein Neuling irgendeinen Gewaltakt vollbringen oder auf irgendeine Weise ein ewiges Opfer öffentlich demütigen, um soziale Anerkennung zu erlangen, aber hier gingen die Leute einfach davon aus, daß ich schon in Ordnung war.
Langsam glaubte ich, daß harte Typen am Ende vielleicht gar nicht so hart drauf waren.
Die meisten Leute gaben den Job innerhalb weniger Tage wieder auf, weshalb ich nach drei Wochen bereits zu den Veteranen zählte. Vom ursprünglichen Team waren nur noch Trish und ich übriggeblieben. Der Grund, warum Trish immer noch diesen Job machte, war der, daß sie damit ein Heidengeld verdiente. Die meisten von uns kämpften um jede einzelne Telefonnummer und verlegten sich oft aufs Betteln (»Natürlich brauchen Sie keine Altersvorsorge – aber ich brauche nur Ihren Namen und Ihre Telefonnummer – dafür kriege ich jedesmal 50 Pence, und alles, was Sie tun müssen, ist einmal ans Telefon zu gehen und denen zu sagen, daß sie sich vom Acker machen sollen.«) Aber Trish schien von jeder einzelnen Frau, die sie ansprach, die Telefonnummer zu kriegen (»Hallöchen, na, meine Liebe, wie geht's denn so? Schon was vor heute? Unterwegs zum Einkaufen? Schau mal, Schätzchen, jetzt nimmst du dir eine von diesen Broschüren, steckst sie dir

in die Tasche und guckst sie mal an, wenn du zu Hause bist. Wie war noch mal der Name? Ah ja. Wunderbar – vielen Dank für die Hilfe, meine Liebe. So, das war schon alles, was ich von Ihnen wollte – ach so, wenn Sie mir noch Ihre Telefonnummer geben könnten … Vielen Dank – da wird sich dann bald jemand wegen der Broschüre bei Ihnen melden. Prima, vielen Dank, bis später dann, Tschüsschen.«)

Ich war gerade im Begriff, mich der Illusion hinzugeben, daß Trish auf mich stand, als sie mir erzählte, daß sie vermutlich von Wayne schwanger war. »Verhütung war nie meine große Stärke«, sagte sie. »Früher hab ich immer Gummis genommen, aber das ist mir irgendwann auf die Eierstöcke gegangen. Jetzt improvisiere ich halt.«

»Nutzt das was?« fragte ich.

Sie lachte. »NUTZEN! Wenn es nützen würde, wäre ich wohl kaum schwanger. Er sollte ihn in letzter Sekunde rausziehen, aber du weißt ja, wie Wayne ist.«

»*So* gut kenn ich ihn auch wieder nicht.«

»Na ja, du weißt schon, was ich meine. Hier oben. Er ist nicht gerade von der schnellen Truppe. Halt 'n bißchen langsam.«

»Ach so.«

»Ist aber ein Süßer.«

Ich beschloß, einen Spruch auszuprobieren, den ich bei den Telefonistinnen aufgeschnappt hatte. »Der geht bestimmt ab wie ein Gestörter«, sagte ich.

Trish lachte ungefähr zehn Minuten lang. »Also – das kannst du aber nicht sagen! Bist du 'ne Schwuchtel oder was?«

Offenbar hatte ich irgendwas noch nicht ganz richtig verstanden, aber der Monat war rum, mein Geld war verdient, und noch am selben Sonntag traf ich mich mit Barry am Bahnhof Victoria Station, um auf Welterkundungsreise zu gehen. Das Inter-Rail-Ticket hatte nur 160 Pfund gekostet und gab uns das Recht, während der nächsten vier Wochen zu jeder beliebigen Zeit jeden x-beliebigen Zug zu nehmen. Leider hatten wir, nachdem wir das Ticket gekauft hatten, nicht mehr viel Geld übrig, weshalb wir nicht sehr viel würden essen können und unsere Nächte überwiegend im Zug verbringen mußten. Trotzdem war ich ganz aufgeregt. Und mit etwas Glück würde Barry die Frauen mittleren Alters bis zu unserer Rückkehr vergessen haben.

Trish und ich schworen, in Verbindung zu bleiben – und haben nie wieder miteinander gesprochen. Gavin schüttelte mir die Hand und wünschte mir ein schönes Leben. Ich sagte, ich würde es versuchen.

Kapitel achtundzwanzig

SONNTAG, 7. JULI

Treffe Barry um zehn Uhr an der Victoria Station. Steigen in den Zug nach Dover. Alles scheint glatt zu verlaufen. Nach einer Stunde beginnen mich Züge zu langweilen, und ich beschließe, daß mir das Interrailen keinen Spaß machen wird. Nach einer Stunde und zehn Minuten finde ich langsam zu mir und beschließe, daß ich gern Zug fahre. Der Urlaub wird bestimmt lustig. Barry fängt jedoch an, mir ein bißchen auf die Nerven zu gehen.

Nachmittags Fähre – langweilig. Voller Schulkinder, die vorher noch nie in eine Spielhölle durften. Barry ist schlecht, was mich ein bißchen aufheitert.

Um elf Uhr nachts Ankunft in Calais. Wenn wir den nächsten Zug nach Paris nehmen, kommen wir mitten in der Nacht an und werden kein Hotel finden, sondern draußen schlafen müssen und bei dieser Gelegenheit wahrscheinlich umgebracht werden. Unser erstes größeres Problem. Wir entscheiden uns für eine Übernachtung mit Frühstück in Calais, was jeden von uns drei Tages-Budgets kostet. Die Concierge riecht nach französischem Kot (etwas käsiger als die englische Sorte), und unser Zimmer auch. Wir müssen uns ein Doppelbett teilen, was dazu führt, daß ich die ganze Nacht mit einer Erektion im Bett liege.

MONTAG, 8. JULI

Mein Penis tut ernsthaft weh. Barry möchte Eier und Speck zum Frühstück. Die heiße Schokolade ist köstlich. Um neun Uhr 30 Zug nach Paris.

Paris riecht wunderbar – nach Gauloises. Als ich das zu Barry sage, stimmt er mir zu, aber jede Wette, daß er Gauloises für den Namen eines Politikers hält. Ich sehe ihm förmlich an, wie er darüber nachdenkt, warum jemand, der so beißend riecht, immer wieder gewählt wird.

Wir gehen schnurstracks in die Jugendherberge, wo wir für ein Bett Schlange stehen. Um drei Uhr sind wir am Anfang der Schlange und bekommen zu hören, daß es keine Betten mehr gibt. Wir können uns nicht leisten, in Paris irgendwo anders zu übernachten, weshalb wir, um zu vermeiden, daß wir draußen schlafen müssen, schnurstracks zum nächsten Bahnhof gehen und uns nach einem geeigneten Nachtzug umsehen. Nach langem Schlangestehen finden wir heraus, daß es einen Nachtzug nach Bordeaux gibt, der genug Zeit braucht, daß wir eine anständige Mütze Schlaf kriegen können. Der Zug geht um sieben Uhr abends. Bis wir all das rausgefunden haben, ist es schon fünf. Folglich haben wir noch ganze zwei Stunden, um uns Paris anzuschauen. Leider haben wir heute noch nichts gegessen, weshalb wir die meiste Zeit im nächstgelegenen Restaurant verbringen, das zufällig die Quick Burger Bar ist. Trotzdem bleibt noch Zeit für einen kleinen Spaziergang durch die Stadt, und Paris scheint ganz nett zu sein.

Keine freien Plätze mehr im Zug. Barry sitzt vor dem Speisewagen auf dem Boden, und ich verbringe die Nacht auf dem Klo.

DIENSTAG, 9. JULI

Es ist grausam früh, als wir in Bordeaux ankommen. Sind beide erschöpft und machen uns sofort auf den Weg in den Stadtpark, um uns erst einmal hinzulegen.
Wachen um 2 Uhr auf und rennen den ganzen Weg zur Jugendherberge, nur um zu erfahren, daß das letzte Bett gerade eben vergeben worden ist. Können uns keins von den Hotels leisten und beschließen, den Nachtzug nach Marseille zu nehmen. Weil dieser erst um acht Uhr abends fährt, haben wir mehrere Stunden Zeit, um Bordeaux zu erkunden. Urteil: sehr angenehm – müssen irgendwann noch mal dorthin. Gute und billige Restaurants.
Wir finden einen Supermarkt, wo es eine Flasche Wein für nur 20 Francs gibt, und kaufen uns eine für die Zugfahrt.
Jede Menge Platz im Zug. Ganzes Abteil für uns. Lege mich hin, betrinke mich und schlafe wie ein Stein. Wache auf und muß kotzen. Schlafe danach wieder wie ein Stein.

MITTWOCH, 10. JULI

Kater. Grüne Zähne.
Fahren gerade in den Bahnhof von Nizza ein. Müssen schon vor mehreren Stunden durch Marseille gefahren sein. Machen ein Nickerchen auf dem Bahnsteig.
Bus in die Jugendherberge. Ergattern Betten. Duschen. Bus zum Strand. Schlafen. Essen. Bus in die Jugendherberge. Schlafen.

DONNERSTAG, 11. JULI

Die gesamte weibliche Bevölkerung der Jugendherberge folgt Barry und mir zum Strand. Frauen aus mehreren hundert Ländern schwänzeln unter Verwendung aller möglichen Varianten von schlechtem Englisch den ganzen Tag um Barry herum. Ich komme mir vor wie der *Invisible Man*.

Barry bringt den ganzen Tag damit zu, eifersüchtigen Frauen seine Leidenschaft für Margaret Mumford zu erklären. Ihre Brustwarzen werden steif, wenn er das Thema Sex erwähnt.

Ich beklage mich bei Barry, daß ich Strände hasse, und erinnere ihn daran, daß wir wegen der Kultur nach Europa gefahren sind. Wir beschließen, den Nachtzug ins Loire-Tal zu nehmen.

Wir brauchen eine geschlagene Stunde, bis wir auschecken können, weil Barry darauf besteht, daß er unmöglich ohne sein »MEINE TANTE WAR IN TRINIDAD UND TOBAGO UND ALLES WAS ICH GEKRIEGT HABE WAR DIESES LUMPIGE T-SHIRT« T-Shirt gehen könne. Ich hege ihm gegenüber die Vermutung, daß es aus seinem Bett stibitzt worden ist, aber Barry hält es für wahrscheinlicher, daß das T-Shirt ein Spiel spielt und weggegangen ist, um sich in einer Ecke zu verstecken. Er weigert sich, ohne das T-Shirt zu gehen, weil Trinidad und Tobago nicht mehr so heißt und er folglich keinen Ersatz mehr dafür kriegen kann, und seine Tante verstimmt sein wird. Das muß vielleicht eine komische Tante sein.

Zu guter Letzt erklärt er sich bereit, ohne das T-Shirt zu gehen, aber bis wir am Bahnhof angelangt sind, ist der letzte Zug in Richtung Norden schon weg. Da wir in Nizza jetzt kein Bett mehr haben, müssen wir den einzigen

Nachtzug nehmen, der die Stadt noch verläßt, und der fährt nach Bordeaux.

FREITAG, 12. JULI

Ankunft in Bordeaux. S. müde. Schlafen den ganzen Tag im Stadtpark. Abends esse ich einen Happen Ziegenkäse-Sandwich, der um einiges schlechter als eine menschliche Kackwurst schmeckt. Nachtzug ins Loire-Tal.

SAMSTAG, 13. JULI

Ankunft in Blois. Die Jugendherberge ist weit außerhalb der Stadt, weshalb wir beschließen, dorthin zu trampen. Erfolglos. Letzten Endes müssen wir laufen, was Stunden dauert.

Barry redet immer noch die ganze Zeit über Mrs. Mumford. Ich nenne sie eine alte Schachtel, worauf er für die nächsten zwei Stunden die beleidigte Leberwurst spielt.

Als wir die Jugendherberge endlich erreicht haben, die sich auf einem Feld am Rande der Stadt befindet, haben wir keinen Bock mehr, zurück in die Stadt zu gehen. Zehn andere Leute befinden sich in derselben Situation, weshalb Barry den Nachmittag damit verbringt, mit ihnen (über Mrs. Mumford) zu reden, während ich die beleidigte Leberwurst spiele.

SONNTAG, 14. JULI

Ein aktiver Tag. Zeitig aufstehen. Frühstück. Bus in die Stadt. Fahrräder ausleihen.

Oh.

Scheiße.

Es ist Sonntag.
Keine Fahrräder.
Ein einziges Geschäft in der ganzen Stadt hat offen. Es ist ein Haushaltswarengeschäft. *Quincaillerie.* Ich wußte, daß ich das Wort noch einmal brauchen würde. Wir verbringen ungefähr eine Stunde in der *Quincaillerie*, danach zwei Stunden beim Mittagessen in einem Café. Zurück ins Haushaltswarengeschäft. Sich dort schnell ein bißchen umsehen. Dann mit dem Bus zurück zur Jugendherberge.
Als wir eben im Begriff sind, die Stadt zu verlassen, marschieren fünfhundert musizierende und waffenschwingende Leute in Phantasie-Kostümen in der entgegengesetzten Richtung an uns vorbei. Barry schaut auf der anderen Seite zum Fenster hinaus und verpaßt das Ganze somit, was meine Laune über alle Maßen verbessert.
Wir verbringen den Nachmittag auf demselben Feld und reden mit denselben Leuten. Eine von ihnen ist Bella. Sie studiert im zweiten Jahr an der Universität Bristol, und wie sich herausstellt, kennt sie Nell, die sich letztlich doch als lesbisch entpuppt.

MONTAG, 15. JULI

Ein aktiver Tag. Zeitig aufstehen. Frühstück. Bus in die Stadt. Fahrräder ausleihen. Mit Bella und ihrer Freundin Briony zum Château de Chenonceau radeln.
Chenonceau ist nett. Briony nicht. Zum Glück bringt sie den ganzen Tag mit dem Versuch zu, mit Barry Sex zu haben, weshalb ich den überwiegenden Teil des Nachmittags mit Bella allein bin. Aus reiner Experimentierlust fan-

ge ich an, mit ihr zu flirten, was sich zu meiner Überraschung nicht nur als schön herausstellt, sondern auch eine Reaktion hervorruft, die sich in mehrerlei Hinsicht von Abscheu zu unterscheiden scheint. Wir veranstalten ein romantisches Dinner *à quatre* in Blois und machen uns dann auf den Weg zurück in die Jugendherberge. Ich rede bis Mitternacht mit Bella und verliebe mich dabei zusehends in sie. Schließlich küssen wir uns. Sie ist gut. Mein Herz setzt einen Moment lang aus, tanzt einen Tango und rennt darauf nackt über den Trafalgar Square. Endlich! Ich habe die Liebe gekostet.

Als ich mir absolut sicher bin, daß sie mich mag, stelle ich die naheliegende Frage: »Warum ich? Findest du mich nicht häßlich?« Das ist meine erste Gelegenheit, eine richtige Antwort zu kriegen. Sie sollte ein wenig Aufschluß darüber geben, wie sich mein restliches Sexleben gestalten wird. Verzweifelt, *verzweifelt*, VERZWEIFELT fische ich mit Netzen und Harpunen nach einem Kompliment.

»Ich mag häßliche Männer«, sagt sie.

Das ist nicht die Antwort, die ich erhofft hatte. Immerhin, wenigstens ist sie ehrlich. Ich wollte, daß sie mir sagte, ich sei schön, aber vermutlich hätte ich ihr nicht geglaubt. Wenigstens gibt es jetzt einen Hoffnungsschimmer für die Zukunft. Vielleicht gibt es ja noch andere Frauen, die häßliche Männer mögen. Vielleicht denken Frauen ja so. Merkwürdig!

Bella sieht, daß ihre Bemerkung mich verletzt hat, deshalb gibt sie mir den bisher größten, feuchtesten Kuß. Jawohl – ich bin mit Sicherheit verliebt.

Wir sagen uns gute Nacht, und ich renne zurück in

den Schlafsaal, um Barry zu erzählen, was passiert ist. Aber er ist nicht da. Ich liege auf meinem Bett und warte auf ihn. Ich fühle, wie ich am ganzen Körper vor Freude bebe.

Zwei Stunden später. Das Beben hat nachgelassen, und Barry ist immer noch nicht da. Die Sperrstunde ist schon lange vorbei, also wird er vermutlich nicht mehr reinkommen. Das ärgert mich – ich will ihm meine Geschichte erzählen. Ich gehe zum Fenster, um nachzusehen, ob er ausgesperrt worden ist, und da sehe ich ihn, unter einem Kirschbaum an den Boden genagelt, nackt, mit Briony, die ihn wie einen jungen Hengst reitet.

Hat er mir wieder die Schau gestohlen.

Dreckskerl.

DIENSTAG, 16. JULI

Als ich aufwache, liegt Barry im Bett neben mir. Er muß irgendwie hereingeklettert sein. Das Beben meldet sich wieder zurück, und ich bin nicht mehr wütend auf ihn. Ich rüttle ihn wach und erzähle ihm von meinem raffinierten Plan. Barry ist beeindruckt und findet, wir sollten es mal versuchen. Die Idee ist folgende: Ich frühstücke mit Bella, frage sie, wohin sie als nächstes fährt, und sage dann, egal was sie antwortet: »So ein Zufall, da wollten wir auch hin. Sollen wir zusammen fahren?«

Ganz schön clever, was?

Zehn Minuten später.

»Hi, Bella.«

»Oh, hi.« Sie sieht nicht auf.

»Ähm …«

»Scheiße, ich war gestern total besoffen.« Sie sieht immer noch nicht auf. Das riecht nach schlechten Nachrichten.
»Äh ... macht ... macht ihr zwei euch heute auf die Socken?«
»Ja.«
»Ah ja, wir auch. Äh ... wohin ... äh ... fahrt ihr denn?«
»Nach Hause. Unser Ticket ist abgelaufen. Kann ich mal die Marmelade haben?«

Verzweiflung. Das Ende. Selbstmord?
»Bist du taub? Kann ich mal die Marmelade haben?«

Kann sie.
Sie nehmen den nächsten Bus. Sie fragt nicht nach meiner Adresse.

Das ist nun schon der dritte Tag, den Barry und ich auf der Wiese vor der Jugendherberge von Blois verbracht haben. Diesmal sind wir allein. Wir reden nicht viel. Wir beschließen, Frankreich zu verlassen.

MITTWOCH, 17. JULI

Mit dem Morgenzug nach Paris. Dort zwei Stunden Aufenthalt. (Ich habe das Gefühl, die Stadt allmählich ganz gut zu kennen.) Nachmittags und nachts im Zug nach Barcelona.
Wir sind beide beleidigt.
Zwischen Toulouse und Carcassonne fragt Barry mich, ob ich glaube, daß Margaret zu alt sei für ihn.
Kurz nach Narbonne antworte ich mit Ja.

Zwischen Perpignan und der Grenze sagt er, dann müsse ich ein Wichser sein.

DONNERSTAG, 18. JULI

Ankunft in Barcelona.
Besichtigung Barcelonas – nett.
Nachtzug nach Madrid.

FREITAG, 19. JULI

Ankunft in Madrid.
Gehen ins Prado – bißchen langweilig.
Zurück in die Jugendherberge, gerade noch rechtzeitig, bevor sie zumachen. Der bisher miefigste Schlafsaal – man kann kaum atmen. Träume die ganze Nacht davon, mit Ziegenkäse zwangsernährt zu werden.

SAMSTAG, 20. JULI

Schauen uns den Rest von Madrid an. Schönes Plätzchen – prima Wetter. Kann allerdings keines von den Gaudi-Gebäuden entdecken.
Nachtzug nach San Sebastian.

SONNTAG, 21. JULI

Wir teilen uns das Abteil nach San Sebastian mit einem deutschen Pärchen, das wie alle Hippies aus diesem Land angestrengt versucht, entspannt zu sein. Sie wollen, daß wir alle zusammen Beatles-Lieder singen, aber Barry und ich kennen nur den Text von »Yesterday«. Adolf und Eva, oder wie auch immer sie heißen, bestehen darauf, daß das cool sei und daß sie »Yesterday« geil finden, also schließen wir die Tür zum Abteil und fangen an zu singen. Als wir so richtig in Fahrt sind, dämmert mir, daß ich den Text gar nicht ganz kann, aber das Tolle an so altmodischen Liedern ist ja, daß man einfach die erste Strophe zwanzig Mal singen kann und es genau wie das Original klingt.

Normalerweise mag ich dieses Mitgesinge nicht, aber diesmal macht es Spaß. Dann fällt mir ein, daß die Beatles eine berühmte Cover-Version des Pfadfinderlieds *»We All Live in a Yellow Submarine«* gemacht haben. Das ist sogar noch besser, weil man sich nur eine Zeile zu merken braucht, die man eine halbe Stunde lang rausschmettern kann, ohne daß einem dabei langweilig wird.

Gerade als es sich richtig gut anhört, kommt irgend so ein Arschloch aus dem nächsten Abteil angeschlappt und beschwert sich, daß es zwei Uhr morgens sei und er versuchen würde zu schlafen. So ein richtig miesepetriger alter Sack eben. Was uns in ein interessantes Gespräch darüber verwickelt, wie wahr es doch ist, daß Leute, die nie viel gereist sind, so erstaunlich engstirnig sind.

»Diese Leute, die immer nur arbeiten arbeiten arbeiten – die müssen noch eine Menge von uns lernen«, sagt Eva. Wir stimmen ihr allesamt zu und beschließen, dem alten Drecksack nebenan eine Lektion in Sachen Liebe und Toleranz zu erteilen, indem wir die ganze Nacht singen, so laut wir können.

Als wir in San Sebastian ankommen, sind wir aus verständlichen Gründen müde, weshalb wir den Morgen mit einem Nickerchen am Strand verbringen. Dann machen wir uns zu viert auf die Suche nach einem Zimmer. Unterwegs treffen wir zwei dänische Mädels, die beide rosa Schuhe,

lila Trainingshosen, rosa Trainingsjacken und lila Haarbänder anhaben, sowie lila und rosa Rucksäcke tragen und mit uns zur Jugendherberge kommen.
Die Jugendherberge ist voll, weshalb wir zu sechst die billigen Hotels abklappern, die allesamt belegt und davon abgesehen auch nicht billig sind.
Wir beschließen, am Strand zu schlafen, aber gerade als wir's uns für die Nacht gemütlich machen wollen, kommt ein freundlicher Einheimischer auf uns zu und schildert uns in allen Einzelheiten, daß es derzeit in San Sebastian Mode sei, Steine auf schlafende Touristen fallen zu lassen und dann, während sie bewußtlos sind, ihr Geld zu klauen.
Trotz der Tatsache, daß dies ganz offensichtlich eine Lüge ist, glauben wir ihm. Insbesondere die dänischen Mädels, die in eine rosa-lila Panik ausbrechen. Was mich wütend und eifersüchtig macht, weil ich auch in Panik ausbrechen möchte, aber sie haben es zuerst getan. Die Deutschen versuchen, sanft in Panik zu geraten, haben aber Schwierigkeiten damit. Dann gerät Barry in Panik, was Auslöser für die Deutschen ist, nun ihrerseits richtig in Panik zu geraten. Jetzt gerate ich auch in Panik.
Irgendwo im Hintergrund meine ich den freundlichen Einheimischen lachen zu hören, bin mir aber nicht sicher, weil ich so mit meiner Panik beschäftigt bin.
Als wir uns bis zum Siedepunkt beruhigt haben, beschließen wir, uns gemeinsam in Richtung Stadtrand aufzumachen und nach einem geschützten Ort Ausschau zu halten, an dem wir übernachten können.
Schließlich entscheiden wir uns für den obersten Treppenabsatz einer Außentreppe, die zu einem Luxus-

Apartment-Haus gehört. Sie ist optimal – ruhig, hat genau die richtige Breite für sechs nebeneinandergelegte Schlafsäcke und bietet eine phantastische Aussicht auf die Bucht. Wenn es ein Hotelzimmer gewesen wäre, hätte es ein Vermögen gekostet. Von den dänischen Mädels abgesehen, sind wir alle glücklich – das hier ist hundert Mal besser als jede Jugendherberge. Binnen fünf Minuten liegen vier von uns in ihren Schlafsäcken aufgereiht am Boden. Eine Dreiviertelstunde später haben die Däninnen ihren Rucksack ausgepackt, ihre Schlafanzüge rausgeholt, sind abwechselnd um die Ecke gegangen und haben sich umgezogen, sind wieder zurückgekommen, haben ihr Make-up entfernt, sich die Zähne geputzt, ihre Isomatten ausgebreitet, ihre Vitaminpillen genommen, sämtliche Toilettengegenstände, Pillen und Cremes wieder an der richtigen Stelle im Rucksack verstaut, ihre Schuhe ausgezogen, ihre Haare gekämmt und zurückgesteckt, ein sauberes Paar Nachtsocken angezogen und sind in ihre Schlafsäcke geschlüpft. Dann geht der Spaß mit den Kontaktlinsen weiter.

Ungläubig betrachten wir übrigen vier das Spektakel.

Mitten in der Nacht weckt mich eine gewisperte Auseinandersetzung zwischen den Däninnen. Nach vielem Hin und Her schlüpft die eine aus ihrem Schlafsack, packt ihren Rucksack aus, holt ihre lila Trainingshose und ihre rosa Trainingsjacke heraus, streift sie über ihren Pyjama, zieht ihre rosa Turnschuhe an und verschwindet um die Ecke. Kurze Zeit später höre ich von unten einen lauten vokalreichen Fluch, dann kommt die verstörte Dänin mit nassen Turnschuhen wieder zurück.

Ihr Gesichtsausdruck spricht Bände. Das ist die schlimmste Nacht ihres Lebens. Es fällt mir schwer, nicht zu lachen. Noch schwerer wird es, mich zusammenzureißen, als ich höre, wie sie mit zitternder Stimme erklärt, was passiert ist. Man braucht keine großen Dänisch-Kenntnisse, um den Kern ihrer Ausführungen zu verstehen – der ungefähr so lautet: »Ich kann nicht mehr. Ich möchte sterben. Ich hab auf meine rosa Turnschuhe gepinkelt. Niemand hat mir gesagt, was da beim Reisen alles auf mich zukommt. Das ist so was von erniedrigend. Du verläßt Dänemark, und schon stehst du da und mußt im Freien Pipi machen. Ohne eine Toilette. Und warum hat Mami mir nie gesagt, daß man dabei den Hintern nie bergauf halten darf?«

Meinen Schlafsack schüttelt es so, daß ich so tun muß, als hätte ich einen Alptraum, in dem ich mit Ziegenkäse zwangsernährt werde.

MONTAG, 22. JULI

Als ich aufwache, sind die Däninnen weg. Das erste, was ich mache, ist, nach dem Urinfleck auf der Treppe zu schauen. Er ist immer noch da, also zeige ich ihn Barry und erzähle ihm die ganze Geschichte. Er ist davon so beeindruckt, daß er sie gleich Eva weitererzählt, die sie wiederum Adolf erzählt, woraufhin wir erst einmal alle herzhaft lachen.

Mir kommt der Gedanke, daß sie mit ihrer Pisse vielleicht das Wort »Dänisch« buchstabiert haben, so wie die Schweine ihres Landes trainiert worden sind, das mit ihrem Speck zu tun, aber das scheint nicht der Fall zu sein.

Wir machen uns gemeinsam auf den Weg zu einem Sonnenbade-Tag.
Mit dem Wort »voll« allein läßt sich der Zustand des Strandes kaum beschreiben. »Sehr voll« kommt der Sache schon wesentlich näher. Und jetzt, wo ich darüber nachdenke, trifft »überfüllt« die Sache wohl am allerbesten.
Ich hatte erwartet, leere Strände und eine tosende Brandung vorzufinden, aber wie wir schnell erkennen, reisen zwar sämtliche Ausländer nach Südspanien, dafür aber alle Spanier nach Nordspanien, um den Ausländern zu entkommen.
Schließlich finden Barry und ich einen Kiesel, auf dem wir sitzen können, und teilen ihn uns.
Abends gehen wir an unseren Schlafplatz im Treppenhaus zurück.

DIENSTAG, 23. JULI

Ein weiterer Tag auf dem Strand/Pendler/Wanzen-Zug.
Da Barry aufgehört hat, andauernd über Mrs. Mumford zu reden, vertrage ich mich ganz gut mit ihm.
Plötzlich dämmert uns, daß uns nur noch weniger als zwei Wochen bleiben und wir bisher noch so gut wie gar nichts gesehen haben. Unsere Haupt-Priorität ist natürlich Amsterdam, also beschließen wir, Spanien schleunigst den Rücken zu kehren und den ersten Nachtzug nach Norden zu nehmen.

MITTWOCH, 24. JULI

Um vier Uhr morgens endet der Zug, und ein Aufseher schmeißt uns hinaus. Wie sich herausstellt, sind wir in

Bordeaux. Zum Glück kennen wir den Ort inzwischen ja zur Genüge und stolpern zum Stadtpark, wo wir ungefähr bei Sonnenaufgang ankommen. Wir gehen zu unserer Lieblingsstelle und schlafen fest ein.

Perfektes Timing – als wir aufwachen, bleibt uns noch eine Stunde, bis unser Nachtzug nach Paris geht. Bordeaux ist für uns schon fast so etwas wie eine zweite Heimat geworden, und wir essen in unserem Lieblings-Restaurant zu Abend. Wir können uns eine ordentliche Mahlzeit leisten, weil wir seit Madrid nichts mehr für Übernachtungen ausgegeben haben.

DONNERSTAG, 25. JULI

Ankunft Paris. Frühstück. Kurzer Bummel. Fühle mich auch hier wie ein Einheimischer. Abfahrt nach Amsterdam. Der Zug ist scheiße. Ankunft in Amsterdam um zwei Uhr morgens. Schiß.

Wir wollen es um diese nachtschlafende Zeit nicht darauf ankommen lassen – mit einem Stadtplan in der Hand und unseren 65-Liter-überfallt-und-raubt-uns-bitte-aus-wir-sind-einfältig-und-dumm-und-haben-jede-Menge-Kohle-Karrimor-Rucksäcken auf dem Rücken –, weshalb wir beschließen, auf Nummer Sicher zu gehen und im Bahnhof bei den Junkies, Dealern, Huren, Zuhältern, Gangstern und Geistesgestörten zu übernachten.

FREITAG, 26. JULI

Morgengrauen. Wir verlassen fluchtartig das Bahnhofsgebäude.

Gehen zur Jugendherberge und beziehen Betten im

Schlafsaal, den wir uns mit zehn anderen Leuten teilen, hauptsächlich Junkies, Dealer, Huren und Geistesgestörte.
Die Zuhälter müssen in der YMCA bleiben.
Als erstes gehen wir zum nächstbesten Café und bestellen mit einem großen Zwinkern beim Kellner einen »Spezialtee«. Der Tee ist wirklich ganz nett, scheint aber keine Wirkung zu haben, also bestellen wir uns noch einen.
»Und sehen Sie zu, daß er besonders speziell wird«, sage ich mit einem extragroßen verschwörerischen Lächeln zum Kellner.
Barry sagt, er spüre, wie die Wirkung des zweiten Tees einsetze, während ich das Gefühl bekomme, daß der Kellner (der mich ein bißchen wie einen Idioten behandelt) uns abzockt. Also winke ich ihn heran. »Entschuldigung«, sage ich, »hier auf der Speisekarte steht *Moon Cakes* – können Sie mir sagen, ob das spezielle Kekse sind?«
»Wie bitte?«
»Sind diese *Moon Cakes* speziell?« Ich zwinkere erneut, so daß er mich auf keinen Fall mißverstehen kann.
»Wenn Sie wissen wollen, ob diese Moon Cakes Haschisch enthalten, was in dieser Stadt eine legale Droge ist, dann ist die Antwort ja.«
Jesus! Das ist mir vielleicht ein Cowboy.
Ich werde rot und blicke umher, um mich zu vergewissern, ob irgend jemand uns gehört hat. Was für ein verrückter Kerl! Er hat nicht mal seine Stimme gesenkt. »Dann hätte ich bitte gern so eins«, flüstere ich.
Ich esse das Moon Cake, aber es wirkt immer noch nicht.

Eine totale Abzockerei. Wenn ich nicht selbst das Gesetz gebrochen hätte, hätte ich diesen Kellner angezeigt.
Wir zahlen – kein Trinkgeld – und gehen. Kaum sind wir zur Tür hinaus, werden alle Gebäude wackelig, meine Beine verwandeln sich in Gummi und ich falle in ein Koma. Barry trägt mich zum Stadtpark, wo ich einen verrückten Traum habe, in welchem ich mit Ziegen zwangsernährt werde.
Ich brauche den ganzen Morgen, um den ärgsten Rausch auszuschlafen, wache jedoch am frühen Nachmittag auf und fühle mich angenehm breit, so daß wir uns zum berühmten Sex-Museum aufmachen können.
Trotz allem, was man mir erzählt hatte, hielt ich mich für nicht so leicht zu schocken und dachte, daß ich den Besuch im Sex-Museum genießen würde. Als ich die ganzen Bilder jedoch tatsächlich zu Gesicht bekomme, bin ich entsetzt. Ich kann mit gutem Gewissen sagen, daß ich in meinem Leben noch nie etwas derart Abstoßendes gesehen habe. Von den Fotografien, auf denen Gruppensex, Fetischismus und Frauen mit Tieren zu sehen sind, wird mir vielmehr richtig schlecht. Sie sind völlig abstoßend und machen mich nicht im geringsten an.
Eigenartiger Abend, an dem wir bekifft durch die Stadt laufen.

SAMSTAG, 27. JULI

Stehe auf, bekiffe mich, laufe bißchen rum. Bekiffe mich noch mehr. Kippe um. Wache auf. Gehe bummeln. Kaufe einen Souvenir-Penis. Bekiffe mich noch mehr. Gehe bummeln. Kaufe siebzehn Souvenir-Mösen. Esse was. Gehe noch mal ins Sex-Museum. Esse was. Gehe ins Bett.

SONNTAG, 28. JULI

Fühle mich ein bißchen fertig. Bekiffe mich daher.
Mir ist danach, ein bißchen mit meinem Erbe Tuchfühlung aufzunehmen, daher statte ich dem Haus von Anne Frank einen Besuch ab. Es ist sehr bewegend. Doch ich kotze auf ihren Fußboden und muß überstürzt abhauen, ehe mich jemand entdeckt. Fühle mich ziemlich fertig. Ich setze mich in ein Café und trinke einen Spezialtee. Fühle mich ein bißchen besser. Gehe zurück ins Sex-Museum. Nettes Abendessen mit Barry.
Wir verbringen den Abend damit, *Moon Cakes* zu essen, durch den Rotlicht-Bezirk zu laufen und fetten Frauen dabei zuzusehen, wie sie sich in Schaufenstern befingern (s. aufschlußreich)
Gehen ungefähr um drei Uhr morgens ins Bett.
Habe einen merkwürdigen Traum, in dem ich die einzige Person im Zuschauerraum eines Theaters bin. Auf der Bühne stehen fünfzig Doppelgänger von Kim Basinger, die alle irgendwie auch meiner Mutter ähnlich sehen. Außer einem Paar rosa Turnschuhen haben sie alle nichts an, und jede von ihnen hat Sex mit einem Stück dänischem Speck. Ich trage ebenfalls nur ein Paar rosa Turnschuhe und versuche meine Erektion hinter einem französischen Liliput-Lexikon zu verstecken, das zu klein für meinen Penis ist, und kann mich nicht entscheiden, ob ich meine Eier oder meine Eichel entblößen soll. Sobald ich eine von den Kim Basingers anschaue,

hört sie auf, Sex zu haben, und bietet mir ein Stück Ziegenkäse an.

MONTAG, 29. JULI

–

DIENSTAG, 30. JULI

Verstehe das nicht ganz. Bin am Sonntag ins Bett gegangen und am Dienstag aufgewacht. Merkwürdig.
Nach einem gemütlichen, aber verwirrten Frühstück trifft uns unvermittelt die Erkenntnis, daß uns nur noch weniger als eine Woche bleibt und wir erst ein Viertel unserer ursprünglich geplanten Route geschafft haben.
Folglich besteigen wir nach einem letzten Blick ins Sex-Museum einen Zug nach Brüssel.
Kommen am frühen Abend in Brüssel an, schauen uns um (bißchen fad), streiten uns darüber, daß Barry immer zu schnell rennt, und nehmen schließlich den Nachtzug nach Berlin.

MITTWOCH, 31. JULI

Ankunft in Berlin. Lassen unsere Rucksäcke am Bahnhof. Schauen uns um (bißchen grau). Riesenkrach, weil Barry beim Teetrinken schlürft. Nachtzug nach Prag.

DONNERSTAG, 1. AUGUST

Ankunft in Prag. Ziemlich müde. Kurzer Bummel (gibt nicht viel in den Geschäften), Nickerchen im Park, größere Auseinandersetzung über einen gemopsten Kuli. Nachtzug nach Wien.

FREITAG, 2. AUGUST

Ankunft in Wien. Angenehm. Barry wirft mir vor, in der Nase zu bohren. Ich kontere mit seinem nervigen Schniefen, was dazu führt, daß das Ganze in ein längeres Streitgespräch über körperliche Angewohnheiten ausartet. Beim Mittagessen wird uns klar, daß wir nur noch einen vollen Tag auf unserem Ticket übrig haben. Mordspanik. Nächster Zug nach Hause.
Um Mitternacht in München. Kurzer Blick nach draußen. Sieht nicht so aus, als ob wir viel verpassen. Zug nach Paris.

SAMSTAG, 3. AUGUST

Um die Mittagszeit in Paris (der Altvertrauten). Halbe Stunde Zeit, um ein Baguette zu kaufen und einen letzten Blick auf die Stadt zu werfen, dann mit dem nächsten Zug nach Calais. Die Kosten für das Baguette werden gerecht geteilt, aber Barry nimmt es auf sich, mindestens zwei Drittel davon zu essen (wenn nicht mehr), während ich auf der Zug-Toilette bin, was zu unserem bisher größten Streit führt, der beinahe in eine Schlägerei ausartet.
Nachtfähre.

SONNTAG, 4. AUGUST

Zu Hause.
Endlich zu Hause.
Ich möchte Barry mindestens ein Jahr lang nicht wiedersehen.

Kapitel neunundzwanzig

Als ich wieder in Harrow war, brauchte ich erst einmal eine Woche Isolationshaft, um wieder einen Sinn für die Menschheit zu bekommen. Ich gab meinen Eltern eine vollständige Beschreibung meines Urlaubs in drei Sätzen und versteckte mich dann in meinem Zimmer. Ich las weder, noch sah ich fern oder ging weg, sondern verbrachte meine Zeit damit, sabbernd in der Ecke zu sitzen und zu essen, und mich an den Unterschied zwischen Wien und Madrid (oder meine ich Bordeaux?) zu erinnern – oder war das nicht Prag? Nein, Paris! Barcelona? Ich hatte eine Menge gelernt auf meiner Reise.

In meiner Benommenheit dachte ich öfter daran, wie sehr ich Barry haßte. Ich war heilfroh, seine kleinen Macken, Gewohnheiten, Ausdrücke oder Gerüche nicht mehr ertragen zu müssen. Dann ging mir eines Morgens auf, daß er mein bester Freund war, daß wir gerade einen tollen Monat miteinander erlebt hatten und daß er mich nun besser kannte als jeder andere Mensch außerhalb meiner Familie. Plötzlich fühlte ich mich ihm näher als je zuvor.

Mein Winterschlaf endete, ich erlangte die Fähigkeit zu sprechen zurück und rief ihn an. Er erzählte mir, daß er die Wohnung in Notting Hill nach seiner Ankunft von zwei Wettervorhersagern besetzt vorgefunden habe, die angaben, vor einer Woche dort eingezogen zu sein. Daraufhin sei er zu seinen Eltern gegangen, wo er einen Brief von Mrs. Mumford vorgefunden habe, in dem sie ihm erklärte, daß sie zu ihrem Mann und ihren Kindern zurückgegangen sei.

Barry sagte, er habe die ganze Woche geweint.

Obgleich das in gewisser Hinsicht den Sommer für mich perfekt machte, nahm mich die Sache um Barrys willen doch ein bißchen mit. Ich hatte gewußt, daß es so kommen würde – daß ein paar Wochen ohne sexuelle Ekstasen vom Faß Mrs. Mumford die Freuden eines Lebens in eintöniger Plackerei wieder in Erinnerung rufen würden –, aber ich hatte nicht die ganze Woche daran gedacht. Ich hatte ausschließlich an Barry, meinen Reisegenossen, gedacht, den ich am liebsten erwürgt hätte, und dabei ganz die Existenz von Barry, dem Freund, vergessen, dessen Leben kurz vor dem Zusammenbruch stand.

Ich hatte das Gefühl, ich hätte bei ihm sein sollen, als all das passiert war, aber wenn ich ihn weinen gesehen hätte, und noch dazu *schniefen* (zwei schnelle kurze Salven, bei denen sich das rechte Nasenloch aufblähte und das linke zusammenzog, sowie ein schrilles Gurgeln aus den Nebenhöhlen), ganz zu schweigen von diesem widerlichen Mandel-Geruch seines Deos, wäre ich wohl kaum in der Lage gewesen, ihm recht viel Trost zu spenden.

Während er mir erzählte, was sich zugetragen hatte, verspürte ich plötzlich ein stechendes Schuldgefühl und versprach, daß ich sofort bei ihm vorbeikommen würde. Ich mußte mir den Weg erklären lassen, weil es das erste Mal war, daß ich seine Familie besuchte.

Barry öffnete mir die Tür, und obwohl er nicht richtig weinte, waren seine Augen rot und verquollen. Mein erster Impuls war, ihm einen Kuß zu geben, doch ich widerstand dem und legte ihm statt dessen männlich die Hand auf die Schulter.

»Die blöde Schlampe«, sagte ich.

Er wandte sich von mir ab und ging wortlos die Treppe hinauf. Ich folgte ihm. Wir landeten in einem beengten, überladenen Schlafzimmer mit dem einen oder anderen Alibi-Teenager-Poster an der Wand: Bob Marley, hindrapiert auf rosa Seidenlaken, und Kylie Minogue, wie sie einen Joint raucht (oder irgend so was in der Richtung). Sofort fing Barry an, volles Rohr zu weinen.

Ich tat, was ich konnte, um ihn zu trösten. »Scheiß-Weiber«, sagte ich. »Die sind doch alle gleich. Am Ende scheißen sie alle auf dich.«

Das schien ihn nicht besonders aufzuheitern.

»Du wirst 'ne andere finden. Andere M …« Ich unterbrach mich an dieser Stelle. Sollte niemand sagen, ich sei unsensibel.

»Ich kann's einfach nicht glauben, daß sie … daß sie … daß sie …«

»Dir so was antun kann?«

»Mir so was antun kann. Wir waren so … wir waren so … wir waren so …«

»Verliebt?«

»Verliebt. Glaubst du, daß sie … glaubst du, daß sie … glaubst du, daß sie …«

»Ein bißchen alt für dich war?«

»Ein bißchen alt für mich war.«

»Ob ich glaube, daß sie ein bißchen alt für dich war?«
»Ja. Glaubst du, sie war ein bißchen alt für ... für ... für ...«
»Für dich.«
»Für mich. Glaubst du?«
»Na ja ... Ich meine, es ist recht schwer, das zu diesem Zeitpunkt zu sagen. Ich denke mal, wenn man sexuell kompatibel ist, wird einen nichts davon abhalten, eine sehr erfüllte Beziehung zu haben. Ich meine, wenn du sie attraktiv gefunden hast, gibt es keinen Grund, sie nicht ... ähm, also die meisten Leute finden Frauen in diesem Alter gar nicht sexy, aber wenn du ... also nicht, daß sie nicht klasse wäre. Ich meine, für ihr Alter war sie echt 'ne Ausnahme ... Ich meine, sie hat sich ziemlich gut gehalten und so ... also, sobald du über die Anziehungs-Hürde bist, kannst du ... ähm ... Wie alt genau ist eigentlich deine Mutter?«
»Was?«
»Na ja – wie alt ist deine Mama?«
»Was meinst du damit?«
»Nichts. Gar nichts. Ich frag so.«
»Meine Mutter ist irgendwie fünfundvierzig oder so was. Aber hör mal, ich hab keinen Dingens-Komplex, falls du das meinst.«
»Bist du sicher?«
»Natürlich bin ich mir da sicher. Verdammt, ich hab schon seit Jahren nicht mehr mit meiner Mutter schlafen wollen.«
»Trotzdem, man weiß ja nie. Das ist es ja. Es ist unbewußt. Ich dachte auch, daß ich aus dem Alter raus wäre, wo ich

mit meiner Mutter schlafen will, aber erst vorletzte Woche hatte ich einen Traum, in dem sie wie Kim Basinger aussah, und simsalabim – war ich in Lattenhausen.«

»Deine Mutter sieht kein bißchen wie Kim Basinger aus«, schniefte Barry.

»Ich weiß. Es war unglaublich. Aber ich hab's geträumt. Also muß man kein Freud sein, um zu erkennen, daß mein Unbewußtes will, daß ich mit meiner Mutter schlafe.«

»Was hat deine Mutter in diesem Traum getan, das dich so angemacht hat?«

»Oh – äh … Ich kann mich ehrlich gesagt gar nicht … ähm … an die Einzelheiten erinnern.«

»Scheiße! Das ist so peinlich. Wußte deine Mutter, daß dich das angemacht hat?«

»Nein, sie konnte es nicht sehen. Ich hab meinen Schwanz hinter einem Taschenlexikon versteckt. Hör mal – das ist auch nicht so wichtig. Der Witz ist, daß mein Unbewußtes meiner Mutter ein nettes Gesicht und große Titten verpaßt hat, um mich dazu zu bringen, sie toll zu finden.«

»So wahnsinnig angemacht kann dich das ja nicht haben, wenn du deinen ganzen Schwanz hinter einem Taschenlexikon verstecken konntest.«

»Hörst du jetzt endlich mal auf mit meinem Scheiß-Traum! Ich wünschte, ich hätte es dir nicht erzählt. Worauf ich eigentlich hinauswollte, ist folgendes. Ich hab alles, was es dazu gibt, gelesen – ich denke, ich werd irgendwann mal Psychologe werden. Wir wollen alle mit unseren Müttern schlafen. Das ist eine Tatsache. Das ist bewiesen. Aber wir haben so sehr Angst davor, mit unseren Müttern schlafen zu wollen, daß wir uns vormachen, sie nicht sexy zu finden. Nur, das geht alles schief – in unseren Träumen, wenn unser Unterbewußtsein uns erzählt, was wir wirklich tun wollen, und sie uns bis zur Besinnungslosigkeit auf dem Küchenboden durchrammeln läßt.«

»Aha. Verstehe. Wenn ich's mir recht überlege – jetzt, wo du es sagst, hatte ich vor ein paar Wochen auch so einen verrückten Traum.« Barrys Laune begann sich zu bessern.

»Worüber?«

»In dem Traum bin ich ein kleines Kind, und ich bin in meinem Zimmer, und meine Mutter kommt rein und fängt an, mir französische Verben beizubringen. Dann sag ich ihr, daß ich aufs Klo muß, und sie trägt mich ins Badezimmer und hält mich in die Luft, damit ich groß genug bin, um in die Schüssel machen zu können, aber irgendwie kriege ich das mit dem Pinkeln nicht richtig hin. Alles, was rauskommt, sind diese weißen Klümpchen. Ich hab keine Ahnung, was das ist, und krieg es mit der Angst zu tun, aber meine Mutter ist lieb zu mir und hält mich weiter drüber und sagt immer wieder nur, daß das nichts macht und daß ich's noch mal probieren soll. Aber rauskommen tun immer nur diese weißen Klümpchen.«

»Jesus!«

»Ich hab darüber damals nicht groß nachgedacht, aber jetzt ...«

»Du hast darüber damals nicht groß nachgedacht! Bist du bescheuert oder was?«

»Nein – du weißt doch, wie das ist. Du ... na ja, du wachst auf, denkst für ein paar Sekunden, daß du pervers bist, und danach vergißt du die Sache ganz schnell wieder.«

»Fuck!«

»Was meinst du? Schon 'n bißchen abgefahren, oder?«
»Weißt du, wie sehr mich das überrascht?«
»Wie überrascht?«
»Ungefähr soviel.« Ich deutete es mit Finger und Daumen an.
»Einen Zentimeter?«
»Sei fair.« Ich zeigte es ihm noch mal.
»Zwei Zentimeter.«
»Ja – zwei Zentimeter überrascht, das heißt nicht besonders.«
»Du meinst, ich wäre ohne sie besser dran?«
»Ja, klar – natürlich. Du bist jung – du solltest dich austoben. Und nicht mit einer abgedrehten Ehefrau/Mutter-Figur zu Hause rumhocken und ein psychologisches Mutterfick-Trauma ansammeln, das für 'n ganzes Leben reicht. Junge, Junge, 'ne Zeit lang warst du da aber ganz schön psycho-mäßig.«
»Vielleicht hast du recht. Trotzdem, ich hab sie geliebt.«
»Wen? Margaret oder deine Mutter?«
»Margaret, du Depp.«
»Wollte ja nur mal sehen.«
»Kennst du den Brief, den sie mir geschrieben hat?«
»Ja klar – sie hat mich in Amsterdam angerufen und gefragt, ob ich ihr bei den Kommas helfen kann.«
»Echt?«
»Natürlich nicht, du Schwanz. Das nennt man Sarkasmus. S – A ...«
»Schon gut, schon gut. Beruhig dich. Hier, lies das mal.«
Er gab mir den Brief:

Lieber Barry,
das ist der schwerste Brief, den ich jemals schreiben mußte. Glaub nicht, daß ich Dich nicht liebe. Du darfst nie glauben, daß ich nicht mit ganzem Herzen bei Dir bin. Ich liebe Dich genauso sehr wie meine eigenen Kinder. [Jetzt geht's los] Aber ich muß Dich verlassen – ich muß uns vor uns selbst retten. [Kotz] Was wir haben, ist einzigartig und unwiederholbar, und wir werden es immer in unseren Herzen tragen. [Noch einen Eimer, bitte] Aber wir können so nicht weitermachen. Ich bin keine junge Frau mehr. Auch wenn zwischen uns ein feuriger Funken überspringt, so gibt es doch jene anderen, dauerhafteren Bindungen, die ich mit meiner Familie habe. Bindungen, die nicht so ohne weiteres zerbrochen werden können.
Dich zu lieben war das Beste, was mir je in meinem Leben passiert ist, aber das ist auch schon alles, was es war – etwas, das mir passiert ist [Hallo? Auf welchem Planeten sind wir hier eigentlich?]. Es gibt andere, beständigere Dinge, die ich mir aufgebaut habe, mit meinen eigenen zwei Händen, und mit den Händen meiner Familie. Diese Dinge können nicht von einem kurzen Donnerschlag der Leidenschaft zerstört werden, wie groß er momentan auch erscheinen mag. [Wo sie recht hat, hat sie recht.]
Vielleicht hasse ich meinen Mann, aber ich liebe ihn auch, genauso wie ich Dich liebe, aber auch hasse. [Eine feinsinnige Unterscheidung] Und meine Kinder sind etwas sehr Besonderes für mich – ich kann sie nicht einfach wie ein Stück zerknülltes Papier beiseite werfen. [Das stimmt] Manche Menschen sind Frauen der Leidenschaft, tapfere Frauen, verantwortungslose Frauen; andere sind Frauen der Pflicht,

Frauen mit Aufgaben und Verpflichtungen, die für andere sorgen, und ich bin eine von ihnen. Du hast mir eine neue Seite meines Charakters gezeigt – eine, die lachen und schreien und spontan sein und Orgasmen haben kann. Doch als ich ein bißchen Zeit für mich selbst hatte, um über alles nachzudenken, ist mir klargeworden: Das bin nicht ich – das ist ein anderes Ich. Ein Ich, das lügt und so tut, als sei es jemand, das es nicht ist – jedenfalls nicht in seinem tiefsten Herzen.
Wenn ich nur eine Frau der Leidenschaft sein könnte … aber ich bin es nicht. Ich bin eine Frau der Pflicht. Ich bin Dir dankbar für das, was Du mich gelehrt hast, und ich wünschte, ich wäre eine aufnahmefähigere Schülerin Deiner Lektionen der Liebe gewesen.
Ich habe bei der Schule gebeten und gebettelt und erklärt, daß alles meine Schuld sei, und sie haben sich einverstanden erklärt, Dich als Schüler in die letzte Klasse wieder aufzunehmen. Ich selbst werde schauen, daß ich anderswo eine Anstellung bekomme.
Du wirst in meinem Herzen immer bei mir sein.
In der Liebe wie im Tod für immer Deine
Margaret

Ich gab Barry den Brief zurück.
»Ist das nicht das Traurigste, was du je gelesen hast?« fragte er.
»Ja – äh … Es ist sehr … äh …«
»Bewegend?«
»Bewegend. Ja.«

Kapitel dreißig

Das Außergewöhnlichste an meinem Besuch bei Barry war weder, daß er nur weniger als zehn Minuten brauchte, um über seine Liebesaffäre mit Margaret Mumford wegzukommen, noch die Neuigkeit, daß seine Geliebte eine sentimentale Analphabetin war. Das *wirklich* erstaunliche Ereignis des Tages war die Entdeckung, daß Barry eine Schwester hatte. Eine ältere Schwester. Kann man sich irgend etwas Exotischeres vorstellen? Ich hatte mir nie darüber Gedanken gemacht – ich war gar nicht auf die Idee gekommen – es schien einfach nicht möglich, daß es so jemanden geben könnte. Er hatte sie nie erwähnt, und ich hatte nie anzunehmen gewagt, daß es solch ein fantastisches, wunderbares, *verfügbares* weibliches Wesen geben könnte.

Ich weiß, was ihr jetzt denkt. Ihr wollt wissen, warum jemand, der sich allem Anschein nach mitten in einer größeren quasi-homosexuellen ich-steh-auf-meinen-besten-Freund-Identitätskrise befindet, sich bei dem Gedanken an eine Schwester so ins Hemd macht.

Na gut – dann will ich das mal geraderücken. Das hier ist nicht die Geschichte eines Mannes, der sich gegen alle Widerstände in einer homophoben Umgebung mit seiner Sexualität versöhnt. Und wenn ihr auf einen ekligen PC-

Schluß hofft, so nach dem Motto *out and proud*, dann könnt ihr das hiermit ein für allemal vergessen. Tut mir leid, daß ich euch den Spaß an euren schmutzigen Spekulationen verdorben habe, aber es ist an der Zeit, eines klarzustellen – weder bin ich ein erfolgreicher Homosexueller, noch werde ich je einer sein.

Also, wozu das ganze Theater? Warum soll diese Geschichte bitte von irgendeinem Interesse sein? Wen juckt es schon, was irgend so ein Mittelklassen-Privatschul-Klugschwengel treibt, der nicht mal die Phantasie aufbringt, ein kleines bißchen andersrum zu sein? Wen juckt es, was *du* für einer bist?

Also, ich … ich … ich meine, ich dachte, ich sei schwul. Eine Zeitlang zumindest. Wirklich. Hand aufs Herz. Großes Indianer-Ehrenwort.

Ich … äh … bin Jude. Das ist doch was Ungewöhnliches. Und meine Zehen – die sind ein bißchen anders krumm und viel länger als normal.

Also was soll das – Schluß mit dem Quatsch. Ich werde nicht mehr den schüchternen Heranwachsenden spielen. Worauf ich hinauswill, ist folgendes:

Nimm jeden x-beliebigen Jungen, der von allem, was er je gesehen hat, so konditioniert worden ist, daß er nie die Möglichkeit in Betracht gezogen hat, daß er etwas anderes als heterosexuell sein könnte. Er hat aus der Werbung und aus Filmen, Seifenopern, Büchern und Illustrierten gelernt, daß man, wenn man eine Frau anschaut, seine Aufmerksamkeit auf ihre Brüste und ihren Hintern lenkt. Und am Abend, wenn man onaniert, vergegenwärtigt man sich die diversen Brüste und Hintern, die man tagsüber gesehen hat – mit erotischen Konsequenzen. Dieser Typ hat sein ganzes post-pubertäres Leben lang brav diese Regeln befolgt und befunden, daß sie zu seiner Zufriedenheit funktionieren. Auch wenn er den Ablauf des Geschlechtsverkehrs technisch nie richtig nachvollzogen hat, haben sich die ihm zur Verfügung stehenden Bilder als für seine Wichsphantasien vollkommen hinreichend erwiesen. Weshalb er die Möglichkeit, daß er in irgendeiner Weise ungewöhnlich sein könnte (außer natürlich, daß er Jude ist und anders krumme Zehen hat), nie in Betracht gezogen hat.

Dann taucht plötzlich eines Tages ein Junge auf, der bei unserem jungen Freund jedesmal für eine Latte sorgt, wenn er an ihn denkt.

Was passiert dann?

Eben.

Wenn das nicht interessant ist.

Oder?

Als ich hörte, daß Barry eine Schwester hat, freute ich mich mehr als eine Zeitung im Zeitungsständer. Gut, ich starrte Barry immer noch ein bißchen zu sehr an, und meine Bewunderung für seinen Körperbau war vielleicht ein bißchen überenthusiastisch, aber ich wollte nichts in dieser Richtung unternehmen. Nicht *wirklich*. Nur so ein bißchen. Aber kein wirkliches bißchen, nur ein Phantasie-bißchen. Ich war jetzt an seiner Schwester interessiert.

Also. Ich gehe bei Barry zu Hause die Treppen hinunter,

bebend bei dem Gedanken, daß ich im Begriff stehe, einen Barry mit Brüsten und ohne Penis kennenzulernen.

Sie heißt Louise.

Erster Eindruck: bißchen schlicht.

Zweiter Eindruck: eigentlich doch recht scharf – sieht Barry sehr ähnlich.

»Du bist also Mark«, sagt sie. »Siehst gar nicht so übel aus. Barry sagt immer, du würdest Kulis klauen, in der Nase bohren und nach Mandeln riechen.«

Das fängt ja gut an.

»*Er* riecht nach Mandeln«, sage ich.

Das ist eine sehr merkwürdige Antwort. Ich habe noch nicht mal Hallo gesagt. Irgendwie kommt es mir nicht sehr vielversprechend vor, unsere Beziehung mit den Worten »*Er* riecht nach Mandeln« einzuleiten. Ich frage mich, wie viele erfolgreiche Ehen aufgrund dieses Spruchs wohl geschlossen worden sind.

»Er hat recht«, sagt Barry. »Ich bin derjenige, der nach Mandeln riecht. Mark ist der mit den Spargelhosen.«

Ich kann mich gerade noch davon abhalten, zu sagen: »Meine Hosen riechen überhaupt nicht nach Spargel« – aus der Erkenntnis heraus, daß dies fast todsicher das Ende jeglicher Chancen bei Louise bedeuten würde. Mein Einstieg war so schon schlecht genug.

Nachdem mir nichts Besseres einfällt, als den Namen eines anderen Gemüses zu nennen, das geeigneter ist, den Geruch meiner Leistengegend zu beschreiben, beschließe ich unter Verwendung einer Ausrede meinen Abgang zu machen. Das ist ein weiser Entschluß. Nun, da ich fortan in Louise und nicht in Barry verliebt sein will, muß ich mir

mein Zusammensein mit ihr für Augenblicke aufheben, in denen ich etwas gefaßter bin.
Auf dem Nachhauseweg komme ich zu dem Ergebnis, daß Louise genau richtig für mich ist: nicht zu sexy, nicht zu häßlich. Ich denke mal, bei ihr könnte ich Chancen haben. Sie hat ähnliche Haare wie Barry, nur ein bißchen dunkler – eher mausfarben als blond. Ihre Gesichtszüge sind im Prinzip die gleichen wie die von Barry, nur daß sie, na ja, es sieht ein bißchen so aus, als wären sie nach unten gerutscht. Ihre Augen sind allerdings identisch – das sind sie wirklich. Das ist das Unglaubliche. Außerdem ist sie ein bißchen ... dick ist nicht das richtige Wort – pummelig, würde ich eher sagen. Halt irgendwie ganz knuddelig.
Mir kommt der Gedanke, daß ich sie vielleicht gar nicht attraktiv fände, wenn ich Barry nicht kennen würde und wenn ich nicht wüßte, wie sie auszusehen versucht. Aber wie die Sache steht, habe ich befunden: Sie ist die Richtige für mich.

DRITTER TEIL

FERTIG MIT DER SCHULE

Kapitel einunddreißig

Der erste Schultag nach den Sommerferien.
Es machte Spaß, von so vielen Leuten umgeben zu sein, die alle so taten, als ob es ihnen keinen Spaß machte, vor so vielen Leuten so zu tun, als ob sie keinen Spaß hatten.
Wie sehr die Leute auch stöhnten, so war doch offenkundig, daß sie sich in den Ferien gelangweilt hatten und heimlich froh waren, daß sie wieder unter der Knute eines strengen, freudlosen Regimes standen. Die Freude am gemeinsamen Stöhnen, gepaart mit dem exquisiten Kitzel, kleinen, verängstigten Buben mit Bügelfalten auf den Ärmeln ihrer Blazer falsche Wegbeschreibungen zu geben, sorgte immer für einen der vergnüglichsten Tage im Schulkalender.
Ich war ein bißchen erbittert darüber, daß ich *immer* noch nicht das Wort »College« verwenden konnte, um den Ort meiner Ausbildung zu beschreiben – ein Privileg, das mir überfällig zu sein schien. Aber davon einmal abgesehen war ich froh, wieder zurück zu sein.
Beinahe das erste, was ich sah, als ich die Auffahrt von der Bushaltestelle hinunterlief, war Mr. Davies, der Chef der Abteilung Gestaltung und Technologie (d.h. Metallbearbeitung), der vor einem gesprungenen Fenster stand, ei-

nen Tennisball in der Hand hielt und mit wutrotem Gesicht einer Gruppe verpickelter Dreizehnjähriger seine Lieblings-Standpauke hielt: Wer-glaubt-ihr-eigentlich-daß-ihr-seid-so-was-tut-man-nicht-und-ihr-wollt-die-*Crème-de-la-crème*-sein. Im Nu waren mir sämtliche schulischen Identitätskrisen auf deprimierende Weise wieder gegenwärtig.

Zwei von den Jungen waren Asiaten, der dritte ein Weißer. Von meinem Standort aus war klar zu erkennen, daß sich der Wer-glaubt-ihr-eigentlich-daß-ihr-seid-Teil an die Asiaten richtete, während der *Crème-de-la-crème*-Quatsch für den weißen Jungen bestimmt war. Als Mr. Davies dazu überging, sich ihre Namen zu notieren, um ihnen einen Arrest zu verpassen, verkomplizierte sich die Lage zusätzlich.

»Phatwas?«

»Pathmanathan. Hari Pathmanathan.«

»Hari Pathmanathan. Hari ist die Kurzform von Hariharan.«

»Buchstabieren.«

»P-A-T-H-M-A-N-A-T-H-A-N.«

»P-A was?«

»P-A-T-H-M-A-N-A-T-H-A-N.«

»M-A-N was?«

»H-A-R-I-H-A-R-A-N P-A-T-H-M-A-N-A-T-H-A-N.«

»Na warte, das gibt Ärger. Ich werde deinen richtigen Namen schon von deinem Klassenlehrer rauskriegen. In welche Klasse gehst du?«

»2-19, Sir. Das *ist* mein richtiger Name, Sir. Sie können das gern nachprüfen.«

»Halt einfach die Klappe, Pathmin … Halt die Klappe, Burschi.«
»Und du? Wie heißt du?«
»Shah. Angus Shah.«
»SO, JETZT REICHT'S! Ich bin nicht in der Stimmung, mir noch mehr von euren Witzen anzuhören. Ihr kriegt beide zweimal Arrest. alle drei, meine ich. Jeder zweimal Arrest. Und du – Shah – gehst auch in die 2-19?«
»Ja, Sir.«
»Und wenn dein Vorname nicht Angus ist, dann hast du dreimal Arrest. Ist das klar? Jetzt zu dir. Name und Klasse, aber dalli.«
»Ben Herschfeld, 2-19.«
Mr. Davies versuchte es aufzuschreiben, hatte aber offenkundig Schwierigkeiten damit.
»Mit ›E‹, Sir.« Ganz ruhig. »Außerdem kommt zwischen dem ›S‹ und dem ›H‹ ein ›C‹, und am Schluß statt dem ›T‹ ein ›D‹.«
»Halt deinen Mund, Hurstfield, oder du kriegst noch mehr Ärger.«
»Herschfeld, Sir.«
»So. Ich bring euch jetzt zu eurem Klassenlehrer. Ihr kriegt alle einen … äh … Riesen-Ärger.«

Der arme Mr. Davies. Er mußte den ganzen Tag nach der Rückkehr aus seinem creme-farbenen, reet-gedeckten, brötchen-belegten, pfarrer-verseuchten Sommer als sehr deprimierend empfinden. Ich streifte, so nah ich konnte, an ihm vorbei und reckte ihm meine riesige Hakennase ins Gesicht.

Die große Neuigkeit an diesem ersten Schultag war, daß Brian Coote, der fetteste, unbeliebteste Junge an der ganzen Schule, jetzt lila Haare hatte.
Die dem zugrundeliegende Geschichte war, daß er eines schönen Ferientages beschlossen hatte, daß sein Mangel an Liebesleben nicht etwa seiner Unbeliebtheit, Häßlichkeit oder Fettleibigkeit, sondern seiner Haarfarbe zugeschrieben werden müsse. Mit der Hilfe eines Freundes, der sich auskannte, entschied er sich für eine schwarze, dauerhafte Farbe und ließ sie auf sein Haar einwirken. Nachdem er seine Haare getrocknet und gebürstet hatte und sehr zufrieden mit dem tiefen Schwarzton war, rief er seinen Freund an und fragte ihn, ob er das Mittel jedesmal benutzen mußte, wenn er sich die Haare wusch.
»Ja«, erwiderte der Freund, der ohne zu überlegen die Gelegenheit ergriff, Brian für mehrere Monate auf peinliche und unwiderrufliche Weise lächerlich zu machen. Schließlich hat man nicht jeden Tag die Möglichkeit, seine Freunde für einen längeren Zeitraum der täglichen Demütigung durch Tausende von Heranwachsenden auszusetzen – und es wäre ein Jammer gewesen, sie ungenutzt verstreichen zu lassen.
Einen Waschgang später war aus fett, häßlich und unbeliebt fett, häßlich und unbeliebt mit dunkellilafarbenen Haaren geworden, was zur allgemeinen Heiterkeit beitrug.
Auf Wochen hinaus stellten sich Brian auf den Fluren Leute in den Weg, betatschten seine Haare und lachten ihm ins Gesicht.
Ich kann mir vorstellen, daß das Trimester für Brian kein

Spaß war. Jeder wußte, daß seine Mutter erst vor wenigen Monaten gestorben war, aber weil ihn vorher schon niemand leiden konnte, schien der Tod seiner Mutter kein ausreichender Grund zu sein, irgend etwas zu ändern. Abgesehen davon hatten wir, glaube ich, alle das Gefühl, daß es peinlich gewesen wäre, nun auf einmal nett zu ihm zu sein, weil es allzu offensichtlich gewesen wäre, warum wir das taten, und ihn somit erst recht an den Tod seiner Mutter erinnern würden. Es war viel besser, einfach so tun, als ob nichts wäre, dann würde es für alle viel einfacher sein zu vergessen, was passiert war.

Besonders beeindruckt war ich von dem Freund, der ihn hereingelegt hatte, denn es konnte unmöglich von Anfang an seine Absicht gewesen sein. Als er den Anruf erhielt, konnte er ja schlecht wissen, daß er diese Frage gestellt bekommen würde. Er hatte sicher nur ein oder zwei Sekunden Zeit gehabt, sich den Witz auszudenken, die Folgen abzuschätzen, zu befinden, daß der Witz wichtiger war als die Freundschaft – und »ja« zu sagen. Wirklich ein bewundernswerter Opportunismus.
Diese unternehmungslustige Vorgehensweise in puncto Grausamkeit war an unserer Schule besonders beliebt. Man hielt stets Ausschau nach Möglichkeiten, seinen Pfunden auf ungewöhnliche oder amüsante, auf jeden Fall aber erfinderische Weise das Leben schwer zu machen. Obwohl: Eigentlich mußte man dabei gar nicht so besonders erfinderisch oder gar ungewöhnlich vorgehen, denn die Tatsache, daß man jemanden unglücklich machte, war an und für sich schon lustig.

Ein beliebter Dauerbrenner war der Trick mit dem Kombinationsschloß. Infolge einer Verordnung des Direktors über seitenverstärkte Schultaschen zum besseren Schutz der Lehrbücher gab es eine Phase, in der die reichsten, jüngsten oder ängstlichsten Jungen, die perfekten Opfer, sich sämtlich Aktenköfferchen kauften, von denen viele Kombinationsschlösser hatten. In ihrer Begeisterung vergaßen etliche reiche, junge und ängstliche Buben, ihre Zahlenkombination zu verstellen, wenn sie in die Pause hinausstürmten, so daß sich, wenn man zu den Aufbewahrungsfächern ging, viele Taschen schon beim ersten Versuch öffneten und man einfach nur reinlangen, die Kombination ändern, den Koffer wieder zuklappen und wieder gehen mußte. Obwohl man sein Opfer nur selten persönlich zu Gesicht bekam, sah man doch oft rotäugige Knaben sich mit verschlossenen Koffern abmühen – ein Anblick, der einem stets das Herz erwärmte.
Dieser Auf-gut-Glück-Ansatz der Grausamkeit sagte mir allerdings nie besonders zu. Ich bevorzugte immer die persönliche Note und unterhielt eine hervorragende Beziehung zu einem fetten, unförmigen, pompösen Heini namens Philip Thackeray.
Philip Thackeray trug stets protzige Uhren und teure Klamotten, die an seinem mißgebildeten Körper absolut lächerlich aussahen. Augenscheinlich stammte er aus einer ehrgeizigen, attraktiven, penetranten Familie, in die er auf unerklärliche Weise als Troll hineingeboren wurde. Das machte ihn zu einem führenden Teilnehmer im schulischen Wettbewerb der Körper-Paranoia und einem idealen Kandidaten für psychologische Folter.

Er hatte jene Sorte dünnes, widerspenstiges Haar, die sich zu keinem Scheitel bändigen läßt und deshalb nach vorn gebürstet werden muß. Philip Thackerays nach vorn gebürstete Frisur war ständig von einer besonders hartnäckigen Tolle bedroht, die er jeden Morgen mit Wasser anklatschte. Das einzige, was ich also tun mußte, wenn ich ihn in der Schule traf, war, seine Tolle einmal hochzuschnippen, und das war's dann – seitlich stand ein Büschel Haare nach oben, das ihn für den Rest des Tages wie einen struppigen Tim aussehen ließ.

Jeden Morgen freute ich mich auf diesen Moment. »Hallo, Philip« – Haar hochschnippen – Philip rastet aus und versucht, mich umzubringen.

Das Vergnügen, jemanden mit einem bloßen Schnippen des Handgelenks bis an den Rand des Deliriums treiben zu können, war ein seltenes und herrliches. Mit Beginn der letzten Klasse fing ich aber langsam an, aus derlei Sachen rauszuwachsen. Zumal es auch, seit Philip das Haargel für sich entdeckt hatte, nicht mehr funktionierte.

Kapitel zweiunddreißig

Während der Mittagspause des ersten Schultages machte ich mit Barry einen Spaziergang zum Pike's Water, einem kleinen See, der ungefähr zwanzig Gehminuten von den Spielfeldern hinter der Schule entfernt lag. Um dorthin zu gelangen, mußte man durch einen Wald. Es war ein wunderschöner, abgeschiedener Ort – zwar streng verboten, aber jetzt, wo wir in der letzten Klasse waren, spielte das ja keine Rolle mehr. Wir setzten uns auf einen Baumstumpf, und Barry sagte, daß er wichtige Neuigkeiten für mich habe.

Nach längerem Schweigen eröffnete er mir, daß sein Vater in der letzten Woche der Sommerferien an einem Herzinfarkt gestorben sei.

Ich konnte es nicht glauben. Noch einen Monat zuvor hatte … hatte ich seinen Wagen vor dem Haus parken sehen. Ich stöberte in meinem Gedächtnis, konnte mich aber nicht erinnern, ihn – abgesehen von dem Elternabend – je gesehen zu haben. Ich konnte mich nicht einmal richtig erinnern, wie er aussah.

Die Art und Weise, wie Barry mir das mitteilte, war bemerkenswert. Er schien völlig gefaßt.

»Macht dir das denn gar nichts aus?« fragte ich.

»Doch«, erwiderte er.

Und das war's dann. Mir fiel nichts ein, was ich sonst noch hätte sagen können. Und da auch Barry nichts mehr sagen zu wollen schien, saßen wir über eine Minute lang schweigend da. Da er ja nicht weinte oder so was, konnte ich ihn auch schlecht umarmen. Ich hatte keine Ahnung, was ich machen sollte. Das war so ziemlich das unangenehmste Gespräch meines Lebens. Nach einer Weile hielt ich es nicht mehr aus und wechselte das Thema, was ihn aufzumuntern schien.

Nach unserem Urlaub – und nun auch noch nach dieser Neuigkeit – hatte ich das Gefühl, als sei ich durch ein geheimes Band mit Barry verbunden. Ich kannte ihn jetzt besser als jeden anderen Menschen außerhalb meiner Familie. Um genau zu sein, war er abgesehen von meinem Bruder eigentlich der einzige Mensch auf der Welt, den ich wirklich verstand.

Während des ersten Trimesters der letzten Klasse verbrachten wir fast unsere gesamte Zeit miteinander. Wir gingen in der Gegend rund um die Schule spazieren, lümmelten im Oberstufenzimmer herum und – das Tollste – unterhielten uns über andere Themen als Sex. Ich erzählte ihm noch, daß ich seine Schwester gern näher kennenlernen würde, und er erzählte mir, daß er erst einmal eine Beziehungspause einlegen wolle, und das war's dann auch – wir redeten über andere Dinge. Nur einmal kam das Thema noch auf, als er irgend etwas von wegen Zweifeln hinsichtlich seiner Sexualität sagte, was ich zum Schießen fand. Bei der Vorstellung, daß ausgerechnet Barry sich Sorgen machte, bepißte ich mich fast vor Lachen. Der

Arme – manchmal war er wirklich ein bißchen schwer von Begriff.

Meine Beziehungen zu meinen anderen Schulfreunden waren so wie immer – ganz lustig, aber immer noch auf dieser Ich-würde-dein-Leben-ruinieren-wenn-ich-wüßte-daß-die-Leute-das-lustig-fänden-Basis. Bei Barry hatte ich jedoch das Gefühl, daß unsere Beziehung an einen Punkt gelangte, der ungewöhnlich war. Ich hasse das Wort Intimität – das klingt so kindisch –, aber es gibt kein besseres. Wir mußten nicht zusammen weinen oder in die Sauna gehen oder Kindheitserinnerungen hervorkramen, wir waren einfach – einfach entspannt … richtig – es fühlte sich einfach richtig an. Und die sexuelle Anspannung war geringer als zuvor.

Mir fiel auf, daß wir ein wenig enger als gewöhnlich nebeneinander herliefen, wenn niemand hinsah – so daß sich unsere Schultern auf eine Art und Weise berührten, die nicht normal war. Wir sprachen nie darüber, und ich wurde erst, als es schon eine Weile so gegangen war, darauf aufmerksam. Ich hätte nicht sagen können, ob er es war oder ich, aber einem von uns beiden muß es bewußt gewesen sein, denn wenn wir wieder an öffentliche Plätze kamen, hörten wir damit auf.

Es ist schwer, diese Sachen auszudrücken, ohne daß es idiotisch klingt, aber mit Barry fühlte ich mich entspannter als je zuvor mit jemand anderem, ungezwungener und … (ganzheitlich ist ein Scheiß-Wort, aber ihr wißt, was ich meine).

Es war seltsam – ich wußte nicht mehr so recht, woran wir miteinander waren. Es schien nun offensichtlich zu sein,

daß Barry und ich nie was – na ja – *machen* würden. Aber mir war nicht klar gewesen, daß Barry wußte, daß ich das *vorher* gewollt hatte – und nun wurde deutlich, daß Barry begriff, daß ich es plötzlich *nicht mehr* wollte – versteht ihr? Habe ich mich klar ausgedrückt?
Die wirklich merkwürdige Sache war, daß Barry jetzt, wo ich fest entschlossen war, hundertprozent hetero zu sein, auf einmal anfing, mir seine körperliche Zuneigung auszudrücken. Aber nicht auf eine Weise, die besagte »Ich will dich zurück«, sondern einfach auf eine nette Art.
Egal, das ist sowieso alles Müll, und ich hätte gar nicht erst davon anfangen sollen, aber der Punkt ist – sobald ich beim Gedanken an Barry keinen Ständer mehr bekam, fingen wir an, uns sozusagen – ineinander zu verlieben. Und damit meine ich nicht, daß er mir wieder Ständer verursachte oder gar den Eindruck vermittelte, mir Ständer verursachen zu wollen. Weshalb es mir auch nicht gelang herauszufinden, wie oder warum oder in welcher Weise wir ineinander verliebt waren. Das Eigenartige war – es war körperlich, aber nicht sexuell. Was wirklich seltsam ist. Denn wenn es körperlich war, dann war es offensichtlich auch ein *bißchen* sexuell, aber scheinbar eben nicht sexuell im sexuellen Sinne, sondern im freundschaftlichen Sinne.
Wie auch immer – wir redeten nicht darüber, also spielt dieser ganze Scheiß eigentlich auch keine Rolle.
Verfickt noch mal. Jetzt klinge ich schon wie Mrs. Mumford.
Meine Fresse.

Kapitel dreiunddreißig

Mr. Burn (ein charmanter, witziger, freundlicher Kerl, dessen Körper unglückseligerweise ein wenig Ähnlichkeit mit dem eines Affen aufwies) verließ infolge eines Nervenzusammenbruchs schon eine Woche nach Trimesterbeginn das Lehrer-Kollegium, was dazu führte, daß mein A-Level-Kurs aufgeteilt wurde und von zwei Lehrern übernommen wurde, die angeblich noch bei Trost waren.

Im Kollegium hatte es in den letzten Jahren eine alarmierende Flut von Zusammenbrüchen gegeben. Na ja – nicht unbedingt alarmierend, eigentlich eher lustig. Trotzdem, es war ein Jammer, daß es immer den Netten passierte. Die Griesgrämigen, Idioten und Faschisten schienen alle dagegen immun zu sein, ganz egal wie sehr wir sie bearbeiteten.

Die eine Hälfte meines A-Level-Kurses bekam Mr. Dunford, einen fetten alten Langweiler mit Spitznamen Bob (*Boring Old Bastard*). Er war einer von den Lehrern, die das Leben so ernst nahmen, daß man sich um zehn Jahre regredieren fühlte, sobald man sie nur anschaute. Von daher bewegten sich seine niederschmetternd ernsten Unterrichtsstunden immer am Rande des Surrealen, und wir sahen uns allesamt auf geheimnisvolle Weise dem Humor eines Achtjährigen ausgeliefert.

Als Mr. Dunford zum Beispiel eine Passage aus George Eliots *Middlemarch* vorlas, in der eine Nebenfigur namens Herr Kek vorkam, lachte sich die ganze Klasse schlapp, aus dem einfachen Grunde, weil »Kek« in diesem Trimester zufällig der Begriff für »A-a« war. Ich glaube nicht, daß wir auf diesen Zusammenhang gekommen wären, wenn es sich um irgendeinen anderen Lehrer gehandelt hätte, aber als Mr. Dunford seine Ich-bin-im-falschen-Jahrhundert-geboren-im-Grunde-meines-Herzens-bin-ich-ein-bedeutender-Viktorianer-Stimme aufsetzte, um von Fleischermeister Kek zu erzählen, war es irgendwie das Lustigste, was wir seit Wochen gehört hatten.

Ich erzähle euch diese Geschichte nicht etwa, weil ich hoffe, daß ihr es amüsant findet, daß mein Lehrer aus Versehen »Herr A-a« sagte. O nein. Was ich damit sagen will, ist nur, daß es komisch ist, daß *wir* es komisch fanden. Fünfzehn intelligente junge Männer an der Schwelle zum Erwachsensein, die einen 800-Seiten-Roman büffeln, um eine anspruchsvolle Prüfung zu bestehen, und die aufgrund der bloßen Tatsache, daß Mr. Dunford das Leben zu ernst nimmt, allesamt nur noch ein anal-fixiertes Gekicher zuwege bringen. Ein wahrhaft merkwürdiges Phänomen.

Das Problem übermäßigen Amüsements stellte sich bei meinem anderen neuen Englisch-Lehrer in dieser Form nicht. Mr. Lowe hatte weniger Charisma als ein Löffel. Seine Lieblingsfarbe, in die er sich jeden Morgen einhüllte, war schleimgrün. Die Farbe wurde im Laufe des Tages geringfügig heller – aufgrund der Schuppen, die sachte, aber stetig von seinem Kopf rieselten. Er war ziemlich groß, hatte jedoch einen krummen Rücken, durch den er klein wirkte, und er wäre einem wohl dürr erschienen, wenn er nicht Klamotten angehabt hätte, die ihn dick aussehen ließen. Seine offensichtlichste Behinderung war die seiner Augen, von denen das eine beinahe blind und das andere beinahe normal war. Dies sorgte dafür, daß seine Brille stets schief saß und das schwere Glas auf seiner Wange ruhte, während das leichtere Glas irgendwo in der Gegend seiner Augenbrauen schwebte.

Er hatte eine quälend leise Stimme, deren Lautstärke immer zwischen gerade eben hörbar und noch nicht geflüstert, und deren Geschwindigkeit zwischen einschläfernd und begräbnishaft schwankte. Er war einer von den Menschen, die nur Lehrer sein konnten. Wäre er kein Lehrer gewesen, hätte er ein Landstreicher sein müssen.

Seine Unterrichtsstunden vermittelten einem eine Mischung aus Langeweile, Verzweiflung und dem unmittelbaren Bedürfnis, von hoch oben aus dem Fenster zu springen. Es war mit Händen zu greifen, daß sich sogar bei den größten Schnarchtüten das Verlangen einstellte, ihm kräftig eins auf die Backe zu geben und ihm mal richtig Bescheid zu sagen: »WACH AUF! SPRICH LAUTER! ZIEH DICH ORDENTLICH AN! WASCH DICH! GEH MAL ZUM FRISEUR!«

Das einzige, worauf man sich freuen konnte, waren seine berühmten Wutausbrüche. Ich hatte bislang überhaupt erst zwei davon erlebt, und zwar beide, als ich in der zwei-

ten Klasse war. Das erste Mal wurde ich vollkommen davon überrumpelt – gerade eben hatte ich noch in der Ecke gehangen und vor mich hin gedöst, als ich mit einem Mal Alex Denzer mitten im Zimmer auf einem Stuhl stehen sah und Mr. Lowe schreien hörte: »NA BITTE! WIE FÜHLST DU DICH JETZT? IST DAS BESSER? FÜHLST DU DICH WIE NELSON? FÜHLST DU DICH JETZT WIE NELSON? DA OBEN KOMMST DU DIR WICHTIG VOR, NICHT WAHR? UND DIE TAUBEN SCHEIßEN DIR AUF DEN KOPF, NICHT WAHR? FÜHLST DU DICH JETZT WIE NELSON? NA? NELSON ... DENZER ... NA?«
Allenthalben flogen Schuppen durch die Luft.
Dann klingelte es leider.
Am nächsten Tag brachte Mr. Lowe einen selbstgebackenen Kuchen mit in die Schule, den er Denzer als Entschuldigungs-Präsent überreichte.
Die darauf folgenden zwei Monate war er ruhig geblieben, bis sich eines Tages während des Theater-Unterrichts ein Junge in einer Kiste versteckte und Mr. Lowe mit einer Bühnentür nach ihm warf.
Aber eigentlich geht mir das alles völlig am Arsch vorbei.

Um ehrlich zu sein, finde ich solche Leute nicht mehr übermäßig lustig. Genauer gesagt finde ich das Ganze sogar entschieden unlustig. Früher war das mal angenehm surreal, aber jetzt geht es wirklich über einen blöden Witz hinaus, wenn diese durchgeknallten Typen darauf bestehen, mich wie einen Zwölfjährigen zu behandeln, und die Macht haben, mir den ganzen Tag vorzuschreiben, was ich

zu tun und zu lassen habe. Das ist einfach nicht mehr lustig. Genauer gesagt kotzt mich das in Wahrheit ziemlich an.
Ich hab die Nase voll davon, wie ein Kind behandelt zu werden.
Es reicht.
Deshalb beziehe ich hier und jetzt Stellung. Ich weigere mich, euch die Geschichte zu erzählen, wie Mrs. Lowe einmal die Feuerwehr holen mußte, um den Zeh ihres Mannes aus dem Wasserhahn in der Badewanne zu befreien. Dafür bin ich jetzt wirklich zu alt. Ich finde das auch nicht mehr besonders witzig.

Obwohl, wenn ich's mir überlege, ist das schon saukomisch, daß Mr. Lowe behämmert genug ist, mit seinem Zeh im Wasserhahn steckenzubleiben. Aber ich finde es entschieden weniger komisch, als ich es noch vor einem Jahr gefunden hätte. Also.
Zeh im Wasserhahn! So ein Sackgesicht!

Kapitel vierunddreißig

In meiner neuen Rolle als reifer Oberstufler verbrachte ich die meiste Zeit, die ich mit Barry zusammen war, bei ihm zu Hause. Und die meiste Zeit, die ich bei Barry zu Hause war, verbrachte ich auch mit seiner Schwester.

Zum ersten Mal ÜBERHAUPT in meinem Leben schien sich eine Sache mit einer Frau nach Plan zu entwickeln. Das war wunderbar.

Ach Louise – meine liebste Louise.

Sie mochte mich. Sie mochte mich wirklich leiden.

Ich kam gar nicht auf die Idee, mir besonders viele Gedanken darüber zu machen, ob *ich* sie mochte oder nicht. Ich war einfach nur permanent am Rotieren wegen der Tatsache, daß wir soviel Augenkontakt hatten und es sogar zu der einen oder anderen Berührung kam, vor der nicht gleich zurückgeschreckt wurde. Etwas in der Art war mir noch nie passiert. Es ließ mein Herz rasen und pumpte mich mit Adrenalin voll.

An dieser Stelle sollte ich euch wohl mal ein bißchen mehr von ihr erzählen. Nun – sie ist ... ähm ... mmmm ... ja – sehr nett eigentlich. Einfach ... ein netter Mensch. Eigentlich sehr wie Barry.

Mir fällt ehrlich gesagt gar nicht soviel ein, was sich über sie sagen ließe. Ich meine, wenn ich objektiv über sie nachdenke, dann ist sie schon ein bißchen komisch. Und wenn nicht alles so aufregend gewesen wäre, dann hätte ich sie, denke ich, ziemlich nervig gefunden. Ich will damit nicht sagen, daß sie nervig *war* – weit gefehlt, wir hatten immer total viel Spaß zusammen –, ich meine bloß, daß sie nicht gerade einen besonders tollen Sinn für Humor hatte. Und sie neigte dazu, sich über Kleinigkeiten aufzuregen. Aber ich will hier nicht rumjammern, weil ich wirklich auf sie stand und immer dieses Gefühl in der Luft lag, daß bald was passieren würde.

Sie war zwei Jahre älter als Barry und lebte aus irgendeinem unerfindlichen Grund immer noch zu Hause. Sie jobbte gelegentlich hier und da, blieb aber nirgendwo richtig hängen und schien irgendwie nicht voranzukommen. Sie war ein bißchen das, was man einen Loser nennen könnte. Ein nettes Mädchen – echt ein sehr nettes Mädchen –, aber sie hatte halt ein bißchen 'ne Schraube locker.

Das Tolle war, daß sich zwischen uns recht bald eine ziemlich geile Dynamik entwickelte, ohne daß ich mich groß anstrengen mußte. Normalerweise erstarre ich bei dem Gedanken, jemanden anbaggern zu sollen. Aber bei Louise schienen die Dinge irgendwie einfach von allein zu passieren. Ohne mit dieser Berührung am Knie oder jenem verweilenden Blick ringen zu müssen und sich den Kopf über ein-bißchen-länger-als-gewöhnliche-Abschiedsküsse-die-aber-nicht-so-lang-waren-daß-sie-notfalls-nicht-auch-normale-Abschiedsküsse-hätten-sein-können zerbrechen zu müssen, ja ohne überhaupt zu bemerken, daß ich solche unangenehmen Momente verpaßte, fanden wir uns dabei wieder, daß wir uns berührten, Händchen hielten und uns ein-bißchen-länger-als-gewöhnlich zum Abschied küßten.

Daß diese Dinge so leicht fielen, lag vielleicht daran, daß Barry immer dabei war. Wir drei hatten eine prima Zeit zusammen.

Wir sind nirgendwo speziell hingegangen oder haben besonders kreative Sachen gemacht. Wir haben uns auch nicht die ganze Zeit gegenseitig zum Lachen gebracht, und schon gar nicht faszinierende politische Debatten geführt. Ich weiß nicht, *was* daran so gut war – es schien egal zu sein, was wir machten oder ob wir überhaupt etwas machten –, wir hatten einfach Spaß. Keinen Selbsterfahrungs- und Persönlichkeitsveränderungs-Spaß, sondern einfach Spaß an der Freude. Und weil Louise Barrys Schwester war, war es, als ob ich sie von Anfang an gut kannte. Ich mußte mir nie Mühe geben, meine Persönlichkeit zu vermitteln oder irgend so einen Scheiß. Es verlief einfach alles glatt.

Barry begann Situationen einzufädeln, in denen Louise und ich miteinander allein waren. Aus der Art und Weise, in der sie Blicke austauschten, gewann ich sogar den Eindruck, daß ihr das gar nicht so unrecht war. Und einmal – nach einem besonders subtilen »muß flitzen, bin mindestens 'ne Stunde weg« von Barry – küßte sie mich sogar. Auf die Lippen. Kein feuchter Schlabber-Zungenkuß, sondern ein langsamer, trockener, sanfter, nachwirkender Kuß – der sexuellste Augenblick, den ich je erlebt hatte. Ich konnte nicht glauben, daß sie das mit *mir* machte.

Mein erster Gedanke war, daß sie sich über mich lustig machte. Aber das tat sie nicht. Das haute mich fast um. Und nach etwa einer Woche fragte mich Louise, ob ich fände, daß wir miteinander schlafen sollten. Nach einer Woche! Ist das zu fassen? Ich kam mir vor wie im Film. Gerade, daß ich mich noch davon abhalten konnte, Luftsprünge zu machen und eine Ehrenrunde durchs Wohnzimmer zu laufen.
Ich erwiderte, daß ich fände, wir hätten in unserer Beziehung das Stadium erreicht, in dem es angebracht sei, miteinander zu schlafen.
»Laß uns in mein Schlafzimmer gehen.«
Von dem Augenblick an, in dem sie das Wort Schlafzimmer sagte, hatte ich eine konkrete Erektion. Ich hätte sogar beinahe ein neues Kapitel in der Geschichte der vorzeitigen Ejakulation aufgeschlagen, indem ich auf halbem Wege die Treppe hinauf in meine Hosen abspritzte, konnte es aber gerade noch zurückhalten.
Doch als wir uns auszogen, wurde der Beton langsam zu Hartgummi, und bis wir nackt auf dem Bett lagen, bereit zur Penetration, hatte ich einen verschrumpelten Ballon zwischen meinen Beinen. So klein hatte ich ihn noch nie gesehen. Vielleicht einmal, als ich mit fünf während einer Schneeballschlacht zu pinkeln versucht hatte – aber ansonsten war das absoluter Rekord.
»Mach dir nichts draus, beim ersten Mal hat man immer Angst«, sagte sie.
»Woher weißt du, daß es das erste Mal für mich ist?« fragte ich zurück. Ich hatte die Betonung auf das »weißt« legen wollen, was mir einen rätselhaften und geheimnisvollen

Anstrich verliehen hätte, aber versehentlich legte ich sie auf das »woher«, was mich in einen verschämten Schuljungen verwandelte. Der ich im Grunde genommen ja auch war.

»Barry hat's mir erzählt«, sagte sie.

»Oje. Vielen Dank, Barry.«

Mein Penis schrumpfte noch mehr in sich zusammen und unterbot dabei den Rekord, den ich als Fünfjähriger mit Unterkühlung aufgestellt hatte.

»Das ist einer der Gründe, warum ich dich so gern mag«, sagte sie.

Wie bitte? Das war ja wohl nicht zu fassen! Was zum Teufel ging in ihrem Kopf vor?

»Tut mir leid«, sagte ich. »Aber das verstehe ich nicht.«

»Ich mag dich so, wie du bist. Du bist nicht alt und zynisch. Mit dir ist es lustig. Du bist leicht zu durchschauen.«

»Wie bitte? Was soll das heißen, leicht zu durchschauen?«

»Schon gut – reg dich nicht auf. Das war als Kompliment gemeint. Schau mal, ich bin mein ganzes Leben lang mit älteren Männern gegangen. Als ich ... als ich vierzehn war, hat mich ein Einunddreißigjähriger entjungfert. Seitdem sind die Männer etwas jünger geworden, aber sie waren immer, *immer* älter als ich. Und ich habe die Nase voll von langweiligen, weltverdrossenen reichen Männern, die für alles bezahlen und mir sagen, was ich machen soll. Mich langweilt das.«

»Klingt doch ganz okay.«

»Hör zu, ich hatte ein bißchen ... also, der letzte Typ, mit dem ich zusammen war, war ein Scheißkerl, ein *echter*

Scheißkerl, und das Ganze wurde so was von … also, das wurde dann eine von diesen selbstzerstörerischen Beziehungen, wo man sich am Ende gegenseitig bestraft …«

»… kenne ich gut …«

»… und als alles vorbei war, habe ich einfach zugemacht. Das war's dann. Irgendwie ist für mich die Welt stehengeblieben. Ich bin völlig auseinandergefallen. Und als dann gleichzeitig noch mein Vater starb … weißt du … da wurde mir das einfach …«

Verdammte Scheiße! War das etwa das, was sie unter Vorspiel verstand?

»Deshalb war ich den ganzen letzten Monat zu Hause und habe versucht, mein Leben wieder auf die Reihe zu kriegen – mir über alles klar zu werden. Ich hatte es immer so eilig … Ein Jahr lang hab ich meinen Bruder kaum gesehen – ich meine, bau dir das mal ein, meinen eigenen *Bruder*! Ich hab meine Zeit nur mit Arbeiten zugebracht und mit diesen furchtbaren Männern rumgemacht, die mich bloß … Egal, jedenfalls ist das Beste an diesem Monat gewesen, daß ich Barry wieder kennengelernt habe. Das war der Wahnsinn. Ich hatte ganz vergessen, was für ein großartiger Mensch er ist. Er ist so freundlich und liebenswürdig und umgänglich und … ach, Gott …«

Also, wenn das hieß, daß ich gerade mit jemandem im Bett war, der Inzest-Phantasien wegen Barry hatte, dann befanden wir uns *wirklich* auf abschüssigem Gelände.

»Barry hat soviel von dir erzählt und so nette Sachen über dich gesagt! Weißt du, er hält echt große Stücke auf dich. Und alles, was er sagte, hat mich sehr viel Wärme für dich empfinden lassen. Ich wußte einfach, daß jemand, den Barry so gern mag, was ganz Besonderes sein mußte. Es war so, als ob ich mich schon in dich verliebt hätte, bevor wir uns überhaupt kennengelernt haben. Ich wußte einfach, daß du genau das sein würdest, was ich zu diesem Zeitpunkt brauche. Und als du das erste Mal hier warst, und so schüchtern – das war so süß … Ich … weißt du … ich mag dich einfach so, wie du bist.«

»Toll. Ich fühle mich echt geschmeichelt, daß du mich attraktiv findest, weil ich schüchtern und leicht zu durchschauen bin. Vielen Dank.«

»Nein, nein, nein, nein – du verstehst das vollkommen falsch – ich will dich, weil … weil …«

»Ich Barrys Freund bin?«

»Nein – weil …ähm …«

»Ich unerfahren bin und du mich rumschikanieren kannst?«

»Nein – weil … es ist einfach – ich mag dich halt. Wirklich.«

Dann gab sie mir diesen unglaublichen Kuß und ich schmolz dahin und wir liebten uns.

Halleluja!

Yyyyyyeeeeeee haaaaaahhhhhhhhh!

TOOOOOOOOOOOOOOOOOOOOOOOOOOOR!

BRASILIEN – ZZZZZZICO!

Danke, lieber Gott!

Die Leute sagen, daß das erste Mal Sex eine Enttäuschung ist. Das ist ganz kategorisch eine Lüge.
Das erste Mal Sex ist ohne jeden Zweifel super toll geilomat hammermäßig haut dich um perfekt nie dagewesen spitzenklasse. Erst im Rückblick, nachdem die Leute entdeckt haben, wieviel besser es noch werden kann (daß es noch länger als drei Minuten dauern kann, daß auch Pausen erlaubt sind), fangen sie an zu sagen, daß ihre erste sexuelle Erfahrung eine Enttäuschung war.
Sobald ich damit aufgehört hatte, mit Louise Sex zu haben (das heißt, nicht sehr viele Minuten nachdem ich angefangen hatte, mit Louise Sex zu haben), wußte ich, daß ich etwas wahrhaft Phantastisches entdeckt hatte. Und wenn es nie besser geworden wäre oder länger gedauert hätte, hätte ich mich auch nicht beschwert. Weitere Verbesserungen waren nur Dreingaben.
Eine kleine post-koitale Frage hatte ich aber noch.
»Louise ...? Weißt du noch, was du vorhin gesagt hast, von wegen, was du alles durchgemacht hast und wie kompliziert das alles ist und aus was für Gründen du mich magst und warum ich zu jung bin, das alles zu verstehen und überhaupt – ist ja auch egal, jedenfalls wollte ich nur wissen – ob ich ... Ich meine, ist es ... bin ich – bin ich hübsch genug?«
Sie lachte und gab mir einen großen Schmatz. »Ich mag häßliche Männer«, sagte sie.
Verdammt.
Nicht die Antwort, auf die ich gehofft hatte.
Aber diesmal machte es mir nichts aus.

Kapitel fünfunddreißig

So kam es, daß ich in der zweiten Hälfte des ersten Trimesters der letzten Klasse einen Tick großspuriger durch die Gegend lief, meinem Schritt ein gewisses Federn verlieh, das den Leuten bedeuten sollte: Ich bin keine Jungfrau mehr – und von diesen, glaube ich, auch wahrgenommen wurde. Ich bemerkte einfach das gewisse kleine bißchen mehr Respekt bei Fremden.

Obwohl das Durchschnittsalter in meiner Klasse bei achtzehn lag, war die überwiegende Mehrheit von uns noch Jungfrau. Auf jeder normalen Schule hätten wir allesamt schon Kinder gehabt, aber dieser Ort verpaßte uns einen magischen Trank – die Essenz eines bodenlosen Soziallebens –, der über unsere Mahlzeiten geträufelt worden sein mußte und uns davon abhielt, irgend etwas Geistvolles mit unserer freien Zeit anzufangen.

Es war nicht so, als ob dieser Trank einem die Lust auf Sex genommen hätte. Sämtliche Jungs an der Schule waren besessene Onanisten, und es war so gut wie unmöglich, dort einen Tag zu verbringen, ohne in irgendeine Form von Debatte über Mengen (»einen Zahnputzbecher voll, ohne Schweiß«), Häufigkeit (»fünfmal am Tag, Minimum«) oder Potenz (»Flecken auf der Zimmerdecke, sag ich dir, Flecken auf der Zimmerdecke«) mitzuerleben.

Es war ein derart beliebtes Gesprächsthema, daß ich oft dachte, das Gesangsbuch der Schule müßte eigentlich durch *Portnoys Beschwerden* ersetzt werden. Tatsächlich wäre es nur logisch gewesen, wenn der Kaplan, anstatt bei der Morgenversammlung einen Choral anzustimmen, aufgestanden wäre, uns ein paar Seiten aus *Portnoys Beschwerden* vorgelesen hätte und wir uns anschließend unter seiner Führung einen runtergeholt hätten. Wir wären den Tag mit erheblich mehr Konzentrationskraft angegangen.
(»Erhebt euch bitte. Legt das heilige Buch auf eure Sitzplätze. Faltet eure Hände. Über eurem Penis. Und ab geht's. WATSON! BETEST DU ETWA? Hör sofort damit auf, oder ich laß dich vor der gesamten Schule aufstehen und es tun! Wenn du dich wirklich nicht zurückhalten kannst, dann kauf dir doch ein Exemplar von *The Tablet* und geh damit aufs Schulklo.«)

*

Abgesehen von meiner neuen Art zu gehen war die große Neuigkeit des Trimesters, daß einer von den Musiklehrern sich zehn Jahre lang auf einer Privatyacht an Schülern vergangen hatte.
Jeder wußte, daß Mr. Newton schon seit langer Zeit seine Lieblingsschüler mit auf private Segeltörns genommen hatte, aber niemand hatte je gefragt, warum. Noch war irgend jemandem aufgefallen, daß seine Lieblingsschüler sich zwar in puncto Lerneifer allesamt enorm voneinander unterschieden, aus irgendeinem Grund aber immer blonde Haare, blaue Augen, ebenmäßige Gesichtszüge und

vorpubertäre rote Bäckchen hatten. In einer Schule voller Juden und Asiaten waren diese Jungen gar nicht so einfach zu finden. Und wie konnte sich jemand, der bloß Lehrer war, seine eigene Segelyacht leisten? Nun – so schwer ist das auch wieder nicht, wenn man keine Familie zu versorgen hat.

Auch wenn es keiner großen Phantasie bedarf, sich diese Tatsachen zusammenzureimen und zu gewissen Schlußfolgerungen zu gelangen, hatte bisher niemand diesen Zusammenhang hergestellt.

Jedenfalls nicht, bis ein besonders engelsgleicher Viertkläßler mit einem Tonband in der Hand im Büro des Direktors auftauchte.

Er hatte seinen Freunden das Tonband seit Anfang des Jahres vorgespielt. Er gab an, das Band heimlich aufgenommen zu haben, während er mit Mr. Newton ein Hypnose-Spiel spielte. Seine Antworten waren unmöglich auszumachen, aber Mr. Newtons Fragen waren ebenso wie seine Stimme klar und deutlich zu vernehmen. Und ich zitiere:

»Magst du Mädchen? Magst du sexy Videos? Magst du Heftchen? Kannst du schon Samen produzieren? Spielst du gern an dir selbst rum? Wie oft tust du das?«

Der kleine Engel hatte das Band allen seinen Freunden vorgespielt und allen Freundesfreunden und den meisten Freunden dieser Freundesfreunde, bis irgend jemand anregte, es doch auch mal dem Direktor vorzuspielen. Was er dann auch tat.

Mr. Newton verschwand aus dem Kollegium. Sein Abgang wurde nie angekündigt, und sein Name tauchte auch nie in

der Rubrik »Lehrer, die unsere Schule verlassen haben« im Jahresbericht auf. Er wurde aus der Geschichtsschreibung getilgt.
(Es braucht wohl nicht eigens erwähnt zu werden, daß der Junge, der gehofft hatte, sich dadurch Freunde zu machen, indem er allen möglichen Leuten das Band vorspielte, für den Rest seiner Schulzeit erbarmungslos als Homosexueller gequält wurde und vor Erreichen der Oberstufe die Schule verließ.)
Die ganze Affäre war das reinste Vergnügen – wegen solcher Sachen lohnt es sich überhaupt, in die Schule zu gehen.

Nach derartig viel Aufregung erschien der Rest des Trimesters etwas blaß. Das einzige Ereignis, das noch Erwähnung verdient, war, daß Michael Fox (der Junge mit dem viereckigen Kopf) in einem Studienführer entdeckte, daß es an der Universität Aberdeen einen Studiengang Theologie und Brauereiwesen gab.

Kapitel sechsunddreißig

Meine Beziehung zu Louise entwickelte sich in einer seltsamen Weise. Obwohl wir von Freunden zu Liebenden (ich liebe dieses Wort, es klingt so reif) geworden waren, schien sich abgesehen von dem einen oder anderen Fick nichts verändert zu haben. Ich hielt das nicht für normal, aber immer wenn ich versuchte rührselig zu werden oder stundenlange Telefongespräche zu führen, schnitt sie mir das Wort ab, ehe ich noch richtig in Fahrt gekommen war. Ich glaube nicht an den ganzen Scheiß von wegen Konditionierung, aber ich hätte es schon ein bißchen normaler gefunden, wenn *sie* die Überenthusiastische gewesen wäre. Ich hatte einfach das Gefühl, daß es mich in eine seltsame Position versetzte, derjenige zu sein, der sich nach einem langanhaltenden Blick oder einem Lächeln oder einer Berührung verzehrte. Eigentlich hätte *sie* diejenige sein müssen.

Versteht mich nicht falsch – es war alles ganz großartig, wir hatten tollen Sex und wir verstanden uns wirklich gut. Aber ich kam nicht umhin, mir über die Tatsachen Gedanken zu machen, daß sie sich mir immer nur im Bett körperlich näherte. Außerhalb des Schlafzimmers behandelte sie mich wie einen ganz normalen Freund und faßte mich so gut wie nie an. Genaugenommen hatte sie mich vorher, als wir sozusagen noch im Flirtstadium waren, viel öfter angefaßt, während sie jetzt allem Anschein nach weniger nett zu mir war.

Ich meine, ich kam damit klar, und ich war froh, sie zu haben, aber ich hatte einfach das Gefühl, daß es mir einen Nachteil verschaffte. Nicht, daß ich die Sache zu einem Tennis-Match machen wollte – und ich wäre auch ganz bestimmt nicht scharf auf eine Beziehung, bei der ich die ganze Nacht verträumt in die Augen meiner Freundin starren müßte –, ich fand einfach nur, daß sie ein bißchen *arg* cool an die Sache ran ging. Ich strengte jeden Muskel in meinem Körper an, um zu versuchen, so cool wie nur möglich zu sein, aber was ich auch unternahm, sie war immer noch einen Tick cooler als ich. Es war beinahe so, als ob … als ob sie sich einen Scheiß für mich interessierte.

Ich hatte Leute darüber lamentieren hören, daß sie von irgendwelchen Männern »benutzt« worden seien, und mir in solchen Fällen stets gedacht, daß es sich dabei um bekloppte Arschlöcher mit einem Opfer-Komplex handeln müsse. Aber ich konnte mir nicht helfen, irgendwie hatte ich das Gefühl, daß … daß Louise vielleicht … daß sie nicht besonders … na ja, sie machte einfach den Eindruck, als wäre sie nicht ganz bei der Sache. Als wäre die Sache ein bißchen wie ein Witz für sie.

Also, ich beschwer mich gar nicht – es ist mir wirklich egal, und selbst wenn sie mich als Sex-Sklaven engagiert und nie ein Wort mit mir geredet hätte, wäre das immer noch in Ordnung gewesen – ich wollte alles über Sex lernen, und das tat ich auch. Ich konnte mich nicht beschweren. Aber ich war einfach – die meiste Zeit nicht besonders glücklich.

Es war nicht das, was ich unter den gegebenen Umständen erwartet hätte.
Ich fing an, mir Seifenopern anzuschauen, um zu sehen, was man als Typ in einer solchen Situation macht, aber das half mir nicht groß weiter, weil es immer nur den Frauen zu passieren schien und ich keine große Lust hatte, auf dem Sofa der Familie in Tränen auszubrechen und eine Zusammengehörigkeits-Gefühlsduselei-Sitzung mit meiner Mutter abzuhalten, in deren Verlauf ihr, während sie mich tröstet, aus Versehen rausrutscht, daß ich adoptiert worden bin/ein uneheliches Kind war/unter einer unheilbaren Krankheit leide.

Ich muß zugeben, daß die Situation merkwürdig war. Meine körperliche Zuwendung holte ich mir von einem Kerl, der mich, was meine Sexualität anbetraf, seit einem geschlagenen Jahr von einer Krise in die andere stürzte, meinen Sex von seiner Schwester, die mich im angezogenen Zustand nie anfaßte, und unterhielt dabei mittlerweile mit beiden eine offenkundig ganz normale Freundschaft.
Merkwürdig.
Diesbezüglich brauchbare Tips aus Seifenopern: Fehlanzeige. Ich konnte mich des Gefühls nicht erwehren, daß Barry und Louise hinter meinem Rücken über diese Dinge redeten, oder daß sie etwas wußten, was ich nicht wußte. Irgend etwas sagte mir, daß man mich hinters Licht führte. Oder vielleicht war es auch nur mein Häßlichkeits-Wahn, der anfing, das Thema Sexualität von Platz 1 meiner privaten Neurosen-Hitparade zu vertreiben.
Nichts langweilt mich mehr als verkorkste Leute, die ihre

ganze Zeit damit zubringen, sich irgendwelchen Traumata hinzugeben und bei anderen Leuten mit Problemen hausieren zu gehen, die sie sich nur zugelegt haben, um anderen Leuten erzählen zu können, wie unglücklich sie sind. Und ich bin stolz, sagen zu können, daß zu mir noch niemand gekommen ist, um sich auszuheulen. Aber so, wie die Dinge sich entwickelt hatten, fand ich mich in einer eigenartigen Position wieder. Weil ich mich an niemandes Schultern ausweinen wollte oder so. Ich wollte einfach mit jemandem über alles reden – um die Sache in meinem Kopf klar zu kriegen. Wie heftig ich auch allein darüber nachdachte, es war irgendwie nie richtig. Ich mußte das alles irgend jemandem von Anfang an erzählen.

Die einzigen, bei denen ich es hätte versuchen können, waren Barry und Louise, und die schieden aus offensichtlichen Gründen aus. Deshalb wußte ich nicht, was ich machen sollte. Ich spürte, wie es in meinem Kopf gärte und rumorte. Ich empfand es zunehmend als schwer, bei Louise cool zu bleiben, und fing an zu klammern, was ihr offenkundig allmählich auf die Nerven ging.

Also besprach ich die Sache mit Dan, als er über Weihnachten aus Cambridge nach Hause kam. Ich fragte ihn, ob er mal fünf Minuten Zeit habe, und erzählte ihm die ganze Geschichte.

Irgendwie wurden daraus drei Stunden – weiß Gott, was ich da alles gesagt habe –, und am Ende gab er mir gar keinen richtigen Rat, sondern lächelte bloß. Woraufhin ich mich gleich viel besser fühlte. Dann meinte er, daß ich ein ganzes Stück erwachsener geworden sei, worauf ich ihn

schlug und es zu einem Ringkampf zwischen uns kam, den ich verlor, indem sich Dan auf meinen Kopf setzte. Dafür brennesselte ich ihn ordentlich am Arm.
Danach fühlte ich mich wesentlich besser.

Aber darum geht es gar nicht. Meine hormonellen Probleme interessieren hier nicht. Ich habe einfach nur versucht, meinen Zustand im Vorfeld der unglaublichen Party heraufzubeschwören, die Barrys Mama an Heiligabend schmeißen sollte.
Das ganze Geld von der Lebensversicherung war endlich gekommen und Barrys Mutter mit einem Male viel reicher als je zuvor. Barry sagte, daß sie durch eine seltsame Phase der Trauer gegangen sei, während der sie jeden Tag auf dem Grab ihres Ehemannes getanzt habe. Als das Ende des Trimesters näher rückte, war sie gerade dabei, wieder aufzutauchen, und beschloß, fünf Prozent des Geldes für wohltätige Zwecke zu spenden, weitere fünf Prozent in eine riesige Weihnachts-Party zu investieren und vom restlichen Geld zu leben.
Sie sagte, daß es ihr egal sei, ob man ihr das Haus zerlegte, weil sie ohnehin alles neu machen lassen wollte, um »sämtliche Spuren dieses Scheiß-Langweilers zu tilgen, an den ich mein halbes Leben verschwendet habe«. Als Barry mir von der Party erzählte, fragte ich ihn, ob ich meinen Bruder mitbringen könne.
»Bruder! Ich wußte gar nicht, daß du einen Bruder hast«, sagte er.
»Was meinst du damit?«
»Was glaubst du, daß ich damit meine? Seit ich dich ken-

ne, hast du nie davon gesprochen, daß du einen Bruder hast. Das ist nicht zu fassen.«

»Was ist so besonders daran, einen Bruder zu haben? Die meisten Leute haben Brüder.«

»Das nicht – ich kann nur einfach nicht glauben, daß du mir nichts davon erzählt hast.«

»Warum hätte ich dir davon erzählen sollen?«

»Wie bitte?«

»Na ja, er ist an der Uni – er kommt fast nie nach Hause.«

»Er ist trotzdem dein Bruder.«

»Ja, aber wenn ich ihn in den zwei Jahren schon kaum gesehen habe, warum hätte ich dir dann von ihm erzählen sollen?«

»Das hättest du aber. Er ist dein Bruder. Und ich bin dein Freund. Es wäre einfach nett gewesen zu wissen, daß es ihn gibt. Das ist alles.«

»Okay, okay. Sorry.«

»Ja, klar. Sorry. Wie heißt er?«

»Wer?«

»Dein Bruder.«

»Dan.«

»Dan. Auf welche Uni geht er?«

»Cambridge. Er studiert Geschichte. Ist sein letztes Jahr. Einssiebzig groß, weniger Haare als ich, intelligenter, einen Tick weniger häßlich als ich, keinen Geschmack, was Kleidung anbetrifft. Noch Fragen?«

»Danke nein. Aber bring ihn mit auf die Party. Unbedingt.«

»Du wirst ihn nicht mögen«, sagte ich.

Ich wußte es einfach.

Kapitel siebenunddreißig

Die Schulbibliothek für Berufs- und Studienangelegenheiten war ein winziger, unbeaufsichtigter Raum, in den die Oberstufler gingen, um zu rauchen und nach dem Hinweis auf den Studiengang Theologie und Brauereiwesen zu suchen. An diesen angrenzend befand sich ein noch kleinerer Raum, wo man sein Uni-Bewerbungsformular ausgehändigt und Ratschläge erteilt bekam, was man in beruflicher Hinsicht mit seinem Leben anstellen sollte. Diese Beratung war jedoch nur eine Formsache, da sieben Jahre Gehirnwäsche zur Folge hatten, daß wir allesamt genau das Gleiche tun wollten.

Das mit der Abteilung für Berufs- und Studienberatung war im Ganzen eine wunderbare Idee, aber ein Poster an der Wand mit der Aufschrift »GEHT NACH OXBRIDGE ODER VERRECKT« hätte es auch getan – und eine Menge Geld gespart. Bemerkenswerterweise landete letztlich fast ein Drittel aller Schüler tatsächlich in Oxbridge. Die anderen zwei Drittel wurden für statistische Irrläufer gehalten, obwohl sie die Mehrheit bildeten. Sie waren sozusagen die Scheiße, die sich unweigerlich an den Sohlen eines jeden guten Paars Straßenschuhe sammelt. In allen Ausbildungsfragen hatten die Oxbridge-Jungs Vorrang.

Mein persönliches Beratungsgespräch fand mit Mr. Hodges statt, einem Geschichtslehrer, bei dem ich nie zuvor Unterricht gehabt hatte, wenn man mal von einem äußerst kurzen Kurs über »Persönliche Beziehungen« in der vierten Klasse absieht. (Welcher den Versuch der Schule darstellte, eine Art von Sexualkunde-Unterricht anzubieten. Dieser bestand aus einer Dia-Schau, aus der niemand auch nur das Geringste lernte, zum Teil weil wir das alles schon viel anschaulicher und detaillierter auf Video gesehen hatten, aber hauptsächlich deshalb, weil Mr. Hodges ausbüchste, die ganzen Schwanz- und Mösen-Bilder übersprang und erst wieder bei den Diagrammen verweilte, die Feten im zweiten oder dritten Monat zeigten, über die er sich dann die gesamte Stunde lang hektisch ausließ.)

Ich war davon ausgegangen, daß Mr. Hodges' augenzwinkernde, grimassenziehende und gequälte Mimik auf die »Persönlichen Beziehungen« beschränkt war, aber als ich ihm in der sechsten Klasse wieder begegnete, stellte ich überrascht fest, daß sie im beiläufigen Gespräch noch schlimmer war. Tatsächlich besaß er mit die seltsamsten Gesichtsmanierismen, die ich je bei jemandem erlebt hatte, etwa, wenn er mitten im Satz anhielt, um seine Brille auf den Tisch zu legen und sein Gesicht mit beiden Händen in die eigenartigsten Verzerrungen zu massieren, während er darüber nachgrübelte, welches Wort er als nächstes verwenden sollte.

Obwohl er die Körpersprache eines geistig subnormalen Kindes besaß, galt Mr. Hodges als einer der intelligentesten Lehrer an der Schule, und es hieß, er habe gute Kontakte zu etlichen Colleges in Cambridge.

Die »kleinen Plaudereien« mit den Oxbridge-Kandidaten der Schule bildeten den Höhepunkt seines Schuljahres und gaben ihm Gelegenheit, sich lang und breit über die winzigsten Unterschiede zwischen den einzelnen Colleges auszulassen, wobei er sein Gesicht zu immer lächerlicheren Grimassen verzog, während er endlos über die Gärten von Trinity Hall, die Stocherkahnfahrten von Trinity, das Essen in Clare, die Spielfelder von Jesus, die Enten von Emmanuel, den Analverkehr in Peterhouse (Witz) ... redete und sich dabei immer weiter in seinen Sessel zurücklehnte. Seine Augen wurden dann ganz glasig, und ein entrücktes Lächeln spielte um seine Lippen.

Als ich ihn fragte, ob es in Birmingham ein englisches Seminar gebe, richtete er sich ruckartig auf, zwinkerte ungefähr fünfzig Mal, rieb sich an den Ohren und huschte aus dem Zimmer, um die Sache nachzuschlagen.

Je näher die Weihnachtsfeiertage rückten, desto mehr versuchten alle, sich in Position zu bringen und an offiziellen Titeln zu ergattern, was zu ergattern war, damit sie etwas in ihre Anmeldungsformulare schreiben und sich so bei den Universitäten interessant machen konnten. Es kam zwischen einzelnen Jungen zu Streits darüber, wer nun Sekretär der AG Astronomie war (die sich einmal im Jahr traf, um in einem Mathe-Saal aus dem Fenster zu gucken) oder Präsident der Vereinigung zur Förderung des Musikverständnisses (die nie zusammenkam, aber eine Platte aufgelegt und sich darüber unterhalten haben würde, wenn sie sich getroffen hätte) oder Fahrdienst-Koordinator des Wandervereins der Schule (der vor vielen Jahren einmal einen Spaziergang unternommen hatte).

Gern würde ich sagen können, daß mich diese ganze Bewerbungs-Formular-Panik unberührt ließ. Tatsache ist aber, daß ich mich genauso eifrig daran beteiligte wie alle anderen und verzweifelt versuchte, mir Lügenmärchen auszudenken, die mich wie jemand aussehen ließen, der sich für irgend etwas begeisterte. Ich rechnete nicht damit, daß meine tiefe Begeisterung fürs Fernsehgucken und durch-die-Gegend-ziehen mit Barry und Louise einen derartigen Eindruck machen würde, daß es die Leute vom Hocker riß. *(»Brechen Sie die Auswahlgespräche ab! Ich will DEN hier. Er weiß eine Menge über Sitcoms und kennt drei verschiedene Wege zum St. Anne's-Einkaufszentrum, wenn man vom Kentucky Fried Chicken gegenüber dem ehemaligen Granada kommt.«)*

Barry hingegen beschloß, daß er nicht zum Akademiker taugte. Er hielt sich nicht lange mit Bewerbungen an der Uni auf, sondern nahm statt dessen ein Angebot an, sich in London-Mitte zum Gesprächstherapeuten ausbilden zu lassen, mit der Absicht, später in irgendeiner Weise in der Wohlfahrtspflege tätig zu werden. In den Augen der Schule kam das einer Karriere als Leprakranker gleich.

Kapitel achtunddreißig

Während mein Sozialleben immer weiter von der Schule entfernt stattfand, schienen die Rugby-Boys, die seit dem ersten Schuljahr bestimmend gewesen waren und immer noch auf die gleichen alten Partys gingen, nach und nach ins Hintertreffen zu geraten. Der einzige Unterschied war, daß die Mädchen sie inzwischen haßten, so daß sie zu den Junggesellen-Abenden der Fünftkläßler-Vor-Mädchen-Zeit regrediert waren. Sie sahen das freilich nicht als Regression an, weil sie nun ihrerseits die Mädchen haßten und froh waren, zu den guten alten ungehemmten Männer-Runden zurückkehren zu können, in denen sie sich am wohlsten fühlten.

Diese Gruppe hatte sich in der vorletzten Klasse um Leute wie Neil Kothari und Dave Samuels erweitert, aber diese Ränder waren inzwischen weggebrochen. (Dave und Neil schienen die meiste Zeit damit zuzubringen, in den Garagen von Wembley und Chalk Farm irgendwelche Platten vorwärts und rückwärts eiern zu lassen, so daß die Rugby-Clique wieder auf ihren ursprünglichsten, verklemmtesten Kern reduziert worden war. Das Arschficker-Spiel auf dem Sofa, das gegen Ende der vorletzten Klasse an Popularität verloren hatte, erlebte nun als Pausenaktivität ein großes Comeback, und das Schul-Tier, das im letzten Jahr gleichsam ein wenig im Abseits gestanden hatte, nahm erneut seine Stellung an der Spitze des sozialen Haufens (das hieß: ganz unten im Sofa-Haufen) ein. Bei den Junggesellen-Partys, an denen ich natürlich nie teilnahm, ging es angeblich hoch her – vor allem wohl hochprozentig –, und wie es hieß, boten sie Raum für allerlei Männervergnügungen. Wie man sich erzählte, hatte sich das Schul-Tier auf einer dieser Partys derart aufgegeilt, daß er ein Stockwerk höher ging und zu Matthew Golds geschiedener Mutter ins Bett kletterte. Als er anfing, sie am Arsch zu befummeln, wachte sie auf, haute ihm eine runter, schrie ihn zehn Minuten lang an und schmiß ihn aus ihrem Zimmer. Er legte das so aus, als ob sie »schwer zu kriegen« spielte und versuchte es nach einer halben Stunde noch mal.

Unterdessen machte ich die deprimierende Entdeckung, daß es noch komplizierter war, ein Sexleben zu haben, als keines zu haben. Meine Toooor-Brasilien-Zzzico-Phase hatte ungefähr drei Tage lang angehalten, ehe ich von einer ganz neuen Welle von Ängsten überschwemmt wurde, von denen ich zwar schon gehört hatte, die ich aber nie richtig ernst genommen hatte. Jedenfalls hatte ich mir nie vorstellen können, daß ich einmal davon betroffen sein könnte.

Das Schlimmste, was mir in meinem ganzen Leben passiert ist, geschah eines Abends, als ich mit Louise im Bett lag. Wir waren seit ungefähr einem Monat ein Liebespaar, *Amants*, Fickfreunde, und in sexueller Hinsicht fing die Sache allmählich an, ein bißchen hektisch zu werden. Sie war ... na ja, sehr fordernd, und ich fand alles insgesamt ein wenig anstrengend. Je kühler sie sich mir gegenüber als Freundin verhielt, um so mehr schien sie mich bei lebendigem Leibe aufessen zu wollen, wenn wir im Bett waren. Es war so, als hätte sie beschlossen, daß sie mich zwar als Person nicht mehr mochte, aber genau dies sie mehr als alles andere antörnte.

Einmal biß sie mich sogar, und als ich schrie, daß mir das weh getan habe, haute sie mir eine runter. Danach war ich zu eingeschüchtert, um mich weiter zu beschweren. Das war das Eigenartige: Ich hatte tatsächlich Angst vor ihr.

Na ja, jedenfalls, wie ich schon sagte, ereignete sich das schlimmste Erlebnis, was mir je widerfahren ist, eines Abends in ihrem Zimmer: Wir hatten gerade Sex, als …

Ich weiß nicht, wie ich es sagen soll.

Ich bin wirklich nicht prüde, und meine Ausdrucksweise ist saftig genug, um mit komplizierteren Augenblicken fertigzuwerden, aber ich weiß einfach nicht, wie ich rüberbringen soll, was dann geschah …

Also gut – sie machte so ein bißchen das Ding mit der Friedenspfeife, als ich plötzlich bemerkte, daß sie immer weiter nach unten glitt und versuchte … daß sie anfing, mich am …

Tief Luft holen. Heißen süßen Tee trinken. Heraus damit. Sagen wir mal so: Sie steckte ihre Zunge dorthin, wo die Sonne niemals scheint.

Wie ihr euch vorstellen könnt, war das ein eher intimer Moment, und die Atmosphäre veränderte sich deutlich dadurch, daß ich aufkreischte, aus dem Bett sprang und mich in die andere Ecke des Zimmers flüchtete.

Sie schien darüber nicht besonders erfreut zu sein.
»Was soll der Scheiß? Was machst du da?«
Ich zitterte vor Angst. »Die... die...selbe Frage wollte ich dir auch gerade stellen.«
»Sehr witzig, Mark, du kleiner Wicht. Ich war gerade dabei, dich zu lieben. Und was machst *du*?«
»Äh ... weglaufen.«
»Ja. Und warum rennst du weg, Mark?«
»Äh ...«
»NA?«
»Äh ... weil ...«
»JA?«
»Weil du mich am Hintern geleckt hast.«
»Du bist wirklich der letzte Heuler. Weißt du das? Du bist ein typischer, langweiliger, feiger, kindischer kleiner Vorstadt-Scheißer. Ich weiß nicht, wie du's mit dir selbst aushältst.«
»Ich weiß nicht, wie du mich am Hintern lecken kannst.«
»Das gefällt dir doch.«
»Was? Natürlich gefällt es mir nicht – es macht mir eine Scheißangst.«
»Natürlich gefällt es dir. Du bist einfach nur zu verklemmt, um es zuzugeben. Es gibt nichts, was du mehr willst, als daß mein süßer geiler Bruder ihn dir in den Arsch steckt.«
»WAS?«
»Wenn du deine Karten richtig ausspielst, dann landest du vielleicht auch einen Volltreffer. Aber dazu bist du ja viel zu verkorkst – um es wirklich zu probieren.«
Das war mehr, als ich hinzunehmen bereit war. Ich fluchte

auf sie und meine Kleider, bis ich vollständig angezogen war, und ging.

Man sollte denken, daß ein derartiger Streit ausreichen würde, um eine Beziehung zu beenden, aber wir schienen jede Woche so einen zu haben, und es gelang uns trotzdem, weiterzumachen wie jedes andere Paar auch.
Das Seltsame war, daß keine von unseren Auseinandersetzungen irgendwelche Nachwirkungen zu haben schien. Nach jeder dieser Marathon-Schrei-Orgien tat Louise am nächsten Tag einfach so, als sei nichts geschehen. Und da sie in jeder Hinsicht den Eindruck vermittelte, vergessen zu haben, daß wir uns noch am Abend vorher beinahe gegenseitig umgebracht hatten, hielt ich es nie für taktvoll, das Thema anzuschneiden. Also lebte ich eben damit: An einigen Tagen stritten wir uns, an anderen nicht – und wenn ich mit ihr gehen wollte, dann mußte das wohl so sein.

Sie kommandierte mich andauernd herum, aber ich fand es sehr schwierig, dem etwas entgegenzusetzen, denn sowie ich auch nur den geringsten Einwand gegen einen ihrer Vorschläge machte, bellte sie mich an, warf mir vor, daß ich ein Egoist sei, und verhielt sich den Rest der Nacht eiskalt. Und weil sie schon wegen Kleinigkeiten – wenn ich zum Beispiel unsere Pläne für den Abend ändern wollte – derart in die Luft ging, wußte ich, daß es schrecklich werden würde, wenn ich ihr je erzählte, daß es noch wichtigere Dinge gab, die mich verstimmten. Also sagte ich nie etwas von all den Sachen, die mir durch den Kopf gingen. Während unserer Streitereien fuhren wir schwere Geschütze auf, aber wenn es um die Dinge ging, die mich wirklich bedrückten, schaffte ich es nie, mit der Sprache herauszurücken. Nie sagte ich ihr, daß ich fand, sie würde sich mir gegenüber kalt und abweisend verhalten. Und ich erwog nicht einmal, ihr meinen Eindruck zu vermitteln, daß sie mich nicht liebe, ja nicht einmal möge.

Ich hätte aus der Beziehung aussteigen sollen, weil sie meinem Selbstwertgefühl wirklich nicht besonders zuträglich war, aber ich kam nicht auf die Idee, sie zum Teufel zu jagen. Es wäre mir einfach nicht möglich erschienen. *Sie* war diejenige, die die Entscheidungen traf, und ich glaube, ich wartete einfach darauf, daß sie sich meiner entledigte. Sie gab mir beständig das Gefühl, daß dies unmittelbar bevorstehe (was bei mir insgeheim immer das Gefühl einer riesigen Erleichterung hervorrief), aber sie ging nie so weit, die Sache wirklich zu beenden.

Es war ein bißchen so, wie wenn ich mir *Die Fliege* noch mal von vorn hätte anschauen müssen. Ich konnte mich weiter hinten hinsetzen, aber ich brachte es nicht fertig zu gehen, ehe es aus war.

Kapitel neununddreißig

Die Party, die Barrys Mama an Heiligabend schmiß, war der Hammer. Unter Garantie die beste, auf der ich je war. Sämtliche Räume des Hauses waren einbezogen, wobei jeder von ihnen in eine andere Dekade dieses Jahrhunderts verwandelt worden war. Der Garten stellte die Jahre zwischen 1910 und 1920 dar: mit Hunderten von herumliegenden Wasserpistolen, so daß man den Ersten Weltkrieg nachstellen konnte. Die Zwanziger Jahre befanden sich in einem der oberen Schlafzimmer, wo Barrys Oma mütterlicherseits an einem aufziehbaren Grammophon saß und den DJ machte. Sie spielte sämtliche 78er Platten aus ihrer Jugend und brachte allen bei, wie man Charleston tanzt. Die dreißiger Jahre waren auf dem Klo, die vierziger im Wohnzimmer, wo fünf alte Männer in Armee-Uniformen live Swing-Musik spielten.
Die Küche sollte angeblich die fünfziger Jahre darstellen – ein paar verchromte Hocker verliehen dem Raum entfernte Ähnlichkeit mit einem amerikanischen *Diner*. Es gab Hamburger, und auf einem geliehenen Video liefen James-Dean-Filme. Die sechziger Jahre spielten sich in Louises Zimmer ab, wo alle die vorgeschriebenen Pilzkopf-Perücken tragen mußten, die am Eingang verteilt wurden, und wo die Leute zu Beatles-Platten Twist tanz-

ten (was sich irgendwie komisch anfühlte, aber ganz lustig war).

Am besten waren jedoch die Siebziger, die sich in Barrys Schlafzimmer befanden. Sämtliche Möbel waren ausgeräumt worden, und der Boden war bis zu den Knöcheln mit Blumen übersät. Beleuchtet wurde der Raum von einer einzigen roten Glühbirne. Der einzige andere Gegenstand im Raum war ein Faß mit Massageöl.

Zu den achtziger Jahren war niemandem etwas eingefallen, aber nach der Hälfte des Abends zeichnete Barry ein Bild von Margaret Thatcher, das er an den Gartenzaun pinnte, damit die Leute mit Darts darauf werfen konnten. Dadurch kam es jedoch zu einigen Verwechslungen mit dem Ersten Weltkrieg, in deren Folge das Bild ruiniert wurde, weil die Leute allesamt anfingen, es mit Wasser vollzuspritzen.

Das meiste Geld war für Getränke ausgegeben worden, die die ganze Nacht in gewaltigen Strömen flossen. Das Erstaunliche an der Party war, daß aus allen Generationen gleich viele Besucher da waren. Zwar fingen die Freundinnen von Barrys Oma in den Zwanzigern an zu feiern, Mrs. James' Freunde in den Sechzigern und Barrys Generation teilte sich zu gleichen Teilen zwischen den siebziger Jahren und dem Ersten Weltkrieg auf, doch als Mitternacht vorbei war, bewegten sich alle freizügig durchs ganze Haus und jeder tanzte mit jedem. Wo man auch hinging, sah man oberkomische Sachen. Ob das nun einc Achtzigjährige war, die total breit war und sich von ihrem Enkel massieren ließ, oder ein fetter Bank-Manager, der Charleston tanzte, oder zehn Frauen im Alter zwischen fünfzehn und siebzig Jahren, die Hamburger mampften und allen Ernstes über James Deans Sex-Appeal diskutierten.

Nach einer leichten Flaute ging gegen zwei Uhr morgens plötzlich dann doch noch der Erste Weltkrieg los – mit einer großen Schlacht zwischen den Grauhaarigen und den Jungspunden. Wir gerieten zahlenmäßig ernstlich ins Hintertreffen, machten dies aber dadurch wett, daß wir in der Küche Eimer auftrieben, mit deren Hilfe wir Barrys Omi zur Geisel nahmen.

Die Lage verkomplizierte sich, als Barry beschloß, die Seiten zu wechseln – mit der Begründung, er sei ein Doppelagent. Das führte dazu, daß alle anderen beschlossen, mindestens Dreifach-, wenn nicht Vier- oder Fünffach-Agenten zu sein, und alles resultierte in einem einzigen großen feuchtfröhlichen Kampf Jeder-gegen-jeden.

Die Sache endete schließlich, als der Trompeter der Tanzkapelle von einem Fenster im ersten Stock aus zum Zapfenstreich blies, einen Waffenstillstand verkündete und das Jazz-Zeitalter für offiziell eröffnet erklärte. Er forderte uns auf, uns in den Spiegelsaal zu begeben, um dort der Unterzeichnung des Versailler Vertrages beizuwohnen.

Wir nahmen an, daß er damit das Wohnzimmer meinte, weshalb wir dorthin gingen und von Barrys Mama jeder eine Tasse Ovomaltine erhielten, die sie aus einer großen Suppen-Terrine ausschenkte. Wir setzten uns alle auf den Fußboden, und die Bandmitglieder nahmen ihre Plätze auf der Bühne ein.

Sie zogen ihre Armee-Jacken aus, und diesmal spielten

sie anstelle der Glenn-Miller-Sachen, die sie vorher gebracht hatten, die unglaublichste, bluesigste, stimmungsvollste, bewegendste und erhebendste Musik, die ich je in meinem Leben gehört hatte. Ich konnte es nicht glauben, daß diese alten Männer derartige Wahnsinns-Klänge hervorbringen konnten. Die Leute im Raum lauschten wie gebannt.

Sie improvisierten, und ich hatte dieses Wahnsinns-Gefühl, daß der jeweilige Musiker direkt mit mir sprach. Und es kam einem so vor, als ob die Musik nur für diese Party geschaffen wurde und nur in diesem Moment an diesem Ort und mit diesen Leuten so klingen konnte. Und da sie nicht komponiert worden war und nicht aufgenommen wurde, war sie unwiederholbar – in dem Augenblick, in dem eine Note erklang, schwebte sie auch schon dahin und war verschwunden. Man mußte völlig in den Moment eintauchen, um sie zu erhaschen. Noch nie hatte ich mich so in ein Stück Musik verloren. Es war so, als ob die Musiker uns die Party erneut beschrieben – und uns erzählten, was wir gemacht hatten, was für ein Spaß es gewesen war.

Im Raum herrschte eine Atmosphäre der vollkommenen Stille und Aufmerksamkeit, und eine Art vereinter Wärme, die mit der Empfindung einherging, daß wir alle dasselbe fühlten. Es war perfekt. Ohne daß irgend jemand etwas sagen mußte oder eine Rede halten mußte, fühlten wir uns allesamt vollkommen zusammengehörig. Ein verrücktes Gefühl.

Ich bin normalerweise nicht so ein Arschloch, das durch die Gegend läuft und die gesamte Menschheit liebt, aber an jenem Abend mußte ich wirklich eine Ausnahme machen. Selbst Louise schien guter Laune zu sein, und wir verstanden uns prima, obwohl es im Grunde der Abend war, an dem ich beschloß, daß sie eigentlich ziemlich häßlich war.

Barry verbrachte die Party überwiegend mit meinem Bruder.

Kapitel vierzig

Dan hatte ursprünglich vorgehabt, über Neujahr nach Cambridge zurückzufahren, blieb aber nach der Party noch ganze zwei Wochen in Harrow. Seit er zu studieren angefangen hatte, war er nicht mehr so lange zu Hause gewesen.

Selbst wenn seine modischen Fortschritte stagnierten (ein Pulli aus bhutanesischer Yak-Wolle war in jenem Winter '87 der größte Hit in Dans Garderobe), so schien er doch außergewöhnlich glücklich zu sein, und wir verstanden uns besser denn je. Der Altersunterschied zwischen uns schien endlich keine Rolle mehr zu spielen.

Dennoch, abgesehen von einem kurzen Wiedersehen mit »Sally: Statue eines seilhüpfenden Mädchens« (anläßlich dessen wir leider vergaßen, das Tütchen mit der Kackwurst mitzubringen), bekamen wir es nicht hin, besonders oft etwas zusammen zu unternehmen. Ich brachte die meiste Zeit damit zu, mich mit Louise seelisch und körperlich zu fetzen, und Dan schien rund um die Uhr mit Freunden unterwegs zu sein.

Er wollte mir nicht sagen, wer sie waren, weshalb ich davon ausging, daß es sich um irgendwelche Uni-Spinner handelte. Das wäre auch eine Erklärung für den scheußlichen Pulli gewesen. Dennoch schien ziemlich der Punk abzugehen, wenn sie zusammen waren – denn die meisten Abende kam Dan gar nicht erst nach Hause. Er behauptete, bei den Freunden nur übernachtet zu haben, weil er den letzten Zug verpaßt habe, aber an seinem Verhalten konnte ich erkennen, daß etwas im Busch war.

Ich nötigte ihn trotzdem nicht, es zuzugeben, weil er in diesen Dingen nie sonderlich selbstbewußt gewesen war, mein Bruder. Ich freute mich nur, es mitzuerleben, denn so liebenswürdig er auch ist – ein Frauentyp ist er noch nie gewesen.

Den Rest meiner Weihnachtsferien verbrachte ich überwiegend damit, mir wegen Louise und wegen der A-Levels Sorgen zu machen und mir einen runterzuholen. Es ging doch nichts über den guten alten Sechzig-Sekunden-Wichs, der mich an meine einfache und unbeschwerte Zeit als jungfräulicher Schuljunge erinnerte.

Ich fand es allerdings schon ein bißchen bedenklich, daß ich mir immer noch einen runterholte, *obwohl* ich regelmäßig mit Louise Sex hatte – und fragte mich, ob ich mir das je würde abgewöhnen können. Die Sache war sogar die, daß ich in mancherlei Hinsicht das Onanieren dem Sex vorzog. Nicht das Gefühl – versteht mich jetzt nicht falsch, ich bin ja nicht pervers. Es war nur so, daß das flexible Timing dabei stets dafür sorgte, daß man beim Wichsen fast immer auf seine Kosten kam, wo es beim Sex manchmal doch ein bißchen stressig wurde.

Merkwürdig – innerhalb von nur zwei Monaten war ich vom »Sinn des Lebens; der Grund unseres Daseins auf diesem Planeten; die Antriebskraft hinter fast allen unse-

ren Handlungen und Gedanken; das Hauptverlangen, von dem meine gesamte Zukunft abhängt« bei »ein bißchen stressig« angelangt.
Es war nicht so, daß der Sex nicht meinen Erwartungen entsprochen hätte, es war einfach nur … ach, Scheiße, ich versteh's selbst nicht. Fragt jemand anderen. Es ist zu deprimierend.

Als ich gegen Ende der Ferien so zu Hause rumhing und Trübsal blies, während mein *Bruder* auf die Pirsch ging und seinen Samen unters Volk verteilte, kam mir ein verblüffender Gedanke. Wenn sogar mein Bruder mit seinen berüchtigten grauen Polyester-Hosen und dem Yak-Wollpulli aus Bhutan mit den Elchköpfen vorne drauf – wenn sogar *der* sein Rohr verlegen konnte, dann mußte die Uni sicher der beste Ort auf der ganzen Welt sein.
An diesem Tag kam meine Motivation für die A-Levels auf Touren. Wenn es mir nur gelang, anständige Examens-Ergebnisse zu erzielen und zu vermeiden, von Louise in Eisen gelegt und mit Füßen getreten zu werden, dann konnte gar nichts mehr schiefgehen, und ich würde mich todsicher nicht mehr retten können vor lauter gesunden, geilen Gaudi-Mädchen.
Mit einem scharfen, tiefrot pulsierenden Füller kehrte ich in die Schule zurück, ganz versessen darauf, mich endlich ernsthaft an die Arbeit zu machen.

Kapitel einundvierzig

Das Frühjahrs-Trimester wurde von den Auswahlgesprächen für die Universität beherrscht. Das erste davon fand für mich in York statt, wo ich einen netten Plausch mit einem netten, aber gräßlich gekleideten Mann hatte, der mir ein B-B-C-Angebot machte. Mein zweites Gespräch war in Bristol, wo ich einen weniger netten Plausch mit einem weniger netten und noch gräßlicher gekleideten Mann hatte, der mir ein A-B-B-Angebot machte. Weder die Universität meiner vierten noch die meiner fünften Wahl machte mir ein Studienplatz-Angebot oder lud mich zu einem Auswahlgespräch ein, weil sie davon ausgingen, daß ich so gut wie sicher woanders landen würde. So blieb nur Cambridge übrig, meine erste Wahl, die mich schließlich auf Mitte Februar zu einem Auswahlgespräch einbestellten.

Nachdem ich im alternativen Studienführer (der von Studierenden herausgegeben wurde) gelesen hatte, daß Trinity das reichste College war und viele Buch- und Reisezuschüsse vergab, hatte ich mich dort beworben. Im Prinzip verlief mein Interview ziemlich genau so, wie ich es mir vorgestellt hatte – ein scheußlich angezogener Mann nahm mich feindselig in die Mangel, doch die Schärfe, mit der das geschah, verblüffte mich. Zwei Gespräche standen mir bevor, eines um 10 Uhr 30 mit einem Dr. Chambers und eines um 11 Uhr mit einem Dr. Morne: Ich war zehn Minuten zu früh dran für das Gespräch mit Dr. Chambers und hörte Stimmen aus seinem Zimmer. Ich zerbrach mir fünf Minuten lang den Kopf darüber, ob ich anklopfen sollte – nur um ihn wissen zu lassen, daß ich da war. Dann waren es nur noch fünf Minuten, die ich zu früh dran war, also klopfte ich. Er gab keine Antwort, weshalb ich davon ausging, daß er wußte, daß ich da war, und nur noch rasch das vorherige Gespräch zu Ende führte.

Um 10 Uhr 35 hatte ich bereits eine Viertelstunde dagestanden, und immer noch hatte mich niemand gebeten, einzutreten. Ich befand mich in einem Zustand äußerster Anspannung. Was soll ich machen? Was soll ich verdammt noch mal machen? Vielleicht hatte er das erste Klopfen nicht gehört, in welchem Falle ich erneut klopfen müßte, doch so oder so wäre ich erledigt, weil er denken wird, daß ich fünf Minuten zu spät dran bin. Vielleicht hat er das Klopfen aber auch gehört und muß einfach nur überziehen, in welchem Falle ich keinesfalls noch einmal klopfen darf, damit er nicht denkt, ich sei unhöflich, weil ich sein Gespräch zum zweiten Mal störe und damit impliziere, er sei taub. Oder vielleicht hat er es auch gehört, und das Ganze ist ein Test, um festzustellen, ob ich mich behaupten kann oder nicht. Nach dreißig Sekunden, in denen sich meine Muskeln benahmen, als ob ich mich in der Arktis befände, und meine Schweißdrüsen, als ob ich mich in einer Sauna befände, klopfte ich schließlich an die Tür. Es war lauter, als ich erwartet hatte.

Beinahe sofort öffnete sie sich. Seine Kleidung sah ganz

besonders schlimm aus. »Bißchen spät dran«, murmelte er und wies mir den Weg zu einem großen Sofa. Ich folgte ihm mit hochrotem Gesicht, immer noch schweißgebadet und zitternd, und überlegte, ob ich ihm das eben Passierte nun erklären sollte oder nicht. Als ich mich gerade dagegen entschieden hatte, drückte er mir eine Fotokopie in die Hand.

»Lesen Sie sich das ein paarmal durch – bin gleich zurück.« Dann verließ er das Arbeitszimmer und führte von einem angrenzenden Raum aus das Telefongespräch fort, das ich offensichtlich von draußen gehört hatte. Scheiße! Hätte ich bloß beim ersten Mal lauter geklopft. Scheiße! Ich sah auf das Blatt Papier vor mir, das rasend schnell in meiner Hand vibrierte, und versuchte mich darauf zu konzentrieren. Indem ich es auf die flache Lehne des Sofas legte, konnte ich gerade verhindern, daß es sich selbständig machte, und vermochte meine Augen zu zwingen, sich auf die Worte zu fokussieren. Dr. Chambers redete allerdings dermaßen laut, daß ich mich kaum konzentrieren konnte. Und als ich hörte, daß sich das Gespräch dem Ende entgegen neigte, geriet ich in Panik. Scheiße! Ist meine Zeit schon um? Ich bin ja noch nicht mal mit dem ersten Durchgang fertig! Scheiße! Scheiße! Wie lange habe ich gebraucht? Ich hätte es ja gar nicht so schnell lesen *können*, selbst wenn ich mich konzentriert *hätte*. Oder vielleicht ist es ja auch ein Test über die Geschwindigkeit, mit der ich lese. Scheiße. Schnell lesen.

Fuck. Das war zu schnell – ich kann mich an kein einziges Wort erinnern. Konzentration. Langsam lesen. Entspannen. Lesen.

Ich lese:

Das Selbstbewußtsein, das zunächst nur der zu sich selbst gekommene Geist ist, betritt diesen Pfad, sich selbst als einen bestimmten Geist kennzeichnend, als bestimmtes Wesen, und sein Ziel ist demnach, sich selbst als ein bestimmtes Individuum darin zu erleben.
Indem es sich für ein Wesen-an-sich hält, ein essentielles Wesen, ist es die Negativität des ›Anderen‹. In seinem Bewußtsein erscheint es deswegen als das Positive im Vergleich zu etwas, das sicherlich besteht, das für es aber die Bedeutung eines Dings ohne inneres Wesen hat. Das Bewußtsein ist aufgespalten in diese vorgegebene Wirklichkeit und den Zweck, den es realisiert, indem es die Wirklichkeit übertrifft – ein Zweck, aus dem es tatsächlich eine Wirklichkeit anstatt des Vorgegebenen schafft. Sein primärer Zweck ist jedoch sein unmittelbares abstraktes Wesen-an-sich, in anderen Worten …

»Also – dann erzählen Sie mir doch mal etwas über den Abschnitt, den Sie gerade gelesen haben.«
»Äh –« Ich öffnete und schloß meinen Mund mehrere Male. Das muß mir einen besonders intelligenten Anstrich gegeben haben. »Äh – ich würde sagen, daß es dabei um Selbstbewußtsein geht, und darum, wie man sich … äh … individuell fühlt im Vergleich zu anderen Leuten.«
»Aber sicherlich enthält das Selbstbewußtsein, das im großen und ganzen von seiner Wirklichkeit weiß, doch nicht so sehr den Gegenstand seines eigenen Selbsts als vielmehr den Gegenstand des reinen Selbstbewußtseins …«
»Ähm … Könnten Sie das noch mal wiederholen?«

»Aber sicherlich enthält das Selbstbewußtsein, das im großen und gGanzen von seiner Wirklichkeit weiß, doch nicht so sehr den Gegenstand seines eigenen Selbsts als vielmehr den Gegenstand des reinen Selbstbewußtseins ...«

»Ja, das würde ich auch so sehen.«

»Aber wie können Sie mir zustimmen, wenn Sie der Meinung sind, daß sich Individualität in erster Linie als eine Beziehung zu einem Anderen, zu etwas Externem ausdrückt? Denn ein Selbstbewußtsein, das in erster Linie das Selbst beobachtet, befindet sich doch sicherlich im Widerspruch zu einer ›gesellschaftlich‹« – Dr. Chambers machte mit den Fingern Anführungszeichen in die Luft – »orientierten Position.«

»Ach so, verstehe. Was ich sagen wollte, war, daß das Selbstbewußtsein eher was Privates ist. Als was Öffentliches.«

»Sie sind also ein Erz-Thatcherist?«

»Bin ich das?«

»Sie sehen doch sicherlich selbst, daß, wer in der allgemeinen Debatte über das Selbstbewußtsein jeglichen gesellschaftlichen Bezug ausblendet, auch jegliche Hoffnung auf die Schaffung einer Alternative zur Ideologie des Marktes aufgibt. Sehen Sie nicht, wie gefährlich die Vorstellung von einem ›privaten Selbst‹ in einer postindustriellen Welt ist? Ich bin schockiert, wie wenig Beachtung Ihre Generation in dieser Debatte dem Begriff des Geistes schenkt – eine Haltung, die sich zweifellos im Einklang mit dem Zerbröckeln der grundlegendsten Fundamente unserer ...«

Ich schnallte ab. Das spielte für den Rest meines Interviews mit Dr. Chambers keine Rolle mehr, der ohnehin das Reden übernahm. Aber es war eher peinlich, als ich mich eine halbe Stunde später im Büro von Dr. Morne wiederfand, unfähig, eine Antwort auf die Frage zu finden, warum ich unbedingt nach Cambridge kommen wollte.
Als ich endlich hinaus in den New Court von Trinity stolperte, brauchte ich mehrere Minuten, um mich zu erinnern, wer und wo ich war. Ich fühlte mich so, als hätte ich das geistige Gegenstück eines Autounfalls erlitten.
Während ich so dastand, wurde ich an meine Hockey-Spiele mit der Schulmannschaft erinnert. Dieser Ort hatte etwas aggressiv Englisches an sich, das mich total nervös machte. Ich war definitiv in der Minderheit. Aber hallo.
Ich wanderte an der Kirche oder Kapelle oder wie man das nennt vorbei und hörte Gesang von drinnen. Sie sangen laut, aber nicht laut aus Verarschung, sondern so richtig aus Begeisterung. Sie verwendeten die richtigen Worte und alles.
Ich steckte meine Nase durch die Tür und erkannte, daß es kein Gottesdienst war, sondern bloß der Chor, der gerade probte. Der Dirigent, der aussah wie ein Student, entdeckte mich und sagte, ich solle mich hinsetzen und zuhören. Und er sagte es nicht etwa zaghaft, sondern in einem Befehlston, der signalisierte: Die Leute tun normalerweise, was ich sage. Also tat ich wie mir geheißen. Der gesamte Chor schien ziemlich wohlgenährt. Einige von ihnen sahen auch ganz gut aus. Und ihr Gesang war einfach unglaublich. Sie waren ganz vorzügliche Musiker – ich mußte zugeben, daß es wunderschön klang. Ich konnte es nicht

glauben, daß sie die Sache so gut beherrschten und alle so eifrig dabei waren.
Und sie waren keine einsamen alten Menschen kurz vor dem Tod – das hier waren junge, gesund aussehende Typen.
Ich hatte Glück, daß ich schon saß, sonst wäre ich am Ende vielleicht noch zusammengebrochen. *Fuck!* dachte ich. *MEINE FRESSE! Ich glaub's einfach nicht! Das ist nicht zu fassen! Ich lebe in einem christlichen Land! Die ganze verdammte Nation außerhalb von Nord-London wimmelt nur so von diesen Scheiß-Christen! Mein Gott, in was für einem Land leben wir eigentlich? Wieso ist mir das nicht vorher aufgefallen? Fuck – vielleicht schauen sich die Leute ja wirklich* Songs of Praise *an.*
Diese meine spirituelle Mini-Offenbarung in der Kapelle oder Kirche im Trinity College, oder was das auch immer war, jagte mir einen Mords-Schiß ein. Ich rannte, so schnell ich konnte, zum Bahnhof. Ich mußte nach Hause. Erst ein paar Stunden später, als ich bereits in der Circle Line saß und die U-Bahn gerade Farringdon Station verließ, begriff ich, was für ein absolut erbärmlicher Wichser Dr. Chambers war. Unmöglich, daß ich hätte verstehen können, worüber er redete. Es mußte irgendeine hochgestochene Verarschung gewesen sein, die ich nicht verstand. Wenn ich einer von den Pierses gewesen wäre, hätte ich wahrscheinlich zu ihm gesagt, hör auf mit dem Quatsch, und wir hätten binnen Minuten glucksend über einem Glas Sherry zusammengesessen und das Thema meiner ersten Jahresabschlußarbeit diskutiert.

Kapitel zweiundvierzig

Während sich alle anderen mit Auswahlgesprächen und Universitätsangeboten abmühten, hatte Barry sein bestes Trimester, seit er an die Schule gekommen war. Er bekam einen festen Platz in seinem Gesprächstherapie-Kurs und konnte seine A-Levels ohne den Druck machen, ein bestimmtes Ergebnis erzielen zu müssen. Dies schien jedoch einen seltsamen Einfluß auf seinen Arbeitseifer zu haben, denn anstatt weniger zu arbeiten, schuftete er mehr denn je. Er sagte, daß er überhaupt keinen Streß spüre, sondern zum ersten Mal das Gefühl habe, zu verstehen, worum es in seinen Fächern eigentlich ging, und daß ihm seine Hausaufgaben langsam Spaß machten. Seine Lehrer registrierten allmählich den Unterschied und erkannten ihn als einen hart arbeitenden und intelligenten Schüler an.

Nach der Hälfte des Trimesters bestellte ihn sogar sein Hausvater eigens zu einem Gespräch ein und fragte ihn, ob er nicht überredet werden könne, sich noch verspätet um einen Studienplatz zu bewerben. Er sicherte ihm eine gute Beurteilung und eine günstige Noten-Prognose zu. »Es wäre so eine Verschwendung, wenn du es nicht einmal versuchst«, flehte der Hausvater.

Barry erzählte mir, er habe mit dem Gedanken gespielt,

zu erwidern: »Verschwendung von was, du kleinkarierter unibesessener blöder Hund? Beug dich vor, gib mir dein Formular, und ich schieb es dir dort rein, wo es hingehört.«
Statt dessen sagte er: »Tut mir leid, aber ich bin eigentlich nicht so der Akademiker.«
Ich verbrachte während der Mittagspausen immer noch viel Zeit mit Barry, aber außerhalb der Schule sah ich ihn nur noch selten. Seit die Sache zwischen Louise und mir immer komischer wurde, schienen Barry und ich uns auseinandergelebt zu haben. Wir arbeiteten beide fast jeden Abend, und am Wochenende ging er nun andauernd weg, entweder um zu arbeiten oder um Freunde zu besuchen. Ich wußte eigentlich nicht so recht, was er trieb, aber er schien auf einmal sehr beschäftigt und hatte kaum Zeit für mich. Oder vielleicht war ich es, der keine Zeit für ihn hatte. Und wenn wir uns trafen, war es nicht so wie früher. Ich war oft bekümmert oder unglücklich wegen Louise, und Barry schien auch mit seinem eigenen Kram beschäftigt. In der Vergangenheit hatten wir uns immer gegenseitig alles erzählt. Aber nun wußten wir, daß wir beide Geheimnisse voreinander hatten, und das hatte Auswirkungen auf unsere gesamte Beziehung. Es gab keinen besonderen Anlaß – nicht, daß wir uns gestritten hätten oder so was –, es war nur so, daß kein Funke mehr zwischen uns übersprang. Es war nicht mehr spannend, nur noch angenehm. Aber auf eine leicht unangenehme Weise.
Ich wollte ihm von Louise erzählen. Genauer gesagt, wollte ich ihn über Louise *ausfragen*, aber es gelang mir nie. Er gab mir nicht einen einzigen Anhaltspunkt dafür, was er

über sie als Mensch dachte, und ich brachte es nicht über mich, ihn zu fragen. Ich wollte unbedingt, daß jemand zu mir sagte: »Ja, sie ist schwierig, aber sie ist es wert« oder irgend etwas, das mich beruhigt hätte. Ich brauchte jemanden, der mir sagte, daß ich noch bei Trost war und daß Louise die Irrationale war, aber ich konnte nie mit Barry darüber sprechen, weil ich zu sehr Angst hatte, daß er Louises Partei ergreifen würde.

Daß ich all dies für mich behielt, muß einiges von der Distanz zwischen uns erzeugt haben, aber ich wurde das Gefühl nicht los, daß das Kühle hauptsächlich von ihm ausging. Ich spürte, daß er etwas vor mir verbarg. Er schien plötzlich gänzlich unbeteiligt, sowohl was unsere Freundschaft betraf als auch alles andere, das an der Schule vor sich ging, von seiner Arbeit einmal abgesehen. Er war einfach mit seinem Kopf ganz woanders.

Und das kotzte mich an. Es war so, als hätte er das Interesse an mir als Freund verloren. Er horchte immer nur auf, wenn die Sprache auf meine Kindheit kam – ein Gesprächsthema, in das er mich pausenlos verwickelte. Und selbst dann schien er fast mehr an Dan interessiert als an mir, was wirklich lächerlich war.

Die ganze Sache gab mir Anlaß zu der Sorge, daß sich Barry *und* Louise gegen mich gewandt hatten. Ich begann, mich ausgeschlossen zu fühlen, und nahm es Barry übel, daß er sich auf ihre Seite geschlagen hatte.

Dic Ablehnung aus Cambridge überraschte mich kaum noch. Nachdem mir allein schon bei dem Gedanken, Dr. Chambers noch mal wiedersehen zu müssen, schlecht wurde, war ich nicht allzu niedergeschlagen, keinen Studienplatz bei ihm bekommen zu haben. Unwillkürliche Kotzanfälle während der Seminare machten einen wahrscheinlich nicht zu einem idealen Studenten.

(»Mark, findest du, daß Schuld der Grundstein ist, auf dem jegliche Art von tragischem Schauspiel aufbaut?«

»Hhhhhhhhhuuuuuuurrrrrrgggggghhhhhllll hhuuu-urrggghhh hhuurrrggggghhh HHHHHHHHHHUUUUR RRRRGGGGHHHHHHLLL!«

»Interessant. Hast du diese Woche daran gedacht, den Wischmop mitzubringen?«)

Mein Klassenleiter sagte, die Schule sei »höchst überrascht« von meiner Ablehnung durch Trinity gewesen. Er sagte weiterhin, daß der Fachgruppenleiter für Englisch Kontakte zu gewissen anderen Colleges in Cambridge habe und sein Bestes tun würde, »bei den entsprechenden Leuten ein gutes Wort für mich einzulegen«. Nicht lange danach wurde ich zu einem Auswahlgespräch ins Selwyn College einbestellt, die die Ablehnung aufhoben und mir unter der Bedingung, daß ich bei den A-Levels dreimal Note A schaffte, einen Studienplatz anboten. Ich fühlte mich der Schule zu Dank verpflichtet, aber wenn ich ganz ehrlich bin, ging es mir eigentlich völlig am Arsch vorbei. Es war eine gute Nachricht für mich, aber eine schlechte Nachricht für die arme Sau, der ich den Platz weggenommen hatte, indem für mich die Strippe gezogen worden war. Ich fühlte mich schlecht bei dem Gedanken, daß ich genau von der Scheiße profitiert hatte, für die ich die Schule am meisten haßte. Trotzdem nahm ich das Angebot an. Ich bin ja nicht bescheuert.

Kapitel dreiundvierzig

Dreimal Note A würde jedoch ein Problem werden. Ich war immer schon gut in Englisch gewesen, und Französisch war ein Kinderspiel, solange man die Texte in Übersetzung las (mein Buch für die A-Levels war *Le Grand Meaulnes*, was ohne Zweifel das beschissenste, infantilste Buch ist, das ich je gelesen habe). Aber Mathe – Mathe war furchtbar.

Das Problem war nicht so sehr, daß der Kurs schwer gewesen wäre, sondern eher, daß mein Lehrer, Mr. Gaskin, ein unfähiger Volldepp war, der nicht dazu in der Lage war, einem auch nur die grundlegendsten mathematischen Zusammenhänge zu erklären. Wenn man die Klassen nicht in Leistungsgruppen eingeteilt hätte, wäre auch das kein Hindernis gewesen, da es an der Schule genügend gut organisierte Jungs gab, die sich verständlich ausdrücken konnten und den ganzen A-Levels-Stoff in zwei Wochen hätten durchziehen können, um ihn für den Rest des Jahres uns anderen zu erklären. Leider waren jedoch all diese Jungs zusammen in der obersten Gruppe (und schon halb mit dem Stoff eines Mathe-Studiums durch, als die A-Levels heranrückten), während meine Klasse, die zweite Gruppe, aus gewöhnlichen Sterblichen bestand, die nicht verstanden, was diese ganzen neuen Kringel bedeuteten.

Zum Glück war den Verantwortlichen jedoch ein Fehler unterlaufen, indem sie Paul Behrmann (einen südafrikanischen Juden mit einem Furunkel auf der Nase) aus Versehen in unsere Gruppe eingeteilt hatten. Und so kam es, daß sich jedesmal, wenn die Glocke eine weitere fruchtlose Stunde von Mr. Gaskins verbalem Dünnpfiff beendete, sämtliche Jungs, die die A-Levels bestehen wollten, um Paul versammelten, der den Stoff innerhalb von fünf Minuten erklärte.

Bis Ostern war Pauls Gruppe so angewachsen, daß sie fast die gesamte Klasse umfaßte. Mr. Gaskin wurde ein wenig mißtrauisch, weil nach Ende der Stunde niemand den Raum verlassen wollte, aber er blieb niemals da, um herauszufinden, was los war, weil er immer dringend ins Lehrerzimmer mußte, um eine zu rauchen.

Mr. Gaskin war aber ein netter Mensch, und wir mochten ihn alle, trotz seiner Schwächen. Er hatte allerdings eine ganz besonders nervige Angewohnheit, und zwar, daß er jede Gelegenheit ergriff, seine Schüler zu betatschen. Während das Arm-Tätscheln und So-nahe-bei-einem-stehen-daß-einem-sein-widerlicher-Mundgeruch-direkt-in-die-Nase-schoß-und-Tränen-in-die-Augen-trieb nie wirklich ein Problem darstellten, war es seine Angewohnheit, sich auf die Kante deines Stuhls zu quetschen und seinen Arm um dich zu legen, wenn du ihn etwas gefragt hattest, die einem wirklich den Magen umdrehte.

Nun bin ich sofort bereit zuzugeben, daß ich mich, als Barry das erste Mal an unserer Schule auftauchte, selbst ein bißchen wie 'ne Tunte verhalten habe, aber ich muß schon sagen, wenn ein alter Mann mit Dauer-Schweißflecken und grünem Atem anfängt, mich zu befummeln, dann kommt's mir hoch.

Das Seltsame war nur, daß Mr. Gaskin nach allgemeiner Meinung nicht zu den schwulen Lehrern gerechnet wurde. Wenn es nach den Schülern ging, waren nur die ruhigen, mageren Typen aus der Englisch-Abteilung, die annäherungsweise ein schlaffes Handgelenk hatten, keinen Sport trieben und die eine oder andere abfällige Bemerkung über unsere Sportasse machten, »blöde Schwuchteln«. Die verheirateten Männer, die kleine Jungs berührten und mit Blicken auszogen, aber ihren Teil zum sportlichen Leben der Schule beitrugen, wurden immer als normal angesehen.

Also, wenn ich persönlich schwul wäre und gleichzeitig Lehrer – das erste, was ich machen würde, wäre, mir die frechen, wogenden Arschbacken junger Schüler zu Gemüte zu führen, wenn sie mit der Schulmannschaft Rugby trainieren. Wenn ich ehrlich bin, spüre ich selbst in meinen heterosten Momenten ein leichtes Aufflackern von Erregung, wenn ich dabei zusehe, wie hübsche Burschen sich gegenseitig weh tun. Aber nein. Offenbar sitzen Schwule immer nur in Lehrerzimmern rum und lesen Romane. Ja, Romane. Tatsache.

Als die Osterferien näher rückten, hatte ich immer noch eine Menge für meine Mathe-Prüfung zu lernen. Barry erzählte mir, daß er während der Ferien gern eine intensive Wiederholungs-Phase einlegen würde, und schlug vor, sich ein Haus zu mieten und für eine Woche aufs Land zu fahren. Seine Schwester wollte auch mitkommen (ihr war nach Urlaub zumute, obwohl sie die letzten sechs Monate keinen Finger krumm gemacht hatte). Wir hatten vor, jeden Morgen zu lernen und an den Nachmittagen lange Spaziergänge zu machen.

Verblüffenderweise rief mich noch am selben Abend mein Bruder an und sagte, daß er zwar noch ziemlich viel für sein Examen lernen müsse, aber das Gefühl habe, daß ihm ein Tapetenwechsel mal ganz gut tun würde.

»Scheiße!« sagte ich. »Das gibt's doch gar nicht! So ein Zufall! Erst heute nachmittag hat Barry vorgeschlagen, daß ich mit ihm und Louise zusammen über Ostern wegfahren soll.«

»So ein Zufall«, sagte er.

»Hör zu. Mir ist gerade eine prima Idee gekommen. Wie wär's, wenn wir alle vier dorthin fahren? Zu viert ist es sogar viel billiger. Was meinst du?«

»Mensch. Das ist ja 'ne prima Idee«, sagte er. Es klang beinahe sarkastisch, aber ich ignorierte es.

»Ich weiß, du kennst sie nicht und überhaupt, aber du wirst sie mögen – ich versprech's dir. Louise ist meine Freundin – die kennst du ja, und Barry geht mit mir zur Schule – er ist ihr Bruder.«

»Warte mal – Barry ... Barry ... hm, ich *glaube*, ich hab ihn auf dieser Weihnachts-Party kennengelernt. Groß, blond, klasse Typ.«

»Das müßte er sein.«

»Super. Dann ist ja alles in Butter. Hör zu – ich hab mit einer Zimmervermittlung gesprochen, und die haben ein Haus in Cumbria, das wir vom 3. bis 10. April haben können. Es hat Platz für vier Leute und kostet nur fünfund-

vierzig Pfund pro Nase. Ihr könntet mich von London aus mit Louises Wagen in Cambridge abholen, und dann könnten wir alle vier zusammen fahren.«
»Mein lieber Schwan! Du bist ja vielleicht gut organisiert. Woher ... Scheiße ... Ich mein ... Klasse! Das ist ja ... ideal! Ich mein, hört sich gut an. Ich klär das noch mit Barry und Louise ab, ob sie was dagegen haben, wenn du mitkommst und so, und dann ruf ich dich zurück, und du kannst die Kaution hinterlegen.«
»Ich bin sicher, daß es ihnen recht ist. Dann ist ja alles klar.«
»Klasse.«
»Prima. Ich freue mich schon darauf, Brian und Lisa wiederzusehen«, sagte er.
»Barry und Louise«, verbesserte ich ihn. »Barry und Louise.«
»Sag ich ja. Sag ich ja. Ich hoffe, wir kommen gut miteinander aus.«
»Das hoffe ich auch. Man weiß ja nie.«
»Nein«, sagte er. Seine Stimme klang ganz wackelig.
»Dan? Alles in Ordnung mit dir?«
»Mir geht's gut. Wirklich. Alles in bester Ordnung.«
»Deine Stimme klingt ein bißchen komisch.«
»Mir geht's gut ... Ich bin ... nur ... äh ... Ich bin einfach nur ... äh ... froh, daß du so eine gute Idee hattest. Das ist alles.«
»Ach, die war ja gar nicht von mir. Du hast doch die ganze Arbeit gemacht. Es ist einfach nur ein netter Zufall.«
»Ja. Wirklich ein netter Zufall!« Seine Stimme war nun völlig wackelig.

»Bist du sicher, daß mit dir alles in Ordnung ist?«
»Frosch im Hals. Ich muß los.« Dann legte er den Hörer auf.
Armer Dan, dachte ich. Normalerweise ist er nicht so. Er mußte unter totalem Streß stehen.

Kapitel vierundvierzig

Alles an diesem Urlaub schien perfekt. Selbst die Fahrt auf der Autobahn war lustig – während der gesamten Zeit sprudelte es im Wagen nur so vor Übermut, und das auf unerklärlich hysterische Weise. Dan war in Hochform – obwohl er Barry und Louise nicht kannte, schien er sich sofort mit ihnen wohl zu fühlen, und wir lachten die ganze Fahrt über. Barry war in einer besonders komischen Stimmung, und jedesmal, wenn wir aus dem Fenster etwas sahen, das auch nur entfernt ungewöhnlich war, gab er irgendeinen Kommentar von sich, oder manchmal auch nur ein albernes Geräusch, was Dan und Louise von einem Lachanfall in den nächsten stürzte. Ein paarmal fragte ich sie, ob sie was getrunken hätten, und erntete dafür nur um so mehr Gelächter.

Wir hielten bei einem Supermarkt in Kendal an und kauften genug zu essen und zu trinken für ein paar Tage ein. Als wir die Hütte erreicht hatten, war es bereits ziemlich spät, weshalb wir einfach nur unsere Sachen im Wohnzimmer abstellten und gleich anfingen, uns etwas zum Abendessen zu machen. Barry und ich wuschen und schälten, Dan und Louise kochten. Es herrschte immer noch die gleiche seltsame Atmosphäre. Aus irgendeinem Grund war alles, was wir machten, lustig. Wir lachten andauernd über irgendwelche Merkwürdigkeiten. Ich weiß nicht, wer oder was die Sache in Gang setzte, aber wir wurden alle davon angesteckt.

Als das Essen fertig war, setzten wir uns im Wohnzimmer an den offenen Kamin und aßen von den Knien. Als wir satt waren, war die Atmosphäre noch seltsamer als vorher, aber nicht mehr auf eine so nette Weise. Wir lachten nicht mehr soviel, und ich bemerkte etwas Merkwürdiges in den Blickkontakten. Es war so … ich weiß nicht … es war so, als wäre Dan im Mittelpunkt des Ganzen und nicht ich.

Ich fing gerade an, mich unwohl zu fühlen, und war kurz davor, etwas zu sagen, als Dan zu sprechen begann.

»Mark«, sagte er. »Fällt dir hier etwas auf, das du seltsam findest?«

»Ehrlich gesagt, ja«, erwiderte ich.

Es folgte eine lange Pause. Dann hob Dan erneut zu sprechen an.

»Wir möchten dir was sagen.«

»Was meinst du mit *wir*?« Mein Puls beschleunigte sich. Ich spürte etwas Schreckliches auf mich zukommen.

Dan verbarg den Kopf in seinen Händen. »Scheiße, ich wollte es nett rüberbringen. Jetzt habe ich es sowieso schon verraten.«

»Was? Was verraten?« Ich sprach nun mit lauter Stimme.

Ich sah hinüber zu Barry, der neben Louise auf dem Sofa saß. Er blickte erschreckend ernst drein. Louise versuchte ernst dreinzusehen, hatte aber nur ein blödes Grinsen um die Lippen.

»Was verraten?« fragte ich. »Erzählt mir vielleicht mal jemand, von was ihr redet?«

»Schau«, sagte Dan, »dieser Urlaub ist nicht einfach nur ein Zufall. Wir haben ihn geplant, damit wir dich einmal allein erwischen, um dir eine wichtige Neuigkeit zu sagen.«
Ich geriet ins Schwitzen.
»Was? Was für Neuigkeiten? Und was soll dieses andauernde *wir*?«
Erneutes Schweigen. Niemand brachte es fertig, es zu sagen.
Dann sprang Louise entnervt auf. »Mein Gott, Mark. Kommst du wirklich nicht drauf? Mußt du sie dazu zwingen, es selbst zu sagen? Denk doch *einmal* in deinem Leben nach. Schau dir die zwei doch mal an. Sehen sie so aus, als ob sie sich kaum kennen?«
»Nein – sehen sie nicht.« Mein Herz pochte unangenehm heftig. »Was ist hier eigentlich los?«
»Mark«, sagte Dan. »Wir haben dich hierher kommen lassen, weil wir dachten, das sei die einfachste Art, dir zu sagen, daß Barry und ich … also, wir sind ineinander verliebt.«
Ich erstarrte. Die Zeit blieb stehen.
»O mein Gott. *Ihr zwei.*«
»Tut mir leid«, sagte Barry. »Ich hätte es dir schon früher erzählen sollen.«
»Früher? Verfluchte Scheiße, wie lang geht das denn schon …«
Alle drei sahen mich an.
»Dan … du bist doch nicht … Und Barry … Fuck. *Alle beide*. Ich fass es nicht.« Ich schaute Louise an, um eine Bestätigung dafür zu erhalten, daß gerade etwas Außerordentli-

ches passiert war, doch sie lächelte nur und starrte mich an, als wolle sie sagen: »Was bist du für ein Schwachkopf.«

»Was bist du für ein Schwachkopf«, sagte Louise. »Wie konntest du das nicht merken?«

»Was merken? Ich meine, jetzt hab ich's gemerkt, aber wie hätte ich's merken sollen? Ich meine, was war ...? Wie habt ...? Seid ihr – habt ihr – seid ihr ...?«

»Schwuchteln?« fragte Dan.

»*Seid ihr*?« fragte ich.

Sie sahen sich an und nahmen sich bei den Händen. Das verursachte mir ein komisches Gefühl im Magen.

»Also habt ihr zwei ... seid ihr zwei ...?«

»Ja«, sagte Barry. »Seit Weihnachten schon.«

»Was? Auf dieser Party? Fuck! Ich glaub's nicht!«

»Es fing alles in den sechziger Jahren an. Bevor Barry überhaupt geboren wurde«, sagte Dan.

»Das war aber nur ein Kuß. Sex hatten wir das erste Mal in den Schützengräben des Ersten Weltkriegs«, sagte Barry.

»Jesus! Jesus Christus! Dan – du bist mein Bruder! Wie kommt es, daß ich davon nichts wußte? Ich meine, wie lange bist du ...? Du weißt schon ...«

»Du kannst es ruhig sagen, es tut nicht weh.«

»Schwul. Seit wann bist du schwul?«

»Von Geburt an, mein Schatz.«

»Aber wann hast du ...?«

»Ich hatte mein Coming Out vor über einem Jahr in Cambridge. Barry ist aber mein erster fester Freund.«

»Mein Gott! Ich glaub es einfach nicht. Und Barry ... du bist ... Barry ... was zum ...? Ich meine, was bist du? Was ist los? Bist du ...? Bist du ...?«

»Bin ich was?«
»Bi – bist du bisexuell?«
»Ich weiß nicht, ich glaube, in Wahrheit stehe ich hier drauf.« Er berührte Dans Bein. »In der Schule gibt es einen ziemlichen Konformitätszwang – das war wohl der Grund, warum ich etwas überenthusiastisch war. Eigentlich stehe ich überhaupt nicht auf Frauen.«
»Es ist nur so eine Phase, die er durchgemacht hat«, sagte Dan.
»Ha-ha-ha. Sehr witzig«, sagte ich. »Ich wünschte, ihr wärt nicht so verdammt selbstgefällig wegen der ganzen Sache. Ihr geht mir langsam alle beide auf den Zeiger.«
Mein Bruder sah mich scharf an. Ich schaute zurück. Sie saßen in einer Reihe: Louise und Barry auf dem Sofa, Dan auf der Armlehne, seine Hand um Barrys Nacken gelegt. Ich kam mir plötzlich vor wie in einem *fucking* Bewerbungsgespräch oder so. Als ob sie alle zusammen in irgendeinem Club wären und ich darum betteln würde, reingelassen zu werden. Im Nu löste sich meine Verwirrung in nichts auf, und ich hatte einfach nur eine Riesenwut.
Ich sah Barry fest an.
»Das ist widerlich«, sagte ich. »Ihr seid beide widerlich.«
Ein langes, angespanntes Schweigen folgte.
»Ich glaube, das nimmst du besser zurück«, sagte Dan. »Das ist sehr beleidigend.«
Ich atmete schwer. Unwillkürlich begann ich, viel zu schnell mit den Augen zu zwinkern.
»Was soll das heißen, das nimmst du zurück? Du weißt, daß ich die Wahrheit sage.«

»Wie bitte?« sagte Dan. Ich erkannte, daß er langsam wütend wurde.
»Es ist widerlich. Es ist unnatürlich. Du hast mir meinen besten Freund ausgespannt und ihn in eine blöde Schwuchtel verwandelt, und jetzt sitzt du einfach hier rum und lachst dir zufrieden ins Fäustchen, weil du so schlau und anders bist.«
Barry stand auf.
»Du bist eifersüchtig«, sagte er. Obwohl er ruhig gesprochen hatte, sah ich, daß er wütend war.
»Nein – ich bin einfach nur abgestoßen. Du bist abstoßend.«
»Bitte, Mark. Hör auf damit«, sagte er.
»Es ist widerlich«, sagte ich.
Die drei schauten mich an, als ob ich ein riesiger, uneingeladener Scheißhaufen wäre.
»Du tust mir wirklich leid«, murmelte Barry.
»Ich tu dir leid? Das ist ja wohl ein Witz.«
»Ich weiß, warum du dich so benimmst«, sagte er.
Ich schnaubte.
»Erinnerst du dich an das erste Mal, als wir uns getroffen haben?« fragte er.
»Nein.«
»Es war in der Umkleidekabine nach dem Rugby, in meiner ersten Woche, an der Schule. Wir haben zwar nichts geredet, aber damals sind wir Freunde geworden.«
»Wovon zum Teufel redest du eigentlich?«
»Ich habe mich umgezogen, und du hast mich mit *solchen* Stielaugen und heraushängender Zunge angeschaut. Und deine Hose war ausgebeult wie eine Schultasche.«

Ich wußte nicht, was ich sagen sollte.

»Erinnerst du dich noch?« fragte er.

»Fick dich ins Knie.«

»Du weißt, daß ich das nicht erfunden habe. Warum, glaubst du, habe ich mir dich als Freund ausgesucht? Weil ich von Anfang an wußte, daß wir ... ähnlich sind.«

»Wovon redest du eigentlich? *Ich* habe mir *dich* als Freund ausgesucht. Und überhaupt – was heißt hier ähnlich? Willst du damit sagen, daß ich schwul bin?«

»Nein – nur, daß wir bis zu einem gewissen Grad beide gleich verwirrt waren. Genau deshalb haben wir uns voneinander angezogen gefühlt.«

»Angezogen?«

»JA!«

»Du warst von mir angezogen?« fragte ich.

»Nicht so sehr wie du von mir – aber ich fand dich ganz okay. Obwohl ich schon zugeben muß, daß mir dein Bruder besser gefällt.«

»Ich kann das alles einfach nicht glauben! Das ist mir zuviel auf einmal.«

»Mark«, sagte Dan. »Nichts passiert auf einmal. Das hat sich alles unendlich langsam über die letzten zwei Jahre hinweg entwickelt, aber du warst einfach zu schwer von Begriff. Bei dir muß man schon mit dem Holzhammer ankommen, ehe du was kapierst. Was hast du eigentlich geglaubt, was ich die ganze Zeit in Harrow mache? Die Architektur bewundern?«

»Ich glaub's einfach nicht! Das ist alles zuviel. Ich kann nicht glauben, daß mein Bruder *und* mein bester Freund beide schwul sind. Nicht zu fassen!«

»So überraschend ist das auch wieder nicht. Und du bist doch eigentlich die klassische Schwulenmutti.«

»Das bin ich nicht. Ich bin keine Schwulenmutti.«

Es entstand eine Pause, während der mich alle drei anschauten.

»Was ist eigentlich eine Schwulenmutti?«

»Eine Schwulenmutti ist streng genommen eine Frau«, sagte Dan, »aber im Prinzip jeder Hetero, der mit Schwulen abhängt, um Problemen mit seiner eigenen Sexualität aus dem Weg zu gehen.«

»Ach, leck mich. Ihr könnt mich alle mal. *Ihr* seid doch diejenigen, die andersrum sind, also wieso in Dreiteufelsnamen wird daraus jetzt ein Attentat auf meinen Charakter? Bei *mir* läuft nichts verkehrt.«

»Bei uns auch nicht, du kleiner Hosenscheißer«, sagte Barry.

»Natürlich – du bumst meinen verfickten Bruder.«

Barry packte mich an den Schultern, schüttelte mich kräftig durch und schrie mir ins Gesicht: »Meine Güte, WERD ERWACHSEN! VERDAMMT NOCH MAL, WERD ENDLICH ERWACHSEN!«

Dann schob er mich beiseite und stürmte nach draußen.

Ich sackte auf dem Sofa in mich zusammen. Nach einer Weile bemerkte ich, daß ich zitterte und daß mein Gesicht naß war.

Dan versuchte mich zu umarmen, doch ich ließ es nicht zu.

Kapitel fünfundvierzig

Wir verließen die Hütte am nächsten Morgen. Nachdem wir Dan in Cambridge abgesetzt hatten, sagte auf dem Rückweg nach London keiner mehr ein Wort.

Zwei Tage lang saß ich zu Hause und machte gar nichts – in dem Versuch, so zu tun, als ob nichts gewesen wäre. Was mir dank des Hammerdosis-Valium-Effekts des Tagesprogramms im Fernsehen auf eindrucksvolle Weise gelang.

Irgendwann im Verlauf des dritten Tages begann sich mein Blick zu trüben, und ich fing an, wirre sexuelle Halluzinationen mit Scooby Doo und Anne Diamond zu haben. Gerade noch rechtzeitig vor der Überdosis gelang es mir, den Fernseher auszuschalten. Ohne Fernbedienung hätte ich das nie geschafft – und Gott weiß, was dann passiert wäre.

Meine Sehkraft kehrte bald zurück und kurz darauf auch die Erinnerung daran, daß ich mich von meinem besten Freund, meinem Bruder und meiner Freundin entfremdet hatte. Ich versuchte mich zu entsinnen, ob es sonst noch jemanden auf diesem Planeten gab, der mich wirklich mochte, aber außer Scooby Doo und Anne Diamond fielen mir keine Kandidaten ein. Ich hätte beinahe wieder angemacht, aber zum Glück war die Fernbedienung zwischen zwei Kissen gerutscht.

Nach ein paar Riegeln Mars und einem Pott Kaffee fühlte ich mich wieder einigermaßen auf dem Damm und beschloß, Dan in Cambridge anzurufen, um zu sehen, ob sich die Sache wieder ausbügeln ließ. Ich wußte, daß die einzige Möglichkeit, Vergebung zu erlangen, darin bestand, mich großmütig zu zeigen. Daher begann ich meinen Anruf mit einer unwiderstehlich unterwürfigen Entschuldigung und erzählte ihm den üblichen naheliegenden Scheiß von wegen, wie sehr geschockt und wütend ich gewesen sei und vieles gesagt hätte, was ich gar nicht so gemeint hätte.

»Ich weiß«, sagte er. »Ich glaube, wir haben's dir einfach auf die falsche Art und Weise beigebracht. Mir war nicht klar, daß du so eifersüchtig sein würdest.«

Ich hätte beinahe widersprochen, entschied mich aber, es sein zu lassen. Wenn ihn der Glaube, ich sei eifersüchtig, glücklich machte – bitte schön. Abgesehen davon hatte ich noch nie einen auf Demut gemacht und bezog einen ziemlichen Kick aus der Tatsache, daß es zu funktionieren schien.

»Es tut mir wirklich leid«, sagte ich.

»Bei mir mußt du dich nicht entschuldigen – ich kann das verkraften. Aber Barry hat die Sache ziemlich mitgenommen.«

»Warum?«

»Na ja – außer Louise bist du der erste, dem er je davon erzählt hat.«

»Und dir.«

»*Mir* brauchte er es ja nicht zu erzählen.«
»Woher wußtest du es dann?«
»Was glaubst du, woher?«
»Weiß ich doch nicht. Deshalb frage ich ja.«
»Ich wußte es einfach. Es war offensichtlich.«
»Was – gleich von Anfang an?«
»Ja.«
»Willst du mir erzählen, daß du auf dieser Party aufgetaucht bist, Barry angeschaut hast, der seit über einem Jahr mein bester Freund ist, und sofort wußtest, daß er schwul ist?«
»Ganz genau.«
»Blödsinn.«
»Stimmt aber.«
»Blödsinn.«
»Ehrlich. Es war total offensichtlich. Ich glaube, ich habe ungefähr eine Minute gebraucht, um mir absolut sicher zu sein. Und als ich mit ihm gesprochen hatte, war die Sache klar.«
»Was war klar?«
»Ich wußte es.«
»Du lügst.«
»Ich lüge nicht, Herrgott noch mal.«
»Wirklich?«
»Wirklich wahr.«
»Das ist ja 'n Hammer. Habt ihr so eine Art Geheimcode oder was?«
»*Ihr*? Ob wir einen Geheimcode haben? Wenn du es so nennen möchtest, ja. Man nennt das Intuition – etwas, das heterosexuellen Männern völlig abgeht.«

»So ein Quatsch – ein bißchen Intuition besitze ich auch. Ich verwende sie nur lieber für Frauen.«
»Daß ich nicht lache. Hetero-Männer haben schon genug Schwierigkeiten, sich selbst zu verstehen, so daß sie gar nicht auf die Idee kommen, das auch noch bei anderen zu versuchen.«
»Da täuschst du dich aber. Ich hab jede Menge Intuition.«
»Ach ja. Du und Louise – das gedankenlesende Paar.«
»Vielleicht sind wir das ja. Was weißt du schon davon.«
»Mehr, als du denkst.«
»Was – noch mehr Intuition?«
»Nein – Tratsch. Der ist sogar noch verläßlicher.«
»Was hat sie dir erzählt? Was hast du gehört?«
»Hör mal – du sollst dich hier entschuldigen und nicht mich dazu nötigen, dir zu verraten, über welche trostlosen Geheimnisse eurer verkorksten Beziehung ich Bescheid weiß. Du wolltest doch wissen, warum Barry sich so aufgeregt hat.«
»Ach ja.«
»Willst du nicht fragen?«
»Ich frage ja, meine Güte. Sei nicht so analfixiert.«
»Er hat sich total aufgeregt.«
»Scheiße. Ist er wütend?«
»Ja, sehr.«
»Echt?«
»Natürlich echt. Das ist kein Witz. Du hast ungefähr die schlimmsten Sachen, die du sagen konntest, in die zwei Minuten gequetscht, bevor er gegangen ist.«
»Echt?«

»Hör auf mit deinem andauernden ›echt‹. Ich lüg dich nicht an.«
»Entschuldigung.«
»Du hast ihn ziemlich schlimm beleidigt.«
»Ja.«
»Und du mußt dich dafür entschuldigen.«
»Ja, du hast recht.«
Ich rief sofort bei Barry an, doch Louise ging an den Apparat – was sie als günstige Gelegenheit wahrnahm, mir mitzuteilen, daß ich mich unverzeihlich benommen hätte, daß ich ein Widerling sei und daß es mit uns aus sei.
Danach nahm niemand mehr meine Anrufe entgegen, nicht einmal Barrys Mutter – sie knallten allesamt den Hörer auf die Gabel, sobald sie meine Stimme hörten.
Ich rief Dan zurück, um ihm zu erzählen, was vorgefallen war, und er sagte, daß ich warten sollte, bis Barry mit mir redete, und mich *dann* entschuldigen mußte.
Alles in allem eine großartige Woche. Die perfekte Vorbereitung auf meine A-Levels.
Was mir am meisten Sorgen bereitete, war, daß mir das mit Barry mehr ausmachte als das mit Louise. Ich versuchte, mich dazu zu zwingen, es anders herum zu empfinden, aber das klappte nicht so recht.

Kapitel sechsundvierzig

Der erste Tag nach den Osterferien war furchtbar. Als ich morgens zur Bushaltestelle kam, sah ich Barry zum ersten Mal seit unserem Streit. Ich machte den Versuch, mich zu entschuldigen, aber er wollte nicht mit mir reden. Sobald ich auf ihn zukam, drehte er sich einfach um und ging weg.

Er vergewisserte sich, daß ich vor ihm in den Bus stieg, und als ich mich nach hinten setzte, setzte er sich vorne hin. Wir waren wieder dort angelangt, wo wir vor fast zwei Jahren begonnen hatten.

Ich war durchaus bereit, ihn ein paar Tage lang die beleidigte Leberwurst spielen zu lassen, aber als er sich nach drei Wochen immer noch so benahm, fing die Sache an, mich allmählich zu ärgern. Ich konnte nicht verstehen, warum er sich derart kindisch verhielt. Selbst im Schulflur machte er auf dem Absatz kehrt, wenn er mich sah. Es war einfach lachhaft.

Er entwickelte komplizierte Systeme, mir während des gesamten Schultages aus dem Weg zu gehen. Wenn er nach Schulschluß vor mir am Bus war, setzte er sich zum Beispiel immer da hin, wo ringsum schon alles besetzt war, so daß es mir unmöglich war, mich neben ihm niederzulassen und ein Gespräch anzufangen.

Ich verstand es einfach nicht. Es schien beinahe so, als hätte er Angst vor mir.
Die schlimmste Beleidigung von allen war jedoch, daß Barry jedesmal, wenn ich ihn irgendwo in der Schule erspähte, in Begleitung war. Und zwar in der von Robert Levin, diesem knochigen Kasper aus dem Jahrgang unter uns, mit dem er jetzt neuerdings abhing. (Ihr erinnert euch, der Typ, der Jeremy Jacobs im Jacuzzi-Bad einen runtergeholt hat.)

Es war in dieser Barry-denkt-ich-habe-Tollwut-Phase, als mir erstmals auffiel, daß ich sonst keine Freunde mehr hatte. Nun machte sich bemerkbar, daß ich eigentlich während des gesamten letzten Jahres keine Anstrengungen unternommen hatte, außer mit Barry mit noch jemand anderem zu reden. Weshalb ich, als Barry aufhörte, mit mir zu sprechen, plötzlich nicht mehr so recht wußte, was ich tun sollte. Alle schienen vergessen zu haben, wer ich war. Am besten wäre ich wohl mit einem Namensschild herumgelaufen. Oder vielleicht als Plakatträger, mit der Botschaft »Das Ende ist nahe, aber braucht vielleicht jemand einen Freund, der ihm Gesellschaft leistet, bis es soweit ist?«
Zuzugeben, daß ich keine Freunde habe, ist ehrlich gesagt nicht so mein Ding, und ich kann mir nichts Peinlicheres vorstellen, als sich bei dem Versuch zu überschlagen, neue Freunde zu gewinnen. Deshalb, und da mir ohnehin nur noch ein paar Wochen an der Schule blieben, beschloß ich, einen auf Clint Eastwood zu machen. Ich ging dazu über, durch die Schule zu spazieren, auf einem

Kuli herumzukauen (aus Angst vor Streichholz-Splittern) und eine sprecht-mich-ja-nicht-an-Ausstrahlung zu verbreiten.
Ich war ein bißchen deprimiert, als ich feststellte, daß das wunderbar funktionierte. Niemand redete mit mir. Aber auch gar niemand. Und wahrscheinlich nicht einmal deshalb, weil sie mich für so wahnsinnig cool hielten.

In der letzten Klasse dauert das letzte Trimester nur halb so lang wie normal, weil sie einem nach der Hälfte des Trimesters studienfrei geben (d.h. für Panik-Wiederholungen in letzter Minute). Man kommt dann nur noch zu den Examensprüfungen zurück in die Schule. Das Wunderbare an diesem System ist, daß ein halbes Trimester so kurz ist, daß man damit eigentlich nicht groß was anfangen kann, weshalb sämtliche Lehrer zusehen, daß sie ihren Stoff vor Ostern durchgenommen haben, so daß man im Sommertrimester Zeit hat, spazierenzugehen, aus dem Fenster zu schauen und darüber zu plaudern, wie gestreßt man ist.
Diese Eigenheit in der Stundenplan-Gestaltung, verbunden mit meiner Eastwood-Marotte, gab mir das Gefühl, daß ich gar nicht an der Schule war. Mein Körper war anwesend, aber niemand redete mit mir, niemand versuchte mir etwas beizubringen, und nur sehr selten schien jemand einen richtigen Blick auf mich zu werfen. Im Grunde genommen war ich einfach nicht da.
Ich will hier jetzt gar nicht surreal werden, aber – wie soll ich sagen? Die ganze Sache fühlte sich äußerst komisch an. Dann wachte ich eines Morgens als Schmetter-

ling auf und aß einen Regenbogen zum Frühstück, während ich auf einer großen Erbse namens Hoffnung zur Schule flog.

War nur ein Witz. Keine Angst.

Aber jetzt mal ehrlich – ich fing an, ausländische Bücher zu lesen, und hätte fast das Fernsehen aufgegeben. *So komisch* war ich drauf. Und wenn ich schon dabei bin, euch mit Absonderlichkeiten zu überschütten, kann ich euch genausogut auch noch von dem einen wirklich schockierenden Effekt erzählen, den das Ganze auf mich hatte. Etwas, das mich wirklich fertig gemacht hat. Während mir all die anderen Kids langsam unwirklich vorkamen, fing ich eigenartigerweise an, die Lehrer für menschliche Wesen zu halten. Jedenfalls mehr als die Schüler.

Einmal spazierte ich in dem Versuch, eine Unterrichtsstunde zu umgehen, die ohnehin keine Unterrichtsstunde gewesen wäre, so vor mich hin, als ich durch das Fenster eines Klassenzimmers einen Streit zwischen einem Fünftkläßler und Mr. Dunford mitbekam. Ich sah, wie der Nachbar des Jungen auf seiner Uhr die Sekunden zählte. In anderen Worten, sie veranstalteten mal wieder einen Mr.-Dunford-wütend-genug-machen-um-seinen-Bauch-vom-Tisch-zu-bekommen-Wettbewerb.

Beim Betrachten dieses vertrauten Schauspiels tummelten sich plötzlich merkwürdige Gedanken in meinem Kopf. Ich sah auf Mr. Dunford und dachte, *so* dick ist er nun auch wieder nicht. Vielleicht ißt er eben gern: Ist das vielleicht ein Verbrechen? Wozu ihn hassen? Wenn man ihn nicht gerade verarscht, ist er eigentlich ein ganz netter Typ. Ein bißchen langweilig vielleicht, aber kein schlechter Kerl.

Kein Arsch. Nur irgendein Typ, der eben nicht so interessant war und halt Lehrer geworden ist.
Ich weiß nicht, was es war, das mir solche Gedanken in den Kopf setzte, aber es war deprimierend. Ich hatte das Gefühl, irgendeine Form von verfrühter Menopause zu haben oder so was. Ehrlich. Die Lust zu verlieren, Lehrer fertig zu machen – das war ein Gefühl, als ob ich ein Loch im Testosteron-Tank gehabt hätte. Als ob ein lebenswichtiger Bestandteil meines Jäger-und-Sammler-Instinkts in Auflösung begriffen wäre. Der Geruch von Lehrerblut weckte nicht mehr meinen Killerinstinkt, sondern ein Gefühl, mißbilligend den Kopf schütteln zu wollen über derart unartige Jungs.
Ich. *Mißbilligend.* Nicht zu fassen, oder?
Als nächstes kommt die Glatze, dachte ich. Und ehe ich mich's versehe, wird mein Gürtel mir die Brustwarzen stützen.

Kapitel siebenundvierzig

In einem schulischen Umfeld ist es nützlich, eine Form von physischer Dominanz über eine schwächere Person zur Verfügung stehen zu haben, so daß man nicht gleich zum Kampf schreiten muß. Die gebräuchlichste Form, diese Dominanz zu erreichen, war mit Hilfe eines *Wedgie*.

Ein *Wedgie* ist, wenn ihr das nicht bereits wißt, eine milde Form der Folter, die dergestalt ausgeführt wird, daß man von hinten mit der Hand in jemandes Hose faßt, nach seiner Unterhose grabscht und, so fest es geht, nach oben zieht. Klingt schwerer, als es ist. Wenn die Leute nicht mit einem Angriff rechnen, ist es erstaunlich einfach, ihre Unterwäsche gut in den Griff zu kriegen. Versucht's mal – macht echt Spaß.

Der übelste *Wedgie*, den ich mal sah, fand in der vierten Klasse statt, als ich in die Rugby-Umkleidekabine kam und einen ungefähr dreizehnjährigen Jungen sah, der, an seiner Unterhose aufgehängt, in voller Schul-Montur von einem Kleiderhaken baumelte. Ich erzähle das nur, weil die Notlage dieses Jungen am besten einen Eindruck davon vermittelt, wic ich mich während meines letzten Trimesters an der Schule fühlte. Ich hing in der Luft, baumelnd, wütend, aber resigniert, und wartete auf Rettung – in dem

Bewußtsein, daß ich, was auch immer ich tat, dabei nicht cool aussehen würde.
Dann – nach beinahe vier Wochen, in denen ich darauf gewartet hatte, daß Barry kam und mich vom Haken nahm – begriff ich plötzlich, warum wir nicht miteinander kommunizierten.
Er hatte Angst vor mir. Ich dachte an die Zeit, die wir miteinander verbracht hatten, und an all die Dinge, die ich über ihn wußte. Ich erinnerte mich daran, daß wir uns in Frankreich sogar mal ein Bett geteilt hatten, und mir wurde klar, daß er gar nicht schwul sein *konnte.* Das war unmöglich. Wir waren doch immer gleich gewesen – da hatte er recht –, wir hatten beide unsere Zweifel gehabt, und vielleicht waren wir auch ein bißchen besessen von einander gewesen – aber das war in einer reinen Männer-Umgebung auch ganz natürlich. Jeder geht mal durch eine solche Phase. Man muß nur warten, bis man sie überwunden hat und als normaler Mensch wieder rauskommt.
Ich begriff, daß Barry sich nicht besonders reif benahm. Er verhielt sich wie üblich dumm. Er war im Vergleich zu mir ein Jahr hintendran und verwechselte eine Phase mit der Wirklichkeit. Und *das* war der Grund, warum er mir aus dem Weg ging – weil wir uns zu gut kannten und ich die Sache auffliegen lassen konnte. Ich durchschaute ihn.
Ich bin nicht homophob oder so was – mir ist klar, daß manche Menschen eben schwul sind, vielleicht sogar auch mein Bruder, aber nicht *Barry.* Ganz bestimmt nicht.
Ich erinnerte mich an all die Dummheiten, die er angestellt hatte, und alles paßte zusammen. Er war immer jemand gewesen, der nicht wußte, wann Schluß ist – er hatte

sich immer zu ernst genommen. Er wollte immer *anders* sein. Und er ging mir aus dem Weg, weil ich ihn daran erinnerte, daß er gar nicht anders war. Er war wie ich. Normal.
Hätte ich doch einfach nur mit ihm reden können! Ihn dazu zwingen können, mir zuzuhören, während ich ihm erklärte, was er da gerade machte! Ich wußte, daß es mir gelingen würde, ihn wieder zurückzugewinnen.

Kapitel achtundvierzig

In den letzten zwei Wochen, bevor die erste Trimester-Hälfte rum war, begann ich, ihn im Auge zu behalten. In den Mittagspausen beobachtete ich ihn aus der Entfernung, um zu sehen, wohin er ging, und nach einer Gelegenheit Ausschau zu halten, bei der ich ihn allein erwischen konnte, an einem Ort, wo er nicht weglaufen konnte.

Als es nur noch wenige Tage bis zum Schuljahresende waren, tat sich eine solche Gelegenheit auf. Sie war nicht perfekt, aber ausreichend. Ich sah, daß Barry und Robert Levin sich zusammen auf den Weg nach Pike's Water machten. Barry mochte vielleicht nicht allein sein, aber er war zu einem abgeschiedenen Ort unterwegs, an dem wir uns würden unterhalten können.

Ich folgte ihnen im diskreten Abstand und duckte mich hinter Büschen, damit sie mich nicht sahen, wenn sie sich umdrehten. Mir wollte das Gefühl nicht aus dem Kopf, daß dies meine letzte Chance war.

Sie gingen den ganzen Weg nach Pike's Water, ohne mich zu bemerken. Als sie dort angekommen waren, versteckte ich mich hinter einem Baum und beobachtete sie. Sie setzten sich an der entfernten Seite des Weihers hin und un-

terhielten sich. Ich beobachtete sie mehrere Minuten lang, und mein Herz schlug immer schneller.
Ich mußte hingehen und mit ihm reden. Wenn ich ihm nur erklären konnte ...
Als ich sah, daß Barry sich mit jemand Neuem so offensichtlich wohl fühlte, durchfuhr mich ein schreckliches, schmerzliches Gefühl. Es war nicht rational – ich wußte nicht, woher es kam oder was es bedeutete, aber zum ersten Mal in meinem Leben haßte ich mich selbst.
Ich mußte mich setzen und lehnte mich gegen einen Baumstumpf. Mein Gesicht war schweißbedeckt. Ich sah inzwischen von Barry weg, starrte durch die Bäume hindurch zurück auf die Schule. Langsam löste sich die Welle von Gefühlen in einen einzigen klaren Gedanken auf. Ich brauchte Barry. Aber er brauchte mich nicht.
Ich stand auf und blinzelte. Nach kurzem Zögern ging ich dann über den Holzsteg zu der Stelle, wo Barry und Levin saßen. Als Barry mich erblickte, stand er auf und wollte weggehen, doch Levin grabschte nach seinem Ärmel und zog ihn wieder nach unten.
»Hi«, sagte ich.
Keiner von beiden antwortete mir.
»Barry?«
Er sah nicht auf.
Ich zitterte am ganzen Körper. Ich wußte nicht, was ich tun sollte. Beinahe hätte ich mich hinsetzen müssen.
»Barry?«
Er ignorierte mich immer noch. Ich überlegte, was ich vor ein paar Monaten gesagt hätte, damit er aufhörte zu schmollen.

»Bazza?«
Keine Reaktion.
»Knackarsch?«
Die Andeutung eines Lächelns.
Ich berührte ihn an der Schulter, aber er schaute mich immer noch nicht an.
»Es tut mir leid«, sagte ich.
Er sah auf. Es war das erste Mal seit unserem Streit, daß er mir in die Augen schaute.
»Barry, bitte. Was soll ich denn machen, verdammt noch mal?«
Dann spürte ich diese – es waren keine Tränen, nur so eine Art – Feuchtigkeit in den Augen. Ich versuchte sie wegzublinzeln, aber das machte es nur noch schlimmer.
Als ich jedoch sah, was für eine Wirkung dies auf Barry hatte, begriff ich, daß ich irgendwas richtig gemacht hatte. Er war verblüfft. Er starrte mich an, als ob … als ob er beeindruckt sei oder so was.
Eine Weile sah er mich nur an, dann trat er vor und legte seine Arme um mich. Einfach so.
Komisch – das war das erste Mal, daß wir uns umarmten.
Als ich die Augen öffnete, sah ich mich Levin gegenüber, der auf urkomische Weise sauer aussah.
»Barry«, sagte er. »Was soll das Ganze?«
»Zisch ab, Levin. Das geht dich einen Scheißdreck an, du blöde Fotze.«
Sobald ich es gesagt hatte, tat es mir auch schon wieder leid. Barry trat einen Schritt zurück und ich bemerkte, daß er Levin nervös anschaute.
»Siehst du?« sagte Levin. »So ist er drauf.«

Barry setzte sich auf einen Baumstumpf und fuhr sich langsam mit den Fingern durch die Haare. Er dachte eine Minute lang nach, dann stieß er einen kurzen schnaubenden Lacher aus.
»Was ist?« fragte ich.
»Weiß nicht. Wenigstens bist du konsequent.«
»Wovon redest du?«
»Er will damit sagen«, sagte Levin, »daß du ein egoistischer, selbstbesessener, niederträchtiger, homophober Egomane bist. Ich paraphrasiere hier nur, aber das ist so die grobe Richtung.«
»Läßt du mich jetzt endlich in Ruhe?«
»Du brauchst deine Wut gar nicht an *mir* auslassen – ich sage dir nur, was er denkt. Persönlich denke ich, du bist genau die Sorte von Mensch, die ich gern um mich hätte, wenn mein Vater stirbt, meine Mutter einen Nervenzusammenbruch hat, ich von der Schule geschmissen werde und gerade mein Coming Out versuche. Ich glaube, du wärst 'ne echte Unterstützung.«
»Robert«, sagte Barry. »Bitte.«
Betretene Stille. Ich wußte gar nichts von einem Nervenzusammenbruch seiner Mutter. Ich hätte ja gefragt, aber dazu war ich zu wütend.
»Was hast du da über mich erzählt, Barry? Das gibt's ja wohl nicht.«
Er sagte nichts.
»Und du Arschloch willst mein Freund sein?«
Daraufhin starrten wir uns nur noch an, ohne etwas zu sagen. Das Gespräch hatte irgendwie eine komische Richtung genommen. Ich wollte etwas über seine Mutter sa-

gen, aber ich wußte nicht, wie ich es ausdrücken sollte, ohne daß es bescheuert klang. Man richtet liebe Grüße aus, das wußte ich, aber ich hatte sie doch erst ein paarmal getroffen – da konnte ich sie ja schlecht lieb grüßen. Also wußte ich nicht, was ich sagen sollte – *wie* ich es sagen sollte. Und ich wollte auch nicht klein beigeben. Es war nicht an mir, mich zu entschuldigen. Barry hatte mich abserviert und war mit jemand anderem losgezogen – schon zum zweiten Mal –, und dieser Wichser wartete darauf, daß ich mich entschuldigte! Ich würde bestimmt nicht klein beigeben.

Als die Stille allzu peinlich wurde, mußte ich einfach etwas sagen.

»Du betrügst also meinen Bruder?«

Barry lachte erneut durch die Nase. Wenn er so weitermachte, war er in ernsthafter Gefahr, seinen Sex-Appeal zu verlieren.

»Der war gut, Mark«, sagte er.

Das klang beinahe liebevoll, was merkwürdig war.

»Wir sind einfach nur Freunde«, sagte Levin. »Schlag's im Lexikon nach.«

»Barry, ich kann echt nicht mit dir reden, wenn dieser Wichser daneben steht.«

»Das ist schon okay, weil ich nicht glaube, daß es noch viel mehr zu sagen gibt.«

»Was? Das war's dann wohl, oder wie? Jetzt, wo du über mich hergezogen bist, bist du wohl zufrieden?«

»Ich bin nicht über dich hergezogen, Mark.«

»Dann hat dieses kleine Arschloch das wohl alles erfunden, oder was?«

»Nein.«
»Dann bist du wohl doch über mich hergezogen, oder nicht? Da werde ich einmal wütend auf dich – *einmal!* – und du nutzt das als Ausrede dafür, wie ein kleines Mädchen wegzurennen und dir einen neuen Arsch von bestem Freund zu suchen, mit dem du auf dem Spielplatz Händchen halten und hinter meinem Rücken ablästern kannst. Du bist … Du bist so was …«
»Ich hab nicht über dich abgelästert, Mark.«
»Nein, natürlich nicht – in Wahrheit klingt es ganz so, als hättest du nur Schmeichelhaftes über mich erzählt.«
»Mir macht das keinen Spaß, dich zu kritisieren, Mark. Wirklich nicht. Aber ich darf ja wohl noch meinem Freund sagen, wie es mir geht. Du hast mich nie ernst genommen. Du hast mich immer im Stich gelassen. Du …«
»Mein Gott, Barry – wo hast du denn auf einmal diese ganze Hippie-Scheiße her?«
»Wenn du es so nennen willst.«
Wieder eine lange, peinliche Stille.
»Flachwichser«, sagte ich.
»Blindwichser«, sagte er.
»Arschloch«, sagte ich.
»Schwanz«, sagte er.
»Schwuchtel«, sagte ich.
»Fotze«, sagte er.
»Mimöse«, sagte ich.
»Arschgesicht«, sagte er.
»Pavian«, sagte ich.
»Schnabeltier«, sagte er.
»Fischfilet«, sagte ich.

»Kuscheltier«, sagte er.
»Waschmaschine«, sagte ich.
»Elektrischer Eiswürfelspender«, sagte er.
»Wünschelrute«, sagte ich.
»Abraham Lincolns letzter Furz in einer Flasche«, sagte er.
»Die gesammelten Werke von Cilla Black in vier Bänden«, sagte ich.
Er lächelte.
»Dir ist also klar, daß ich dich für ein Arschloch halte«, sagte er.
»O ja«, sagte ich. »Das hast du ja nun hinreichend deutlich gemacht.«
»Gut«, sagte er.
»Und ich hoffe, daß du begreifst, daß du der größte Heuler bist, der mir je begegnet ist«, sagte ich.
»Absolut«, sagte er.
»Gut«, sagte ich.
Er sah mich an und lächelte dabei – gleichzeitig aber auch nicht. Dann nahm er Levin am Arm und sie gingen durch die Bäume davon.
Ich hatte irgendwie gedacht, daß wir bloß so getan hätten – daß der ganze Streit »nur so« war und nicht echt. Aber das Seltsame war, daß Barry seitdem nie wieder mit mir geredet hat.
Vermutlich sollte ich jetzt hier den Erwachsenen raushängen lassen und mich selbstkritisch darüber verbreiten, wie sehr ich Barry enttäuscht habe und was ich für ein Scheißkerl bin – o weh mir, blablabla –, aber darauf hab ich keinen Bock, weil Barry sich mir gegenüber genauso scheiße

verhalten hat wie ich mich ihm gegenüber. Vielleicht habe ich mit der ganzen Sache angefangen, aber ich habe mir bestimmt alle Mühe gegeben, sie wieder in Ordnung zu bringen. Und er ließ es einfach nicht zu. Deshalb bleibe ich dabei, daß er sich wie ein kleines Mädchen benommen hat.

Ohne ihn geht es mir besser.

Und ich glaube immer noch, daß ich ihn hätte heilen können. Wenn nicht Levin aufgetaucht wäre und alles kaputt gemacht hätte. Barry hätte meine Entschuldigung akzeptiert, und ich hätte mich daranmachen können, ihn wieder zurückzugewinnen. Ich wollte ihm helfen.

Und ich komme immer noch gut mit meinem Bruder aus, was ja wohl beweist, daß ich nicht homophob bin.